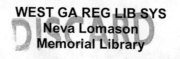

Mamá

Mamá

Hijas Latinas
Celebran a Sus Madres

Maria Perez-Brown

Fotografías por Julie Bidwell

Una rama de HarperCollins Publishers

Libros de HarperCollins pueden ser adquiridos para uso educacional,
comercial o promocional. Para recibir más información, diríjase a:
Special Markets Department, HarperCollins Publishers Inc., 10 East 53rd Street,
New York, NY 10022.

PRIMERA EDICIÓN

Las fotografías de las Sras. Saralegui (paginas 192–198) copyright © 2003
por Pablo Blum.

DISEÑO DEL LIBRO POR JUDY STAGNITTO ABBATE / ABBATE DESIGN

Impreso en papel sin ácido

Library of Congress ha catalogado la edición en inglés.
ISBN 0-06-008388-3

03 04 05 06 07 DIX/QW 10 9 8 7 6 5 4 3 2 1

A mi mamá, Juana Grajales,

y a mis hermanas, Luz Thomas y Gladys Perez Johnson,

por su amor, amistad y apoyo

ÍNDICE

AGRADECIMIENTOS

Deseo agradecerle a mi esposo, Keith Micheal Brown, su amor incondicional, su guía y su aliento constantes. Siempre te apreciaré. En el curso de la gira nacional para la promoción de su libro: *Sacredbond: Black Men and Their Mothers,* Keith percibió el poder reconciliador de su libro y fue entonces que me sugirió que escribiera sobre mi madre y le diera voz a las historias de mujeres como ella, que a pesar de ser inspiradoras, generalmente no tienen gran difusión.

Quiero darle las gracias a mi madre, Pastora Juana Grajales, por haberme enseñado cómo salir siempre adelante y por sus oraciones y las de los miembros de su iglesia, Jesús Pacto de Bendición. Deseo expresar también un agradecimiento especial a mis hermanas Luz Thomas por ser una buena madre y una estupenda amiga y a Gladys Perez Johnson por su infinito amor y su generosidad profesional. Gracias también a mis hermanos Carlos, Alexis y Joseph. Deseo agradecer a todas las "madres" de mi vida que demostraron la misma clase de resolución implacable en su misión de sacar adelante a sus hijos, especialmente a mi abuela, la difunta Cecilia Concepción, a mis tías María Belén y Rosa y la difunta Ramona Morales; a Vivian Brown y a mi suegra, Constance Brown.

Gracias a toda mi familia por apoyarme en todas mis labores, especialmente a mi suegro, Joseph Brown y a mis cuñados, Richard Brown, Mark Thomas y Anthony Johson; a mis sobrinos, Daniel Thomas y Jacob Thomas y a mis sobrinas, Elise Thomas y Rosalía Perez.

Este libro no hubiera sido posible sin el tesón y la dedicación de todas las personas que contribuyeron a su producción, especialmente Marpessa Dawn Outlaw, Russ Torres, Isabel Rivera, Michele Suite, Sandra Vals, Betel Arnold y Ana Toro. Muchas gracias en especial a Rodney Stringfellow, por ayudarme a cristalizar mi visión tanto en su aspecto creativo como en el logístico y por su dedicación a este proyecto de principio a fin. No podría haberlo hecho sin tu apoyo.

Extiendo mi agradecimiento a Harper Collins y a todos en Rayo, especialmente a mi editor, Rene Alegría por su aliento y su fe en mí desde la primera vez que nos reunimos. Gracias también a mis agentes en William Morris, Raúl Mateu y Betsy Helf, por su mentalidad innovadora.

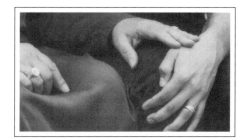

Deseo agradecer a la comunidad de amigos y familiares que me ayudaron a materializar mi visión: Alice Norris, Lisa Jones, Renee Raymond, Linda Carrington, Janice Burgess, Sherrylin Ifill, Gemma Solimene; Norma Ortiz y Alena Enid Negron; a mis amigos en West Coast: Sandra, Janice, Jill, Pam, Loretha y Cleo; y a Fracaswell Hyman que me prestó apoyo cada vez que lo necesité.

Por último, le estoy profundamente agradecida a Julie Bidwell, cuyas asombrosas fotografías hicieron que el libro cobrara vida. Gracias por tu visión, paciencia y amistad.

—MARIA PEREZ-BROWN
octubre del 2002

A LA INCREÍBLE Maria Perez-Brown: No encuentro palabras para expresar el honor que significó para mí que me pidieras que tomara las fotografías para *Mamá*. Fue una magnífica experiencia desde el vamos, ¡muchísimas gracias! Keith Brown, tu amistad es inquebrantable, gracias por tu lealtad y apoyo, siempre. Rodney Stringfellow y Gladys Perez Johnson: la tarea hubiera sido absolutamente imposible sin su colaboración. Gracias a Bobby Holland por la ayuda en West Coast y a Kim Flores por su ayuda en Dallas.

Por último, agradezco a mi hijo Brian Bidwell por no haberse quejado ni una vez de mis frecuentes ausencias y a mis padres Jane Bidwell y Bruce Bidwell y mi madrastra Robin Roy por cuidar de él cuando yo me ausentaba.

—JULIE BIDWELL
octubre del 2002

Mamá

Introducción

por Maria Perez-Brown

*"En busca del jardín de mi madre
encontré el mío."*

—ALICE WALKER

Yo tenía cinco años cuando me dejó mi madre. Aunque no me acuerdo del día exacto y de las circunstancias, recuerdo claramente estar sentada en una mecedora en el porche de mi abuela en Dorado, Puerto Rico, diciendo adiós con la mano a todos los aviones que sobrevolaban el pequeño pueblo a orillas del mar. "¿Es ése el avión que tomó mami?" le preguntaba a mi abuela. Y cuando respondía que sí, yo sonreía y agitaba la mano con más fuerza: "Adiós, mami. Adiós 747." Ése era, me enteré después, el tipo de avión en que mi madre había viajado a Estados Unidos.

Hace poco, le pregunté a mi madre cómo fue que una muchacha de 19 años, casi una niña, tuvo el valor de dejar a sus cuatro hijos con la abuela para aventurarse a viajar al extranjero, a una tierra en donde no conocía a nadie y sin hablar el idioma.

"No me quedaba otra opción," respondió. Mi madre, ella sola, quería cambiar el destino de sus tres hijas y de su hijo minusválido. Hizo lo único que, a su juicio, daría a sus hijos la oportunidad de conocer otro mundo y llevar una vida diferente, más allá de los campos de caña de azúcar en los que vivíamos. La historia de mi madre es la clásica historia de supervivencia: una mujer que luchó contra el destino para lograr su propósito. Es la historia de una mujer que no quería que la vida de sus hijas fuera igual a la suya. Mi madre no cejó hasta conseguirlo.

A juzgar por las anécdotas que me contaron las hermanas y primas de mi madre, Juana Sánchez Concepción fue una niña indomable. Le encanta contar, vívidas y detalladas historias sobre su infancia en Puerto Rico. Una de sus preferidas es cuando cuenta que su padre la castigaba cuando saltaba la cerca con la única intención de llamar "tuerta" a la vecina. Si se le pregunta que por qué seguía haciéndolo, a pesar de las repetidas advertencias, dice: "Porque era cierto. ¡La vecina era tuerta!" Mi abuelo, Gregorio Sánchez, era un hombre de pocas palabras. Le quedaba poca paciencia para la obstinación y la impertinencia, especialmente después de llegar a casa tras cortar caña de azúcar todo el día. Cuando se crece en la cultura latina, se aprende desde muy temprano que el respeto por los mayores es uno de los valores más preciados. No demostrarlo garantizaba "una pela": una soberana paliza. Era así de sencillo.

Mi abuelo era tan estricto que llegó hasta al punto de obligar a mi madre a que abandonara la escuela en el octavo grado, porque encontró una carta de amor de un admirador, Ramón Pérez, el hombre que más tarde llegaría a ser mi padre. Ella tenía 14 años y él, 25. Cuando mi abuelo descubrió las cartas, le dio a mi madre una paliza de la que aún no

se recupera. "Te mandé a la escuela a que aprendieras, no a que te enamoraras," le dijo. Durante ocho meses, le prohibió a mi madre alejarse más allá del frente de la casa si no iba acompañada de su madre o de su padre. Pero Mami, la indomable, encontró una forma de burlar esa "prisión." Mi padre y ella se intercambiaban cartas de amor, que el sobrinito de él llevaba y traía con gusto por 5 centavos. Convencida de que el tiempo en "prisión" sería interminable, Mami convino en fugarse con mi padre.

A las latinas se nos enseña que "la castidad es una virtud." La creencia arcaica de que la mujer pierde su "valor" una vez que ya no es virgen (o sea, que nadie se querrá casar con ella) prevalece aún hoy en día. En el caso de mi madre, una vez hecho el daño mis abuelos creyeron que no tenían otra alternativa que aceptar que la pareja se casara. Así que mi madre y mi padre se casaron poco después.

Cinco años y cuatro niños más tarde, Mami se encontró sola, luchando por alimentar a sus hijos. Mi padre había emigrado a Estados Unidos como jornalero temporal migratorio, y había prometido enviar el dinero que ganara a casa para mantener a su familia, pero el dinero nunca llegó. Es más, durante varios años no recibimos noticias suyas. Sin tener ningún tipo de preparación formal, Mami aceptaba cualquier trabajo para llegar a fin de

Juana Grajales y su hija,
Maria Perez-Brown.

mes. Aun con la ayuda de su familia, muchas veces lo único que había de comer era arroz blanco. Mi madre no tenía otra alternativa que acudir a mi abuela.

Me cuesta imaginar la vida de mi madre y las penurias que tuvo que afrontar durante esa época. Pero ahora comprendo que mi madre no tenía otra opción que dejar a sus hijos por un tiempo. Eran otros tiempos. Al principio de la década de los sesenta, Puerto Rico aún estaba en el proceso de transición de una sociedad agrícola a una sociedad industrializada, al servicio de industrias estadounidenses como la textil y la farmacéutica. Para los puertorriqueños, al igual que para inmigrantes de todas partes del mundo, Estados Unidos era la promesa de oportunidades ilimitadas y la salida de la pobreza. Se creía que Estados Unidos era la gran fuerza igualitaria, una tierra que acoge a la gente sin importar el color o la clase.

Mi madre oyó ese llamado y, aunque suponía dejar atrás a sus hijos, estaba resuelta a venir a Estados Unidos para hacer realidad ese sueño, para ella y para sus hijos.

Hace poco, me contó que nos preparó durante mucho tiempo antes de su partida. Se sentaba con nosotros en el porche de nuestra casa de madera de una sola habitación, al borde del campo de caña de azúcar, a mirar pasar los aviones. Nos decía que un día haría un corto viaje a New York en uno de esos aviones. Nos decía que no debíamos llorar, porque su ausencia sería breve y regresaría a buscarnos. Nos afirmó que si sonreíamos y le decíamos adiós con la mano, ella nos vería desde lo alto, en el cielo, y nos devolvería el saludo.

No recuerdo haberme criado con una sensación de pérdida o resentimiento durante los meses en que no estuvo con nosotros. Sí recuerdo la alegría y la emoción que sentía cuando recibíamos las cartas y paquetes semanales que nos enviaba. Todas las semanas parecían Navidad. Un día llegó la caja más grande de todas: la que contenía abrigos, todos iguales, de color azul brillante con piel roja por dentro. Andábamos con esos abrigos bajo el caliente sol de la isla, sólo para mostrarles a nuestros amigos que pronto nosotras también partiríamos en un jet 747 a reunirnos con mi madre en New York. Apenas tres meses más tarde, mi madre cumplió su promesa.

En lo que respecta a mi madre, Estados Unidos no llegó a cumplir con la promesa de una vida de riquezas. Al igual que muchos inmigrantes que llegan con sueños de darle una vida mejor a su familia, mi madre se vio obligada a trabajar largas horas en fábricas realizando tareas de baja categoría para poder sobrevivir. La pobreza que habíamos vivido en Puerto Rico se vio remplazada por una clase de pobreza urbana diferente, una pobreza carente de la libertad de correr descalzos afuera, trepar árboles y jugar con los otros niños del barrio. Como Mami trabajaba tantas horas, nosotros éramos niños que pasábamos el tiempo solos en la casa y pronto aprendimos a cocinar, a ser autosuficientes y a permanecer encerrados en el apartamento hasta que Mami regresara. Mi madre imponía una disciplina férrea y nosotros estábamos convencidos de que si poníamos un pie afuera del apartamento ella lo sabría.

En ocasiones en que mi madre no hallaba trabajo en las fábricas, nos veíamos obligados a vivir de la asistencia pública. Entonces caíamos presa de las humillaciones e insultos de los asistentes sociales que trataban a mi madre como si estuviera desempleada por gusto. Muchas veces me tocó ir con mi madre a la dependencia del bienestar social a servirle de "intérprete" a pesar de que yo misma apenas estaba aprendiendo a hablar inglés. Pero en medio de todas esas vicisitudes, mi madre conservó su misión con claridad: iba a hacer todo lo humanamente posible para que sus hijos estuvieran atendidos, se educaran y salieran adelante.

Mamá surge de un deseo de documentar las historias de madres excepcionales, que, como la mía, hicieron enormes sacrificios por sus hijos. Sé que cada éxito del que disfruto deriva de la ardua labor de mi madre y de las decisiones estratégicas que adoptó en nuestras vidas. Aunque muchas decisiones fueron drásticas—como cuando mudó a la familia a Connecticut porque mi hermana empezó a andar con "chicas malas" y a faltar a clases—fueron tomadas con la única intención de mejorar nuestras vidas.

Muchas de las latinas que conocerán en las páginas siguientes sienten lo mismo por sus madres. Para muchas, la madre es una persona silenciosa, alguien que nunca exige halagos ni reconocimiento por sus buenas obras. Las historias de nuestras madres son historias de valor. Son historias de gran fortaleza, resolución y resistencia.

La relación entre madre e hija latinas es compleja. Aunque rara vez analizamos sus vidas, ellas nos enseñan a convertirnos en mujeres. A través de su ejemplo, las madres nos enseñan a convertirnos en esposas y madres fieles, y a la vez, a exigir respeto y comprensión de nuestro marido. Y gracias a su apoyo, muchas hemos llegado a ser excelentes empresarias y profesionales. Nuestras madres nos enseñaron a ser tenaces e independientes, sin olvidar la importancia de la familia.

En *Mamá*, conocerán madres que continúan desafiando el destino. Es un testimonio de todo lo que hicieron para ayudar a sus hijas a llegar a ser quienes son. En entrevistas sinceras con latinas de todo el país, *Mamá* explora el intenso vínculo compartido por madres e hijas. Explora también las diferencias generacionales y culturales, las contradicciones, las desavenencias, la rabia, el cariño, las decepciones, la aceptación y los sueños postergados y fomentados. A través de estas historias íntimas e intensamente personales, las hijas cuentan cómo se ven reflejadas en los ojos de su madre, y cómo continúan derribando barreras para definir la vida a su manera. *Madre* explora las lecciones que las hijas han aprendido de sus madres y los legados que habrían preferido dejar atrás.

Las hijas que aparecen en *Mamá* son segundas generaciones de mexicanas, puertorriqueñas, cubanas y dominicanas que nacieron o crecieron en Estados Unidos. Algunas de las entrevistadas son famosas—Cristina Saralegui, Celia Cruz, Lauren Vélez, la jueza Marilyn Milián—y otras son menos conocidas, pero todas tienen historias fascinantes que contar y puntos de vista singulares. Sus relatos abarcan las emociones femeninas universales, desde el amor, la amistad, el orgullo, el respeto, la ética laboral y la imagen propia, hasta temas específicos compartidos por las latinas sobre raza, cultura, idioma y tradición.

En estas historias aprendí que, como latinas, tenemos más cosas en común que diferencias. Observé que la mayoría de las madres abandonaron o postergaron sus propios sueños para que sus hijas tuvieran una vida "mejor." La mayoría de las mujeres experimentaron algunas diferencias de tipo cultural entre ellas y sus madres. Como latinas, aprendimos a vivir con un pie en cada cultura: los valores culturales de nuestras madres y aquellos que definimos para nosotras mismas como mujeres modernas que viven en Estados Unidos. En los casos en que las madres carecían de una educación superior, prestaron su apoyo y aliento incondicionales para que sus hijas siguieran una carrera. Y cuando no comprendieron las decisiones de sus hijas con respecto a sus carreras, las apoyaron de todas maneras, aunque fuera ofreciéndoles un simple café con leche a medianoche.

Mamá es un tributo a tantas madres latinas que, como la mía, postergaron sus propios sueños y lo sacrificaron todo para darles una vida mejor a sus hijos. A pesar de que frecuentemente se criaron en circunstancias difíciles, estaban resueltas a cambiar el destino de sus hijos. Por ser hija de una madre menor de 20 años, yo debí haber pasado a ser una más del montón. Como mi madre, debí haber sido una madre soltera o una de esas jóvenes que abandonan los estudios secundarios y viven de la asistencia pública. Pero, para nosotros, sus hijos, esto era inaceptable. En cambio, me recibí de abogada en la Universidad de Yale y soy dueña de mi propia compañía productora de televisión. En cambio, heredé el espíritu rebelde y resuelto de mi madre. Heredé su visión y su espíritu aventurero. Esa mujer indomable inculcó en mis hermanas y en mí que no teníamos que cumplir el destino previsible de tres jóvenes puertorriqueñas criándose sin padre. Mi madre me enseñó que, como latina, puedo luchar contra los obstáculos y vencer. Si ella pudo lograr lo que logró a los 19 años y con cuatro hijos, a mí no me quedaba otra alternativa sino triunfar ante las labores más insuperables que se me presentaran. No podía sino convertirme en una mujer que refleja sus valores, todos los sueños por los que luchó y las adversidades que superó. No tenía otra opción que dar validez a su vida con la mía. ■

Un Sacrificio para la Quinceañera

Rosario Marin

Y SU MADRE,

Carmen Spindola

Nacida en México, en el seno de una familia de clase trabajadora, Rosario Marin llegó a ser la primera persona de nacionalidad mexicana en ocupar el cargo de Tesorera de EE. UU. Como sucede en las típicas historias de inmigrantes, Rosario, una niña "con un buen par de zapatos," pasó a ser la mujer latina con el cargo de mayor jerarquía en la administración del presidente George W. Bush. ■ Aunque la carrera política de Rosario (que incluye haber sido alcaldesa y concejala de Huntington Park, California) la ha alejado del mundo de Carmen, su madre, un ama de casa muy tradicional, ambas mujeres hallan que son sus familias quienes las inspiran a seguir avanzando.

CUANDO ROSARIO tenía 14 años, su madre le dijo que la familia pronto se mudaría de México a Estados Unidos. Pero Rosario, en ese entonces la segunda de cinco hermanos, no quería ir. "Yo lloré y lloré," recuerda Rosario. "No deseaba irme pues pronto llegaría mi cumpleaños." Rosario estaba a punto de cumplir 15 años y se hallaba muy ilusionada con su Quinceañera. Rosario tenía fantasías sobre cómo anhelaba que fuera su Quinceañera. Más que nada, quería celebrar su fiesta de quince años con los amigos que conocía desde kindergarten. Lo que menos deseaba era celebrar una ocasión tan importante en un país extranjero, con gente que no conocía. Pero estaba segura, ella no iba a darse por vencida. Incapaz de entender que su familia era pobre, Rosario insistió en celebrar su Quinceañera donde ella quería. Entonces su madre le propuso un trato.

"Mi madre me prometió que regresaríamos a México seis meses después a celebrar mi cumpleaños con los amigos que había dejado atrás," dice Rosario. Esa promesa fue suficiente para convencer a Rosario a hacer el viaje con sus padres y dos de sus hermanos.

"Mis dos hermanos menores se quedaron en México. La embajada no nos otorgó visas a todos porque éramos demasiados," recuerda Rosario con tristeza. "Pensaban que mi padre no podría alimentar, vestir y proveer un techo para todos, así que nos separaron. Pero, posteriormente, los niños también vinieron. Mi hermana más pequeña, Nancy, nació aquí en Estados Unidos.

"Yo nunca me consideré pobre porque contaba con la riqueza de una madre que nos preparaba la comida y nos cuidaba. Cuando estaba en la escuela primaria, todos los días alrededor de las diez y media de la mañana, mi madre nos llevaba café con leche, un pan y una torta a la escuela. Algunas veces hemos tenido un solo par de zapatos, ése era el par bueno; además teníamos chanclas que usábamos el resto del tiempo. Al final del año escolar no se sabía cuál de los dos era el par bueno. A pesar de todo, mi infancia fue rica.

"Dos años después del nacimiento de mi hermana menor, yo ya estaba en la escuela secundaria. Mi papá trabajaba por la noche para poder quedarse en casa a cuidar al bebé. Mi mamá trabajaba durante el día y cuando ella llegaba a casa mi papá se iba a trabajar. Era un verdadero ajetreo. Cuando terminé la secundaria, como era mi deber, comencé a trabajar tiempo completo para que mi madre pudiera quedarse en casa a cuidar al bebé. Lo interesante de esta situación es que a mi hermano se le permitía ir a la escuela durante el día 'por aquello de que el hombre necesita tener una educación más completa.' Él iba a ser un proveedor mientras que yo iba a ser un ama de casa. A juicio de mis padres, terminar la secundaria era el logro más alto que se esperaba de una jovencita.

"Pero terminar la secundaria era muchísimo más que lo que hubiéramos alcanzado si nos hubiésemos quedado en México. Así que cuando mi hermano y yo lo logramos simultáneamente, dijeron 'Bueno, misión cumplida. Estamos muy orgullosos de que nuestros hijos hayan terminado la secundaria y ahí se acabó.' Pero tanto mi hermano como yo, queríamos ir a la universidad. Mis padres decidieron que mi hermano podía estudiar tiempo completo y trabajar algunas horas. En cambio, a mí me tocaba trabajar a tiempo completo. Pero de todas maneras decidí estudiar medio tiempo.

"En ese entonces, lo que valía era la opinión de la familia y todos teníamos que estar de acuerdo. No debía cuestionar por qué mi hermano podía estudiar y yo no. Eso fue hace veinticinco años. No es que me estuvieran negando una oportunidad ni nada por el estilo, en esa época así eran las cosas y no había nada de malo. Yo no tenía problema en ir a trabajar para que mi madre se pudiera quedar en casa a cuidar a mi hermana, porque en ese momento yo creía que me iba a casar y alguien me tendría que mantener.

"Yo iba al East LA College por las noches y comencé a trabajar en una fábrica durante el día. Empecé como empleada en el departamento de envíos y con el tiempo me ascendieron a servicios al cliente. Mi mamá solía decir algo así como 'Ay, mi'ja, pero si ya eres secretaria, ¿para qué tienes que ir a la escuela?' Mi madre se preguntaba por qué me sacrificaba yendo a la escuela de noche si ya no trabajaba en la planta; ¡yo trabajaba en la oficina!

"Casi siempre, llegaba a casa a las diez o a las diez y media de la noche. Recuerdo el regreso a casa: mi mamá siempre me esperaba junto a la ventana. Yo le decía, 'Pero mamá, necesito hacerlo. Necesito terminar mis estudios superiores.' Cuando terminé en East L.A. College, mi mamá estaba muy

complacida e impresionada. Me llevó cuatro años obtener mi título de dos años, pero ella estaba muy feliz porque finalmente logré una educación superior. Ella pensó que ya había terminado, pero yo me había dado cuenta de que mis estudios no eran suficientes; si quería sacar ventaja, tenía que obtener mi licenciatura. Entonces me matriculé en Cal State L.A. Mi mamá dijo: 'Pero mi'ja, ya te graduaste.' Y yo le decía, 'Sí mamá, ¡pero tengo que seguir!'

"A veces, por la noche, mientras yo me preparaba para los exámenes, hasta las 3 ó las 4 de la madrugada, mi madre estaba allí a mi lado. Lo sorprendente es que a pesar de que ella no podía comprender por qué yo tenía que seguir estudiando y aunque no me podía ayudar (no sabía dactilografía y ni hablar de inglés o química), ella se quedaba a mi lado, alimentándome y dándome café con leche." Rosario ríe y dice, "Quizás era por eso que no quería que yo siguiera yendo a clases, ¡se quería ir a dormir!"

Rosario egresó de Cal State Los Angeles con un título en administración de empresas y llegó a forjarse una admirable carrera en el sector bancario. Había avanzado mucho en el mundo de los negocios y estaba a punto de ser vice Presidenta del City National Bank cuando nació su primer hijo, Eric.

"Eric nació con el síndrome de

Down. Obviamente, el evento más trágico de mi vida, fue devastador para mí. Recuerdo haber dicho: 'Dios, ¿por qué me castigas? He sido una buena hija. Sin duda soy una buena esposa. He sido una buena hermana, una buena vecina, una buena trabajadora. ¿Por qué me castigas así, dándome este hijo?' La noche en que di a luz a Eric, me llevaron al hospital para hacerme una cesárea. Mi mamá vino a visitarnos a mi hijo recién nacido y a mí.

"Yo gritaba y chillaba, sentía un dolor tremendo y profundo. 'Ay, mi'ja, deja de llorar. Me duele verte así,' dijo mi mamá. 'Pero mamá, tú no entiendes,' respondí. 'Sí. Sí lo entiendo. Yo tengo seis hijos,'continuó. 'Sí, pero ninguno de ellos es retardado.' Recuerdo haberme sentido muy culpable por haber dicho eso. '¿Sabes qué mi'ja?' dijo. 'Tienes razón; tú sufres por uno , pero yo sufro por dos. Sufro por él y por ti.'

"Después del nacimiento de Eric me quedé en casa. Renuncié a mi carrera. Me iban a nombrar auxiliar de vicepresidente en el banco donde trabajaba. Había empezado a trabajar para obtener mi MBA y teníamos una hermosa casa. Pero todo eso acabó tirado por la borda porque yo tuve que dejar de trabajar. Esa expectativa derivó del lado mexicano de mi familia. Una vez más, no había duda: así debía ser. Eso arruinó mi carrera. Yo no tenía un trabajo, tenía una carrera.

Ya había hecho planes para los próximos treinta años de mi vida."

Las dificultades de lidiar con la condición de Eric impulsaron a Rosario al ámbito de la política, primero como intercesora de niños con discapacidades, y más adelante, en dos ocasiones, en calidad de consejala de Huntington Park. Rosario le reconoce a su madre el mérito de haberla ayudado a cuidar de Eric en esos momentos .

"Mi madre me ayudó muchísimo con Eric. Ella lo cuidaba cuando yo volví a trabajar. Mi madre tiene ya dieciocho nietos, pero Eric es su predilecto y eso es un regalo muy especial. Durante los primeros cinco años de la vida de Eric, hubo unas seis ocasiones en que él estuvo al borde de la muerte. Al principio uno reza para que, de manera específica, la situación se resuelva totalmente. Yo lo hice. Le pedí a Dios con todo mi corazón que Eric se curara. Obviamente, no fue así. Mi mamá siempre decía: 'Reza simplemente para que sepamos aceptar la voluntad de Dios. Pide que te ayude a aceptar y que te dé fe para que prevalezca la voluntad de Dios y que si tú lo permites, será para tu bien.' Así fue que dejé de pedir resultados específicos.

Ahora al rezar solamente pido sabiduría, tolerancia, fortaleza y valor.

"Siempre he dicho que mi madre es una santa, una mujer de increíble fe. Ella siempre ha sido un ejemplo como madre y como abuela. Espero es poder emular esas cualidades.

"Cuando me dijeron que el presidente Bush me iba a nombrar Tesorera de Estados Unidos, tuve que avisarle con anticipación a mi madre pues no quería tomarla por sorpresa y que se emocionara demasiado ya que tiene problemas cardíacos. Ella sabía que se me estaba considerando para algo, pero yo no estaba autorizada a dar información. Cuando me enteré de que el presidente iba a hacer el anuncio, me senté con ella y le dije: 'Mamá, ya sabes que me están considerando para un puesto. Quiero que sepas que el presidente va a decir que quiere que yo sea la próxima Tesorera de Estados Unidos.' Me di cuenta de que a mamá le había dado uno de sus mareos. Luego, más tranquila, me dijo: 'Ay mi'ja, ¿que no es eso mucha responsabilidad para ti? 'Sí, mamá,' respondí. '¿Por qué no te podrían dar algo más abajito?' preguntó. Yo estaba a punto de ser Tesorera de Estados Unidos ¡y mi mamá se preocupaba por su niñita! 'Mamá, el presidente cree que soy capaz de hacer el trabajo,' dije. 'Ay mi'ja,' añadió una vez que hubo entendido, 'bueno, si va a ser bueno para ti . . .'

"Tengo la mejor mamá del mundo. Siempre le he dicho cuánto la quiero. En mi cumpleaños, siempre le envío flores, desde que tenía 19 años. La primera vez que recibió flores porque ella pensó que alguien me las había enviado a mí y por error había escrito 'Carmen' en la tarjeta.

"Así que cuando el gobernador me nombró para ocupar este importante puesto, ella estaba a mi lado. Cuando recibí un premio en las Naciones Unidas, ella estaba a mi lado. Y para mi ceremonia de toma de juramento como Tesorera de Estados Unidos, ella estaba presente, en primera plana. Ella se lo merece. Cuando me casé dije: 'Quiero que todos sepan que si tengo una hija, llevará el nombre de mi madre, que a nadie se le ocurra usarlo.' Siempre digo que las dos mujeres más importantes de mi vida—mi hija y mi madre—se llaman Carmen. Carmen significa canción, así que yo siempre tengo música.

"Yo haría cualquier cosa por mi mamá. Ella es un regalo maravilloso. Ahora me doy cuenta del increíble sacrificio que ella hizo para que yo tuviera mi Quinceañera. Seis meses después de llegar a Estados Unidos mi madre me llevó de regreso a México para mi fiesta. Ella cumplió su promesa. Es asombroso. Recuerdo el vestido que me compró. Para ella era mucho. No era el vestido más hermoso de todos, pero para mí sí lo era. A mi mamá le chispeaban los ojos mientras buscaba el vestido en las tiendas. Yo lo miro ahora y veo que es un vestido muy sencillo; es largo, adornado con pequeñas piedras de estrás. Me hizo el ramo con flores de plástico, y, para mí, era el ramo más bello del mundo. Mamá recortó una de esas servilletas de papel que vienen abajo de los pasteles y parecen de encaje, y la usó como base para las flores. Cuando yo me casé, mi ramo costó $150. La fiesta de quince fue en el patio de nuestra casa. Para mí, fue el día más feliz de mi vida. Hoy, puedo comprar cosas carísimas, pero las cosas que más me conmueven son aquellas que no tienen precio y que mi mamá me ha dado." ■

Las Mujeres de Veinticuatro Horas

María Hinojosa

Y SU MADRE,

Berta Hinojosa

María Hinojosa ha sido galardonada por su desempeño como corresponsal de CNN y como presentadora de *Latino USA,* un programa nacional semanal de actualidad de la comunidad latina. María fue nombrada una de las 25 Madres trabajadoras más influyentes por la revista *Working Mother,* y la revista *Hispanic Business* la destacó entre los 100 latinos más influyentes de Estados Unidos. Además, es autora de la aclamada autobiografía, *Raising Raul: Adventures in Raising Myself and My Son.* ■ Berta Hinojosa, no es menos activa o emprendedora que su prominente hija. Nacida y criada en la ciudad de México, Berta inmigró a Chicago, Illinois, donde organizó el Programa contra la violencia familiar y los ataques sexuales, del cual fue directora, en la organización *Mujeres Latinas en Acción.* Berta es líder y portavoz de las latinas víctimas de abuso, tarea que le ha significado un reconocimiento a nivel nacional. Nombrada por la ciudad de Chicago como la Mujer Hispana del Año, ella y su hija han aprendido juntas cómo ser artífices de un cambio en sus mundos y en sus familias.

MARÍA HINOJOSA recuerda un momento fundamental en su vida que habría de cambiar para siempre la forma en que ella encararía la idea de tener una carrera y una familia. En esa ocasión, su madre, Berta, acababa de anunciar que quería trabajar fuera del hogar. Ésta no era una declaración casual: era una audaz declaración de independencia. Y como ocurre en la mayoría de las declaraciones de independencia, fue sucedida por una guerra civil.

El día en que Berta hizo su declaración, se produjo una acalorada discusión y María, entonces de 12 años, presenció cómo su padre se impuso y le dijo a su esposa que no le estaba permitido trabajar. "Mi padre sostuvo: 'No. Esto no es lo que quiero de una esposa,' " recuerda María. "Mi madre dijo: 'Yo soy así.' Creo que ése fue uno de los momentos que más impactaron mi vida como mujer trabajadora.

"Haber visto ese asunto tan vital expuesto con tal claridad en mi propio hogar, me hizo dar cuenta del significado de ese momento en la vida de mi madre," recuerda María, "y de cuán resuelta estaba ella a trabajar." Aunque María y sus hermanos apoyaron el derecho de su madre a trabajar cien por ciento, ellos no querían que sus padres se divorciaran a causa de ese problema. "Yo no apoyaba la idea de un hogar divorciado. Eso sí que no lo quería. Recuerdo haberme impuesto y dicho: '¡Si se divorcian, me mato!'

"Yo creo que, esencialmente, ésa fue la alarma para mi padre. Era necesario que él supiera que yo iba a apoyar incondicionalmente a mi mamá. Toda la familia comprendió que esto era importante para mi madre porque nos estábamos criando en Estados Unidos durante el movimiento feminista; nosotros lo estábamos viviendo. Esto sucedió a principios de la década de 1970; éramos niños americanos que observaban y vivían este suceso en Chicago."

María, la menor de cuatro hijos, nació en México, donde sus padres vivían. "Mi madre esencialmente dejó la escuela para casarse, pero mi padre estaba estudiando medicina, así que no había problema," explica María. "En el sentido de lo que se valoraba allí, sabían que mi madre no necesitaría nada. Ella se iba a casar con un hombre que se encargaría de proporcionarle lo necesario. Entonces, su papel era ser una buena mamá y una buena esposa."

La familia Hinojosa se vio obligada a modificar sus planes cuando cambió el gobierno mexicano. Con la partida de la antigua administración, muchos proyectos inconclusos quedaron sin efecto, entre ellos los planes para la construcción de un hospital que supuestamente iba a emplear al padre de María. "De pronto, el puesto que mi padre pensó que iba a ocupar en el nuevo hospital desapareció a consecuencia de los cambios en el gobierno. Y él quedó con cuatro hijos y sin trabajo. De ahí que, cuando recibió una oferta laboral de Chicago, tuviéramos que marcharnos."

Berta hizo los preparativos para irse de México y se marchó con sus cuatro hijos a Chicago, donde se reunieron con su esposo. Los siguientes ocho años de su vida fueron un curso intensivo en el aprendizaje de un nuevo idioma y una nueva cultura.

"Vivíamos en una vecindad donde había muchas mujeres que eran académicas, muchas de ellas no eran simplemente amas de casa. Eran nuestras vecinas y mamá platicaba con ellas. Creo que ésa fue su inspiración. Mi mamá decidió que quería hacer algo más que perfeccionar el arte de tender una cama o planchar sábanas; algo nació en ella. Lo primero que hizo fue decirle a mi padre que quería ser voluntaria en el hospital donde él trabajaba, ayudando a los pacientes hispanohablantes; de esa manera empezó.

"Mi mamá se volcó seriamente a su trabajo. Al principio iba una tarde por semana, después eran dos tardes, tres tardes, cuatro, cinco, y de repente la nombraron voluntaria del año. Las muestras de descontento se dejaron oír claramente en la casa. Mi padre dijo: '¿Qué está pasando? ¡Ya basta de este trabajo de voluntaria, basta de tu actitud de hacer lo que crees que debes hacer!' Todos nosotros, los niños, nos quedamos mirando, estudiando la situación.

"En ese entonces sucedió algo que creó una necesidad económica. A uno de mis hermanos no le iba bien en la escuela, y se recomendó que asistiera a cierta escuela privada. Mis padres dijeron: 'Está bueno, pero no hay dinero.' Fue entonces que una de las amigas de mi madre le contó sobre una tienda que estaba buscando a alguien que ayudara en la venta de ropa. Mamá le dijo a mi papá que quería empezar a trabajar. Por un año, hubo una sucesión de episodios de tensión, discusiones, ira y acusaciones. Fue el período más dramático, emotivo y divisivo en mi familia. Mi padre sentía que estaba perdiendo a la mujer con quien se había casado. Con desilusión le dijo: 'No eres la persona con quien me casé. Yo no me casé con una mujer que quería trabajar todos los días y hacer esto. Me casé con Berta Ojera y esto no era parte del trato.' Y mi mamá respondió con dificultad: 'Pero es que ésta soy yo. Mira dónde vivimos ahora. Ésta es nuestra nueva vida; no estamos en México, estamos en Chicago. Aquí hay mujeres que hacen algo.' Ella siguió hablando y yo creo que, en ese momento, mi padre se dio cuenta de que eso podría llegar a ser un punto de división, que para mi madre se trataba de algo mucho más importante que traer unos dólares más a casa. Se trataba de que quería hallarse a sí misma."

Berta aceptó el trabajo como vendedora en la tienda de ropa para mujeres profesionales de la ciudad. "Mi mamá pasaba sus días tratando de decidir cómo estas mujeres debían lucir en sus trabajos de abogadas, contadoras o lo que fuera. Creo que mi mamá pensó, 'Oye. No tengo por qué conformarme con vestirlas; yo podría ser como ellas.' Ser madre y esposa era algo que le proporcionaba una satisfacción extraordinaria, pero sabía que había algo más que podía hacer. Esto fue a fines de la década de los 60 y principios de la década de los 70. Ella veía a mujeres jóvenes trabajando y se dijo: 'Yo también.' "

Berta trabajó entre ocho y diez años en la tienda de ropa. Después de que su hija se marchó a la universidad, Berta aceptó un puesto de trabajadora social en una organización llamada Mujeres Latinas en Acción. Al poco tiempo, se convirtió en una de las trabajadoras sociales latinas de más relieve en la ciudad de Chicago, trabajando mayormente con víctimas latinas de maltrato familiar. María dice con orgullo, "Mamá pasó después a la Comisión del Gobernador y a la Comisión del Alcalde. Recibía reconocimientos de la ciudad y del estado por una cosa o la otra y luego comenzó a asistir a conferencias nacionales. No había forma de pararla, era admirable, cada vez se sentía más segura de sí misma. No se trataba de algo verbal como, 'Mira mi'jita, mira todas las paredes que estoy derrumbando; mira todo lo que hago.' Era simplemente el lenguaje de su empeño."

Ese empeño y responsabilidad se reflejan también en la hija de Berta. "Creo que hay una misión en mi vida. Yo entendía claramente que mi padre tenía una misión como doctor; que consistía en estudiar la sordera. En el caso de mi mamá, creo que su primera misión fue tener una identidad

Berta Hinojosa y su hija,
María Hinojosa en New York.

aparte de la de madre. Luego su misión pasó a ser la de trabajar con mujeres que en realidad eran las desfavorecidas y las maltratadas. Como periodista, siempre supe que mi misión era darles visibilidad a los invisibles. En la vida, todos tenemos misiones."

Las latinas contemporáneas, si bien vivieron el apogeo del feminismo y tomaron las riendas de sus carreras, todavía se encuentran con que están tratando de vivir de acuerdo con una imagen idealista y, a veces, bastante irrealista de lo que una madre latina debe ser. Cuando María decidió empezar su propia familia, le fue difícil hallar un modelo de la clase de madre con que identificarse. "En mi opinión, todas las mujeres de mi familia extensa eran madres ejemplares que no dudarían en sacrificar todo por sus hijos. Yo me crié viendo que la madre latina ideal es una mujer que se da por entero a sus hijos, que siempre está pensando en su familia y en qué va a hacer por ellos. Es una mujer totalmente devota, no sólo de sus hijos sino de la familia y del marido. Cuando yo pensé en ser madre, sentí que no era así."

María siente que las mujeres latinas tenemos que alejarnos de ese estereotipo, porque no todas las madres latinas son así. Como mujeres que viven en Estados Unidos, nuestras realidades han cambiado y hay muchos factores más a tener en cuenta además de ser buenas madres. Para determinar qué clase de madre sería, María dice que tuvo que hacerse muchas preguntas. "Yo me crié en este país, donde te enseñan a pensar en ti, a ponerte primero y salir adelante, a descubrir qué quieres, cuáles son tus metas, tus prioridades y qué vas a hacer con tu vida. Por eso me resultaba muy difícil concebir que podría ser esa latina ideal."

A diferencia de su madre, María pertenece a la primera generación de mujeres que se crió con la libertad de elegir. Ella se vio beneficiada por las generaciones de mujeres anteriores que lucharon para conseguir derechos e ingresos iguales. En su generación se daba por sentado que las mujeres podían tener la misma carrera que un hombre. A estas mujeres liberadas la noción de que tendrían que sacrificar sus aspiraciones profesionales, para convertirse en madres, nunca se les ocurrió. Pero la idea de transigir provino de un área inesperada, vino de sus propias ideas sobre lo que es la maternidad, lo que debería ser y, significativamente, lo que podría llegar a ser. Tratar de lograr el ideal de la madre latina sacrificada era una meta elusiva. Cada vez más es más claro que las reglas de la maternidad han cambiado irreversiblemente.

María tuvo que enfrentarse al dilema que deben enfrentar las jóvenes latinas con familias: "¿Cómo criamos a nuestros hijos de manera que tengan los mismos valores que mis padres tenían hace 50 años? Es una gran disyuntiva que te plantea: ¿Conservas los valores tradicionales? ¿Cuántos ya no conservas? Es muy diferente de la forma en que se crió mi madre y de la forma en que mi madre nos crió."

Una de las cosas que María ha conservado son las muestras físicas de afecto que recibía de su madre. Aunque sus días estaban ocupados con el ajetreo de atender las necesidades de cuatro niños, Berta siempre encontró tiempo para darles afecto a sus hijos. "Hay una foto de mi mamá y de mí en la que ella va montada en su bicicleta y yo voy atrás en una sillita. Eso era la hora de mami y su hija, yo con ella. Yo acompañaba a mi mamá cuando ella limpiaba la casa o a donde tuviera que ir. Siempre me sentí segura si mamá estaba a mi lado. A lo mejor no estaba jugando a las muñecas conmigo, pero el sólo saber que ella estaba cerca me daba un sentimiento de paz instantáneo. Y yo pienso de la misma manera con respecto a mi propia hija. Siento que cuando estoy acompañándola, hay una cierta calma para ella. Mi niña puede venir corriendo a mí y decir 'Mamá.' O hace lo que hacía yo con mi mamá, iba a la carrera hacia ella, la envolvía en mis brazos y la abrazaba. Ella siempre me devolvía el abrazo, me sobaba la espalda o los bracitos. Ese aspecto físico es una parte muy real de quien soy y es algo que definitivamente quiero transmitirles a mis hijos."

Una de las cosas que le resultó muy difícil a María fue cuando se dio cuenta de que los papeles tradicionales se iban a invertir en su familia y su esposo sería el que se quedaría en casa. "Repentinamente, sentí que no iba a ser esa madre que se queda en casa con sus hijos; yo era la que iba a ser como mi padre. Era la que iba a salir de casa todos los días y al final de la jornada les diría 'hola' a mis hijos, como hacía mi padre. Yo sentí que estaba siendo muy crítica conmigo misma. Por cierto, sé que hay descontento en mi familia en México: '¿Cómo es que ella trabaja y él se queda en casa?' Aunque él es un artista y trabaja en casa, creo que les cuesta mucho entender que un hombre quiera estar con sus hijos o sentir que es importante en el hogar. Recuerdo que, desde el principio, me di cuenta de que esto llevaba aquello de romper con los moldes establecidos a un nuevo nivel y que no tenía ningún ejemplo a seguir."

Cuando piensa en la posibilidad de ser una madre que se queda en casa como lo hizo su madre, María expresa: "Hay veces en que veo a mis hijos hacer algo y me digo, 'si yo me estuviera quedando en casa no harían eso.' No creo que me sienta culpable, pero he visto a mucha gente que desea pasar más tiempo con sus hijos."

Lo que complica más el dilema para María y otras mujeres como ella, es que a menudo son "las primeras" en hacer lo que hacen y sienten la responsabilidad de ser un ejemplo para otras latinas. "Porque como latina tratando de llegar a donde otras latinas no han llegado aún, cargas con el peso de la historia y de tu comunidad sobre tus espaldas. Yo no siento que pueda decir: 'Okay, adiós, dejo mi trabajo y voy a ser mamá de tiempo completo.' ¿Y qué de toda esa gente joven que ha pensado en mí y dicho: 'Vaya, ella abrió puertas, era una profesional, una precursora, fue la primera latina en CNN y ahora va a renunciar a todo?' Yo tengo una responsabilidad. Como periodista, ¿qué quiero dejar como legado? ¿qué puertas quiero abrir, teniendo en cuenta la importan-cia de ese legado? Por otra parte, cuando miro a mis hijos digo: 'Dios mío, son mi legado, salieron de mí. Tienen que ser el mejor reflejo de quien soy y de mis valores.' Pero, ¿cómo les doy todo eso si estoy trabajando todo el tiempo?"

Al igual que muchas mujeres, María tiene que mantener un equilibrio entre ser una mujer profesional y una madre responsable. Debe mantener un equilibrio entre ser americana y mexicoamericana. El conflicto de intereses puede llegar a ser enorme. María se inclina a creer que la lucha es parte de lo que ha logrado. "No creo que haya resolución. Yo siempre me he sentido muy desconcertada porque tengo dos partes, mi parte latina y mi parte gringa. Recuerdo que acababa de llegar a New York, a los 18 años, y compré un broche que decía soy bilingüe, bicultural y orgullosa de mi raza. Me lo puse y dije: 'Al diablo, voy a ser bilingüe y bicultural por el resto

de mi vida. Así va a ser para siempre.' Siempre vas a estar desconcertada si eres bi."

A pesar de la gran disyuntiva con que María ha tenido que lidiar en su vida, o tal vez debido a ella, ha tallado una ambiciosa y pionera carrera a la par que estableció un hogar feliz y amoroso para su familia. Cuando mira hacia el pasado, a la educación supertradicional que tuvo, admite que sus padres siempre quisieron que ella fuera hacia delante. Y, por supuesto, eso siempre incluyó estudios universitarios y una carrera.

"Mi mamá y mi papá nunca se sentaron conmigo y me dijeron: 'María, puedes llegar a ser lo que quieras.' Estaba sobreentendido. Yo comprendí que definitivamente iba a ir a la universidad y que era probable que tuviera una carrera, pero a partir de ahí, el final está un poco borroso."

María dice, sin embargo, que su madre tenía sus propias expectativas para su hija menor. Cuando llegó el momento de tomar decisiones alternativas, su madre fue quien más la apoyó. "Mamá ha vivido indirectamente a través de mí." Explica María. "Yo era la que podía hacer todas las cosas que ella no pudo hacer. Un día llegué a casa y dije: '¿Saben? Quiero ir a New York.' Mi papá dijo: '¿Qué?' y mi mamá igual. Pero luego ella dijo, 'Okay.' Era mi gran respaldo, pero hasta el día de hoy me pregunto si estaré satisfaciendo sus expectativas como madre o no. Ella probablemente diría que sí, pero personalmente no creo haber vencido ese desafío. Para mí, mi madre es la mejor mamá que se pueda tener."

Dice María con añoranza: "A veces quisiera que mi mamá fuera para mis hijos una abuela más parecida a la clase de abuela que fue mi abuelita. Ella era la clase de abuela que te cuidaba. Limpiaba y cosía mi ropa por las noches y me cocinaba muchas cosas. Cuando empezó a trabajar, mi mamá ya no se encargaba tanto de esas cosas sino que era mi abuela quien lo hacía. Ahora mi mamá es una jubilada joven y viaja mucho. Mis padres tienen una casa en México y ella está en lo suyo.

"Yo le he dicho: 'En cierta medida me gustaría que no

fueras una jubilada joven, tan moderna, fabulosa y feminista, y que fueras más abuelita para mis hijos.' Me gustaría que ella fuera más como las abuelas que dicen:, '¿Qué necesitan mi'jitos? ya estoy con ustedes.' Pero ahí es donde yo tengo que dejar de lado mis preconceptos de lo que ella debería ser. Tengo que dejar de lado muchas cosas.

"Lo que sucede con mi madre es que ambas somos muy conscientes de estas dicotomías en nuestra vida," dice María. "Sabemos que hay cosas que son tabúes, que como somos latinas se supone que no debemos discutirlas, pero como una parte de nosotras es gringa moderna, pensamos que podemos discutirlas. Recuerdo una ocasión en que le dije: 'Mamá, nunca me platicaste sobre el sexo.' Ella respondió: '¿Cómo que no?' Pero si yo siempre les he comunicado que el sexo es una cosa linda y preciosa y que es algo muy especial entre dos gentes que se quieren.' Le contesté:

'Nunca me dijiste eso.' Había muchas cosas acerca del tema del sexo sobre las que nunca platicamos.

"Ahora mi mamá y yo tratamos de conversar sobre cosas que se supone que no debemos platicar. Creo que nos hemos modernizado. Y cuando el asunto se pone muy enrollado y hay cosas entre nosotras que se vuelven muy intensas, densas y problemáticas, vamos juntas a una psicóloga. Tenemos una terapista, una hermana puertorriqueña del Bronx, sencillamente maravillosa, que es amiga de las dos. Entonces, en esos momentos en que se hace muy difícil la comunicación la vamos a ver. Yo sé que hay gentes en mi familia que probablemente digan: '¿Estás haciendo qué con tu madre? ¡¿Yendo a una terapista?!'

"Mamá fue la primera en la familia en ir a terapia. Ella necesitaba ayuda para lidiar con la muerte de su padre y con la locura que era su hogar a causa de que estaba trabajando. Ella fue quien abrió esa puerta. Otra cosa más que ninguna de sus hermanas, primas o nadie en México se hubiera atrevido a hacer. En ese sentido, ella hace lo que le parece que necesita hacer."

Lo último que Berta ha necesitado hacer es submarinismo. Con una amplia sonrisa María explica, "Aprendió a los sesenta años, ella y mi padre también. Mi mamá ni siquiera sabía nadar y aprendió a sumergirse. Tiene un espíritu aventurero que heredó de su abuela. En México, solían decir que mi abuela tenía pata de perro, lo que significa que siempre estaba saliendo a la aventura. Y así es mi madre también.

"Ella me asombra. Me asombra con su espíritu, con su determinación y por el hecho de que va a aprender submarinismo o a un safari al África y hace todas esas cosas que nunca antes ha hecho. Ella abre las puertas para que mi padre piense: 'Sí, hagamos esto.' Mi madre es imparable." ∎

Chica Interrumpida

Jackie Guerra

Y SU MADRE,

Joyce Guerra

Jackie Guerra es una actriz que está causando sensación en Hollywood. Actualmente, Jackie es la presentadora del show *You're Invited* en el Style Network y forma parte del elenco de la aclamada serie de PBS *American Family*, actuó en la serie de WB *First Time Out* y realizó su debut cinematográfico en la película *Selena,* de Warner Bros. Antes de iniciar su carrera de actriz, trabajó como organizadora con el partido demócráta y HERE, Local 11. Además, colaboró con César Chávez, apoyando su sindicato de trabajadores agrícolas. ■ Jackie heredó su dedicación al activismo y la extravagancia de su madre, la Sra. Guerra. Gracias a su fuerza de voluntad, la Sra. Guerra logró transformar su dolorosa infancia en una vida rica y asombrosa. Transmitió a su hija el rechazo a la idea de dejarse influir por las circunstancias. Hoy, Jackie crea sus propios mundos mientras trata de sobrellevar el dolor de la inesperada muerte de su madre.

CHICA INTERRUMPIDA

La madre de Jackie Guerra le dijo una vez: "Regálame flores mientras esté viva. No quiero que malgasten dinero y arranquen flores hermosas para ponerlas en una caja grande y marrón que acabará bajo tierra. No quiero que mi cuerpo se descomponga. Prefiero ser delgada en vida." Jackie nunca pensó que recordaría esas mismas palabras mientras se encargaba de que el cuerpo de su madre fuera incinerado y sus cenizas esparcidas en el mar, cerca de la costa de San Diego. La muerte repentina e inesperada de su madre ocurrió apenas dos semanas y media antes del que hubiera sido su cumpleaños número 57. Hasta entonces, Jackie había disfrutado del mejor año de su vida.

"Estaba a punto de hacer el episodio piloto de un programa de entrevistas, y en mi vida todo iba maravillosamente. Acababa de estrenarse la película *Selena* y tenía muchas ofertas para actuar en otras películas. Había firmado un contrato con Dick Clark, de Disney, para ser la anfitriona en un programa de entrevistas: era mi sueño de toda la vida."

De repente, Jackie se encontró más atareada que nunca, ya que coordinaba su trabajo en el episodio piloto con su espectáculo de comedia en vivo. Al mismo tiempo, mantenía sus relaciones con familiares y amigos. El 4 de julio, una de sus mejores amigas, Beth, dio a luz a su primer bebé, y Jackie y su madre decidieron sorprenderla llenándole el congelador con comidas preparadas para que no tuviera que cocinar. Era un gesto típico de la amabilidad y generosidad propias de Joyce.

"Esa tarde íbamos a ir al centro comercial y luego a casa a cocinar, pero mi madre me llamó para decirme que no quería ir de compras. Eso era algo muy raro en ella. ¡A ella siempre le encantó ir de compras!

"Fuimos a mi casa. Mientras yo estaba en la cocina, miré a la sala y la vi acostada en el sofá. Jamás se había recostado a media tarde; era increíblemente activa. Mi madre era la clase de persona que nunca se queja, exactamente lo opuesto a mi manera de ser. Jamás se quejaba. Es más, una vez se fracturó un tobillo y siguió caminando con el tobillo roto durante tres semanas antes de mencionarlo."

Cuando Joyce le dijo a su hija que no se sentía bien, Jackie la llevó al hospital y allí la ingresaron. Empeoró paulatinamente, sin que los médicos se explicaran qué estaba pasando. Jackie seguía diciéndose que todo acabaría bien.

"Mamá y yo hablábamos todos los días. Aún ahora hay veces que veo algo y digo: 'No veo la hora de contárselo al Crayón.' " Jackie llamaba así a su madre porque siempre vestía de un solo color, de pies a cabeza. "Así que si era un día rojo, llevaba lápiz labial rojo, un conjunto en diferentes tonos de rojo, zapatos rojos y esmalte rojo en las uñas. Siempre tenía las uñas arregladas. Pasara lo que pasara en su vida, siempre tenía una manicura y pedicura perfectas. Y siempre tenía el cabello arreglado y el maquillaje puesto. Desde que tengo conciencia, mi madre siempre usó pestañas postizas. Hasta en su último día en esta tierra, lucía unas pestañas impecables."

Al ser hija de una mujer tan atractiva y llamativa, Jackie se comparaba desfavorablemente: "Siempre creí que yo era muy fea y ella, muy linda. Las mujeres de mi familia son muy hermosas, y siempre sentí que era la fea. Mi mamá solía decirme: '¿Crees que Jacqueline Kennedy andaba todo el día pensando que estaba demasiado delgada? No. Sencillamente se compraba ropa de una talla más grande para que pensaran que ella era *chic* y delgada.' Mi madre (gran admiradora de esos símbolos estadounidenses), solía decirme que debía comportarme como Elvis: 'Tú sabes que Elvis Presley es la estrella más grande que ha existido en el mundo. Incluso había gente que hacía acrobacias por tocar aunque fuera el sudor de Elvis. Cuando entres en una habitación, hazlo como si fueras Elvis. Entra sintiendo que eres la estrella más grande del mundo y que la gente tiene la gran suerte de estar en la misma habitación que tú.'

"Nunca pensé que el peso fuese un problema, hasta que fui mayor e ingresé en la escuela secundaria. Cuando me ponía pantalones cortos para ir a clases, las chicas blancas de mi escuela hacían comentarios sobre mí y mis enormes muslos. Al volver a casa se lo contaba a mi madre y ella decía: 'Ah, te tienen envidia.' Entonces comencé a comprender que existe toda una cultura que te ordena que seas delgada y tengas el cabello lacio. Y si, además, eres rubia, de verdad has ganado la lotería genética. Pero para mi mamá, yo podía pesar 130 ó 230 libras, y aún así ser la persona más asombrosa, más especial, más interesante, más encantadora y más carismática del mundo. Lo bueno es que no tuve

muchos de los típicos problemas de las jovencitas; lo malo es que al no estar ya mamá, no tengo más esa voz alentadora."

Pocos días después de la visita al hospital, Jackie y su madre fueron a una tienda de artículos de belleza y Jackie se dio cuenta de que su madre tambaleaba y no podía hacer las compras. Tuvo que meterla en el automóvil y llevarla a su casa. El médico seguía sin dar respuesta a las preguntas de la familia. "Sabíamos que estaba enferma, pero creíamos que sólo tenía gripe. Siguió empeorando. No sabíamos que se estaba muriendo."

Una mañana, cuando Jackie fue a visitar a su madre, la encontró desmayada en el piso. Logró despertarla, pero Joyce no se podía mover. "Mi mamá era menudita, pero ese día era un peso muerto. Llamé a mi prometido y entre los dos la llevamos de vuelta a la cama. Ahora sabemos que tuvo un derrame cerebral, pero hasta ese entonces nadie se lo había diagnosticado."

Joyce nació en Colorado y se fue de casa siendo muy joven. Se fue a Chicago, consiguió una tarjeta de identidad falsa y trabajó como conejito de *Playboy* en un club de la cadena. "Por aquel entonces, tenía 15 años y era una belleza. Mi mamá tuvo una infancia brutal. Su vida hogareña fue horrible, y fue víctima de abuso sexual.

"Mi madre había sido más que pobre. La primera vez que nos llevó a ver dónde se había criado, quedamos estupefactos. Es que existe la pobreza, y luego está la pobreza que nunca ves . . . la clase de pobreza que es tema de documentales. Así se crió ella. En la casa no había ni siquiera un baño. Se criaron en la nieve y tenían un solo par de zapatos. Ésta no es una de esas historias inventadas. Literalmente, tenían un solo par de zapatos."

La madre de Jackie vivía obsesionada por su infancia. Recuerda Jackie: "Mi madre me dijo que el mejor favor que pudo hacerse fue crearse una vida completamente diferente, porque nunca quiso que ni sus hijos ni nadie tuviera que pasar por lo que ella pasó."

En Chicago, Joyce estuvo casada por un corto tiempo. Más tarde se fue a California a trabajar de camarera en un restaurante cerca de San Diego, donde trabajaba de lavaplatos el hombre que habría de ser el padre de Jackie. "Mi papá acababa de llegar a Estados Unidos y no hablaba inglés. Por supuesto, mi mamá lo hablaba perfectamente. Mi papá es muy apuesto y mi mamá, prácticamente soltera, creía estar muy en la onda porque tenía un convertible flamante que le había comprado su primer marido. No tenía dinero para pagar el alquiler, pero sí un Corvette convertible flamante. Fue ella la que invitó a mi padre a salir. Y la reacción de mi papá fue: 'Mira, esta puta.' Mi papá pensó que era una de esas americanas liberadas y que no iba a salir con ella."

Pero Joyce no desistió de su propósito, y con el tiempo se enamoraron y decidieron vivir juntos. "Nadie hacía eso en 1965. Aunque ella fingía ser el ama de casa suburbana perfecta, mis padres vivieron juntos dos años hasta que le concedieron el divorcio a mamá, algo muy escandaloso para la familia de mi padre. En primer lugar, era un escándalo que él se casara con una americana, porque si naces aquí, los mexicanos de México te consideran americano. Era un escándalo que él estuviera con una americana mayor que él y divorciada." La suegra de Joyce apenas le dirigió la palabra durante los dos primeros años del matrimonio, hasta que nació Jackie y comenzó a ser amable.

"Mi mamá siempre fue muy creativa. En Navidad, hacía su propio papel de regalos. Sí, era muy alocada. Francamente, no sé cómo lo hacía. De verdad me gustaría que mi madre estuviera aquí sólo para oírla confesar que tomaba algo, porque no entiendo cómo hacía lo que hacía. Todas las mañanas cuando nos levantábamos ella ya había preparado el desayuno y estaba vestida y preparada para la jornada. Todos los días nos llevaba a la escuela. Todas las noches había cena; todas y cada una de las noches. Y ella trabajaba, era agente inmobiliaria. Siempre la nombraban la mejor vendedora del año, porque había vendido un millón de dólares en bienes raíces.

"Creo que lo bueno fue que mi mamá tenía mucha energía y nunca paraba, pero lo malo fue que olvidó cuidarse. Mi hermano y yo estábamos demasiado mimados." Cuando Jackie se mudó a su primer apartamento durante su primer año en la universidad, no sabía usar el lavavajillas, la lavadora ni la aspiradora. "Mi hermano y yo llevamos los nombres de los Kennedy. Yo soy Jackie y él es John. Eso revela mucho sobre mi madre. Desde que fui muy pequeña, se enorgullecía mucho por las cosas atípicas.

"Siempre repetía eso de que querer es poder. Y que, seas el mejor o no, debes probar. Quería que probáramos de todo. En realidad, creo que hay algo de razón en enseñarles a los niños que pueden lograr hacer todo lo que se propongan. Si yo llegaba a casa y decía que quería aprender a tocar la guitarra, al día siguiente tenía clases de guitarra. Si decía que quería pintar, tenía clases de pintura. Lo que pasa es que acabas por saber un poco de todo y mucho de nada. Así que sé hacer un poquito de un montón de cosas, pero no sobresalgo en ninguna. Con una única excepción: soy muy divertida en las fiestas.

"Mi madre entendía de forma profunda que éste es un mundo muy grande y que somos ciudadanos de un planeta enorme, tal vez porque procedía de un lugar insignificante, de un mundo espantoso donde pudo fácilmente haber quedado atrapada. Pudo escapar al aprender lo que era el mundo exterior."

La madre de Jackie insistió en que su hija también aprendiera del mundo, yendo a la universidad. Una vez que Jackie hubo terminado sus estudios, a su madre le disgustó que se pusiera a trabajar para una organización sin fines de lucro que le pagaba muy poco. "Mi madre decía: 'Deberías ir a la facultad de derecho para poder ayudar a esta gente como abogada.' Porque para las latinas, el título es lo importante: tienes que ser 'abogada' o 'ingeniera.'

"Mis padres trabajaron mucho para que nosotros tuviéramos seguridad. Ella estaba convencida de que tener éxito significaba no tener nunca que depender de nadie económicamente. Cuando les dije que estaba trabajando como organizadora de un sindicato laboral, mi mamá se preocupó, porque yo trabajaba 18 horas al día y no tenía días libres. Yo era joven y no tenía novio ni vida privada. Cuando ella tenía mi edad, había cinco tipos rogándole que fuera su esposa, y ella coleccionaba anillos de compromiso. Así que pensaba: '¿Cómo es posible que seas hija mía?'

"Un día se aparece mi mamá en mi casa con un montón de cosas, zapatos, y, sin razón aparente, ropa interior sexy. Le pregunté: '¿Y eso?' 'Es que uno nunca sabe,' contestó.

Jackie Guerra en la playa en Santa Monica, California.

'OK, como quieras. Pero qué incomodidad.' Estábamos en la cocina, charlando, y de repente, como en una telenovela, deja caer la espátula y me mira. Dice: 'Óyeme, dime la verdad, ¿eres lesbiana?' '¿Qué? ¿De dónde sacaste eso?' 'No sé. No veo hombres llamándote. Hace dos días que estoy aquí y nadie ha llamado. Oigo las voces grabadas en la máquina y ninguna es de hombre.' 'No te preocupes, que no soy lesbiana y si lo fuera te lo diría,' le contesté. 'Yo te querré como siempre. Te querré; te lo prometo,' me aseguró. Lo único que pude decirle fue: 'Gracias, pero por ahora, puedes guardarte tu camiseta de I love my hija gay.' "

Al ir cambiando su relación, la Sra.

Guerra sintió que podía compartir más su intimidad con su hija. Así que le contó a Jackie, con mucho entusiasmo, que después de tantos años, se había matriculado en un curso de escritura erótica en la universidad. "Explicó que se trataba simplemente de explorar la sexualidad femenina, y yo pensé: 'Qué bien, qué interesante. No está mal.' Hasta el día en que me llamó a las siete de la mañana un domingo para leerme un ensayo que había escrito titulado 'La exploración del orgasmo.' Y además usó la palabra chinga como verbo. Entonces le aclaré: 'Mamá, para que lo sepas, me siento muy feliz por ti y de veras creo que es una idea estupenda que tomes clases en la universidad, pero también te aseguro que sólo quiero oírte pronunciar las formas de la palabra c-h-i-n-g-a si te golpeas un dedo o si te machacas un pie. Nunca como verbo. Nunca jamás como verbo.' Fue horrible. A lo mejor creyó que yo había llegado a una edad en que podía decirme ciertas cosas con toda tranquilidad. Pero yo pensaba: 'Dios mío, me gustaba más cuando me prohibías decir malas palabras en tu presencia.'

"Recuerdo que una vez, mientras ella estaba en mi casa, tuve que ducharme. Ella estaba sentada en mi habitación, hablándome, y yo en la ducha, con la puerta del baño abierta. Salgo de la ducha y junto la puerta porque estoy desnuda. Y ella se pone de pie, abre la puerta y dice: 'Si te incomoda estar desnuda delante de tu madre, ¿cómo vas a estar cómoda desnuda delante de un hombre?' Y me explica que a los hombres les encanta que una se pasee con naturalidad delante de ellos. Le dije: 'Mamá, de verdad, no tenías que haberme dado tanta información.'"

Jackie no sólo pudo apreciar cómo iba cambiando su relación con su madre, sino que también tuvo la oportunidad de compartir con ella su buena fortuna. "Una vez, mi madre y yo fuimos a Chicago y nos hospedamos en un hotel hermoso, junto al lago. Nos quedamos en una suite que costaba unos dos mil quinientos dólares por noche. A mi madre le encantó. Pedimos que subiera a la suite una manicurista a arreglarle las uñas. Y ella se puso la bata y creía que era toda una señorona habituada a vivir espléndidamente. Y cuando, más o menos un mes después de ese viaje, cancelaron mi primer programa, *First Time Out,* me disgustó pensar en el dinero que habíamos malgastado. Pensaba: 'No voy a conseguir más trabajo; mañana estaré vendiendo zapatos en Nordstrom.' Estaba tan disgustada por ese dinero . . .

"Pero no tenía forma de saber que mi madre moriría dentro de un año, y cuando murió agradecí a Dios por haber podido llevarla conmigo a Chicago y haber gastado ese dinero en ella, porque ¿para qué lo hubiera ahorrado? ¿En qué lo hubiera gastado cuando ella ya no estuviera? Fue tan divertida la expresión de su rostro en el aeropuerto, cuando llamaron a los pasajeros de primera clase para subir al avión y ella dijo: 'Nos llaman a nosotras, mi'ja. Vamos.' En Las Vegas, en una tienda de artículos de cuero, vio una chaqueta que tenía un arco iris de cuero en la espalda. Mi mamá se la puso y era completamente ridícula. Parecía el tipo de chaqueta que habría llevado Lionel Richie en la década de los 80: de cuero blanco con enormes hombreras. Mi madre era muy menudita, y con aquella chaqueta parecía un triángulo invertido, pero le encantaba, quién sabe por qué. Recuerdo que se la probó y exclamó: '¡Ay, qué preciosidad!' Costaba unos dos mil dólares y la vendedora la trataba con una actitud condescendiente, como diciendo: 'Bueno, demasiado cara para usted.' Yo dije: 'Nos la llevamos,' y mi madre se divertía luego muchísimo contando esa historia. Nunca habría imaginado que fueran los últimos momentos de alegría que iba a tener. No tenía nada que ver con el dinero: se trataba de poder darle algo que ella nunca había tenido, una libertad de la que nunca había gozado. Era la clase de buena vida que nunca había disfrutado porque entregó la suya a mi hermano, a mi padre, a mí y a todos sus seres queridos."

La mañana del 17 de julio, el papá de Jackie la despertó para decirle que habían llevado a su madre al hospital. Había tenido un fallo respiratorio. Cuando llegaron al hospital, Joyce cayó en un coma del que nunca salió. "No tenía idea de que se estaba muriendo. Pensé que en el hospital mejoraría. Es lo peor que le puede pasar a uno. Afortunadamente, estábamos todos allí con ella, contando anécdotas de su vida y riéndonos. Pero es horrible. Le sostuve la cabeza cuando dio el último suspiro. Es horrible. Tuve una madre sensacional. Mi madre era mi mejor amiga. Era mi roca. Pero cuando la roca te falta te encuentras flotando a la deriva, pensando: 'Bueno, ¿y ahora dónde echo anclas?' Hay tantas cosas que no llegué a saber, como si ya no tuviera la receta, y no sé qué hacer en ciertas situaciones."

Jackie recuerda la ocasión en que su madre la llamó porque acababa de verla en televisión. "¿Sabes? Te llamo porque estoy viéndote en televisión y pensé: '¿De dónde habrá sacado esa chispa?'" Confundida, Jackie preguntó: "¿De qué estás hablando? ¿De mi cabello? ¿Es porque lo tengo brillante?" "No, chica, mírate: eres graciosa, lista, y tienes una cierta chispa. No me explico de dónde la sacaste." Jackie se echó a reír y le dijo: "Eres mi madre. Es normal que lo pienses." Pero Joyce insistió: "Te aseguro que no heredaste esa chispa de tu papá y definitivamente no la heredaste de mí. Jacksie, (su madre era la única que la llamaba Jacksie) hice un buen trabajo contigo, porque cuando hablas con la gente, los haces sentir importantes, y aunque digas cosas que tal vez no quieren oír, haces que se rían."

Hoy, Jackie afirma: "Si me muero mañana, puedo decir con franqueza que he vivido la vida que quería vivir, salvo por el hecho de que ya no tengo a mi madre aquí conmigo, y creo que en el orden universal, la tuve cuando realmente la necesité. Pero al mismo tiempo, me resulta muy difícil no tenerla a mi lado. Se dice que las cosas se hacen más fáciles con el paso del tiempo, pero no es verdad. Lo que pasa es que, con el tiempo, nos ocupamos de otras cosas y no podemos darnos el lujo de pasarlo sentados, llorando y mirando fotos todos los días." ∎

Los Sueños Se Hacen Realidad

Christina Vidal

Y SU MADRE,

Josephine Vidal

En su papel de exitosa cantante y actriz, Christina Vidal se parece mucho al personaje que representa en *Taína*, la exitosa serie de comedia de Nickelodeon. Pero, a diferencia del personaje de televisión que desea irrumpir en el mundo del espectáculo, Christina ha trabajado como actriz desde que tenía doce años. A partir de su debut cinematográfico en el que actuó con Michael J. Fox en *Life with Mikey*, Christina ha trabajado sin cesar. ■ Su madre, Alma Josefina Ziruet Vidal ("Josie"), crió a Christina y a sus igualmente talentosos hermanos en Queens, New York, muy lejos de su natal Puerto Rico. Josie señala con orgullo la vida y el éxito de su hija como prueba de que vale la pena sacrificarse por los sueños.

CUANDO JOSIE VIDAL se enteró de que su hija menor era candidata para el papel principal de una serie de Nickelodeon, *Taína*, le dijo a su hija: "Ay, Mami, tienes que conseguir esa parte. Sería una oportunidad maravillosa para ti. Lo sé." Christina Vidal dice que cuando se trata de consejos sobre su carrera, su madre siempre está en lo cierto. "Mi madre tiene profundas conexiones espirituales que le producen presentimientos, por eso sabe si algo es bueno para mí o si no lo es. En esa ocasión me dijo: 'Mamita, ésta es una gran oportunidad para ti pues es un estupendo programa. Un programa de televisión en el que serás un ejemplo para jóvenes latinas no sólo es un privilegio sino algo que debes tomar muy en serio.' Así que dije, 'Okay, le voy a dar de lleno a esta prueba.' "

Una vez más, los presentimientos de Josie fueron acertados y Christina consiguió la parte. *Taína*, resultó ser un programa de alto nivel que recibió premios y atrajo mucha atención hacia la joven estrella. Pero Christina siempre recuerda que detrás de su éxito se hallan la dedicación y el sacrificio de su madre.

Al igual que sus tres hijas y su hijo, Josie nació con sueños y talento. Y, como a ellas, a Josie le encantaba cantar y bailar. Dice Christina, "Solía contarme historias sobre cómo se escapaba para ir a los clubes cuando era una adolescente, y bailaba toda la noche. Era una bailarina increíble; hasta mi padre me dijo que era increíble. El año pasado comenzó a escribir poesías y a darme ideas para canciones para mi nuevo álbum. Sin duda, le debo gran parte de mi creatividad y talento."

Josie fomentó la creatividad en todos sus hijos. De los cuatro hijos que tiene, las tres mujeres son actrices. Su hija mayor, Lisa Vidal, actúa en *The Division* y en *E.R.* Y la menor, Tanya Vidal también actúa en *The Division*. Pero la libertad que sus hijas tienen para seguir sus carreras, tuvo un alto costo para su madre.

"No sé cómo lo hizo," dice Christina. "Es una persona desinteresada y a raíz de eso, yo tuve la oportunidad de ser egoísta. La devoción de mi madre hacia sus hijos, nos permitió decir: 'Esto es lo que quiero hacer con mi vida; esto es lo que me va a hacer feliz.' Pero no creo que mi madre haya tenido la oportunidad de decirlo jamás. Nadie nunca le preguntó: '¿Qué quieres hacer? ¿Qué te haría feliz?' "

Christina describe a su madre como una de las personas más generosas que conoce, a veces a expensas de sus propios deseos. "Está acostumbrada a hacer cosas para los demás, a no preocuparse por sí misma o por lo que ella quiere hacer. Para poder hacer las cosas como una supermujer, no puedes dedicar tiempo para ti. Al final del día mi mamá está feliz cuando nosotros somos felices porque nos ama, pero en esencia ella no es una mujer feliz. No se ha realizado como persona. No es alguien que haya tenido experiencias en la vida, en el amor y en todas esas cosas que todos vivimos con el paso del tiempo. Ella nunca tuvo la oportunidad de hacerlo y por eso me entristezco."

JOSIE NACIÓ EN Puerto Rico pero la trajeron a New York cuando tenía cuatro años. A pesar de que vino a Estados Unidos cuando era pequeña, Josie no habló inglés hasta que estuvo en la secundaria porque su madre le hablaba solamente en español.

Venía de una familia de 16 niños y la mayoría de sus hermanos fueron repartidos entre la parentela para que los criaran. Josie vivía con su madre, dos hermanas y un hermano. Como era la mayor, la crianza de los otros niños recayó sobre ella. Al respecto explica Christina: "No creo que mi madre haya tenido infancia ni que haya pasado por las etapas normales de la infancia y la adolescencia. Ha sido madre y jefe de familia desde que era pequeña. Empezó a trabajar en fábricas a los diez años y tenía que darle los cheques a mi abuela y encima cuidar a los niños. Mi abuela nunca estaba en casa porque siempre andaba de parranda. Mi madre tenía que ser madre, padre y hermana. Tenía que ser todo para sus hermanos. Ella es así aún hoy día.

"No cabe duda de que lamenta no haber tenido una infancia. Ella y yo luchamos continuamente por esto, pues no entiende todo lo que me toca vivir por cuanto ella nunca tuvo la oportunidad de vivirlo. Para mamá, todo tiene que ver con la responsabilidad porque ha tenido que ser responsable desde los diez años. Por lo tanto, cuando habla conmigo, ni se imagina una vida sin responsabilidades. Yo creo que ella tiene mucho resentimiento hacia su madre y también hacia sus hermanos. Ella nunca pudo seguir sus sueños, no pudo hacer nada de lo que le gustaba, y nunca tuvo la oportunidad de buscar aquello que la hiciera feliz."

Además de tener que trabajar y cuidar a sus hermanos, Josie tenía que

Josie Vidal con sus hijas, Tanya, Lisa, y Christina Vidal.

estudiar. Permaneció en la escuela, avanzando cada curso hasta su último año de secundaria. Fue entonces que conoció al padre de Christina y abandonó la escuela para casarse con él.

En el lapso de un año, Josie tuvo a su primer hijo. Había escapado de una casa llena de responsabilidades y lo único que logró fue casarse y encontrarse en otra casa llena de responsabilidades. "Ella me dijo que se casó con mi padre para escapar a la vida que estaba llevando, pero pasó de una responsabilidad a otra. Mirando hacia atrás, siente que ese fue el error más grande; no se arrepiente de haber tenido hijos, pero se arrepiente de nunca haber tenido tiempo para dedicarse a sí misma. Siempre insiste en eso porque siente que fue algo que realmente perdió."

Josie quiere asegurarse de que sus hijas no repitan su error y carguen las responsabilidades del matrimonio y los hijos antes de haber tenido la oportunidad de vivir sus sueños. "Lo que más le preocupa del futuro de sus hijos es que no tengan que pasar por todo lo que ella pasó. Perdió demasiado en su vida y tuvo que luchar mucho más por no haber esperado el momento adecuado."

Si bien Josie sacrificó mucho, también ganó mucho. "La mejor manera de explicarlo es a través de nosotros, que somos su vida," explica Christina. "Todo lo que nos involucra, lo que sentimos, nuestras vivencias, nuestros proyectos, están relacionados con ella, pues siempre nos apoya a cada paso. Y si nadie más nos anima, ella es nuestra porrista. Es la primera en arrastrar a todo el mundo a nuestras actuaciones y decir: '¡Tienes que ver a mis hijos!' Ella y mi padre están muy, muy orgullosos, no de manera odiosa, sino de una manera encantadora. Con sólo mirarlos sabes que realmente aman a sus hijos."

Como punto focal de su vida, Josie observó detenidamente a su hija pequeña y se dio cuenta de que desde chica tenía mucho talento. "Siempre me tomaba fotografías cuando yo me vestía con su ropa. Desde el principio ella supo que yo estaba interesada en actuar, y me anotó en clases de canto cuando yo tenía nueve años."

A diferencia de muchos padres de niños estrella, quienes a veces obligan a sus hijos a ser el foco de atención por razones equivocadas, Josie esperó a que Christina expresara interés en actuar antes de anotarla en clases. "Lo más maravilloso de mi madre era que ella siempre me preguntaba si yo quería hacer algo. Nunca me forzó a hacer nada. Ella se daba cuenta de que yo tenía interés en bailar o cantar y buscaba una clase. Me preguntaba: '¿Quieres ir a esta clase?' y yo aceptaba. Ella no me obligaba a hacer nada, pero se cercioraba de que una vez que yo empezaba a hacer algo, siguiera adelante.

"Para ella era muy importante mantenerme ocupada durante el verano a fin de que no tuviera tiempo libre para meterme en problemas. Ella me llevó a clases de ballet cuando yo tenía cinco años porque decía que desde pequeña siempre fui muy dramática. Una vez que se dio cuenta de que a mí en realidad no me interesaba el ballet, me sacó del curso y me anotó en clases de canto."

A pesar de lo mucho que la apoyaba, Josie estuvo a punto de dejar que Christina perdiera la oportunidad de su vida en la película con Michael J. Fox, *Life With Mikey*, cuando tenía diez años. "Es curioso, pero ella no quería que yo me presentara a esa prueba. Yo

*Josie Vidal con su hija,
Christina Vidal.*

nto, Lisa tomó las riendas y me
ó para la prueba.

trabajó conmigo y me llevó a
ón. En cada prueba que tuve
With Mikey, Lisa estaba allí,
ome. Mis padres quedaron
cionados cuando recibí una
a; y cuando nos enteramos de
presentaría el papel principal
película, mi madre supo que
ía un don para esto. De ahí en
nte, ella tomó la iniciativa en mi
era. Me consiguió un agente y se
rgó de que yo fuera a todas las
iciones. Sencillamente era una
ermujer. Trabajaba, se ocupaba del
gar, siempre hallaba la forma de
varme a las pruebas, se encargaba
que yo no abandonara la escuela y
mpliera con mis obligaciones, a la
z que cuidaba a cuatro hijos. Era
erdaderamente asombrosa."

Josie sentía el mismo asombro
por su hija. Cuando Christina ganó
el papel principal en *Taína*, Josie se
enorgulleció al comprobar que la
presencia de su hija en la televisión
abría nuevas puertas a las latinas.
"Me recordaba que yo era un ejemplo
para las jóvenes, especialmente para
las latinas que se atrevían a seguir
sus sueños."

Josie ha alentado a todas sus hijas
de igual manera. "Siempre le dice a

había traído u
'Mami, mam
que es una
Christina p
prueba a la
pado y no s
a la escuel
hasta que
que en e
Lisa, esta
y no sé n
lo leyó y dijo qu

Lisa que le encanta el papel que representa en *The Division* porque es fuerte. Como mi madre es una mujer de tanta fortaleza, le gusta que representemos ese tipo de papel. Lisa tuvo que aceptar muchos trabajos de mala calidad cuando recién se iniciaba en el negocio y mi mamá siempre la alentaba. Siempre le decía que no se preocupara porque ya conseguiría papeles mejores. Le decía, 'No eres tú, es la ignorancia de la gente de ese negocio.' Siempre sabía qué decir para ayudarnos a seguir adelante."

Christina y sus hermanas creen firmemente que no serían las mujeres que son hoy en día sin el amor y el apoyo de su madre. "Mi madre tiene una explicación para todo," dice Christina. "Siempre quedábamos con la sensación de que todo saldría bien. Yo siento que puedo correr riesgos porque si fracaso tengo adónde regresar. Tengo quien me diga: 'no importa, yo te quiero y todavía eres la persona más talentosa y más hermosa que conozco.'

"Ella nos equipó con la fortaleza y la confianza necesarias para salir al mundo y hacer lo que queremos hacer. Yo creo que se necesita amor y apoyo y un buen plato de arroz con habichuelas. No hay nada como el arroz con habichuelas y unas chuletas como las hace mi madre para hacerte olvidar de una mala audición."

Josie no podría estar más feliz de lo que está, pues sabe muy bien que sus hijas hacen lo que más les gusta. "En cierto modo, es como si ella creyera que todo lo que tuvo que pasar valió la pena porque mira a sus hijos y ve que son felices, que están acomodados y que tienen todo lo que ella nunca tuvo. Siente que ha cumplido parte de la misión de su vida."

Ahora que sus hijos ya están crecidos y viviendo sus propias vidas, Josie ha estado tratando de descubrir qué quiere hacer con su propia existencia. "En estos últimos dos años he estado intentando animarla a que decida lo que quiere," explica Christina. "Quiero que sea un poco egoísta y analice qué la haría feliz, ya sea irse a una isla por tres semanas o anotarse en una clase de pintura. Su respuesta a todo es: 'Seré feliz cuando mis hijos estén establecidos y sean felices.' " Pero Christina insiste en que quiere que su madre alcance una cierta felicidad que no tenga nada que ver con sus hijos. "Yo no creo que sea demasiado tarde, aunque ella sí lo piensa. Su espíritu es joven, y eso es más importante que la edad." ∎

Josie Vidal (segunda empezando por la derecha) rodeada de sus hijas Lisa, Tanya y Christina.

La Ley y el Orden

La Jueza Marilyn Milian

Y SU MADRE,

Georgina Milian

L a jueza Marilyn Milian es más que una jueza—es la jueza en un programa que se difunde a nivel nacional: *The People's Court.* Pero mucho antes de que comenzara a bajar el martillo en la popular serie del tribunal, bajaba el martillo como designada al Tribunal del Distrito de Miami donde trabajaba en la División Criminal. La jueza Milian fue además contratada por Janet Reno para desempeñar el cargo de asistente del fiscal del estado en la oficina de la fiscalía estatal en el Condado de Dade. ■ Si bien sus logros son admirables, lo que más impresiona a la jueza Milian es la mujer que los hizo posibles: su madre, Georgina.

Cuando Marilyn Milian tenía cinco años, una maestra les dijo a sus padres que su hija iba a ser abogada. Sin embargo, decidió encarar la predicción de su maestra recién cuando estaba en la universidad estudiando psicología. "Yo pensé que continuaría mis estudios superiores en psicología y me recibiría de psicóloga. Pero mi madre me llamó la atención y me dijo: 'Tú sabes que eres mejor para hablar que para escuchar, quizá debas pensar en ser abogada.' Para un juez, ser así no es lo más conveniente, a menos que se trate de un juez en la Tele."

Marilyn reconoce que Georgina fue quien no sólo la alentó a lanzarse a una carrera en derecho, sino que también le obsequió oportunidad y libertad. "Acabé haciendo una práctica en la oficina del fiscal del estado. El trabajo me fascinó y decidí que quería ir a la facultad de derecho porque deseaba ser fiscal. Lo que mi madre hizo toda mi vida fue alentarme. Yo estaba en la universidad para decidir qué era lo más indicado para mí, pero ella me lo indicó mediante el aliento que me daba.

"Mi madre era una de esas madres que básicamente dejan su vida de lado por los hijos. Es decir que no trabajaba; ella se quedó en casa a criar a sus hijos. Hoy en día, tal vez no sea factible económicamente que las mujeres tomen esa decisión, pero yo puedo decidir no hacerlo, porque antes ella decidió hacerlo. Por eso yo asistí a buenas escuelas y estudié lo que más me gustaba. Fue por eso que pude hacer todo lo que hice, por todo lo que ella hizo. Mamá se aseguró de que yo tuviera un hogar intacto e hizo todo lo posible para que no tuviera que endeudarme con préstamos estudiantiles. Ella se ocupaba de la casa mientras mi padre salía a trabajar y ambos me dieron la oportunidad de que yo hiciera absolutamente todo lo que podía hacer.

"Mis padres siempre consideraron que la universidad era el grado 13. Tenías que ir. No es que en algún momento hayan pensado: 'Bueno, queremos que sea una buena ama de casa.' Lo que sí pensaron fue: 'Lo que nuestra hija necesita es encontrar a un buen hombre.' Siempre quisieron que yo conociera a un buen hombre y estaban bastante preocupados cuando, a los 32 años, todavía no me había casado. Pero ambos recalcaban la importancia de la formación y una carrera. Entonces, en ese sentido, no eran muy tradicionales. Muchos piensan que la universidad no es una opción para una muchacha de familia cubana. Pero en mi casa siempre lo fue. Los dos hijos iban a ir a la universidad y punto."

Pero cuando se trataba de salir con amigos, Marilyn recuerda cómo el tratamiento que ella y su hermano recibían no era exactamente el mismo. Su hermano no sólo tenía un horario diferente para llegar a casa, sino que cuando salía con una muchacha no tenía que obedecer las mismas reglas. "Mis padres eran cubanos tradicionales. Tenían una cierta actitud o decoro en lo referente a los noviazgos y todo eso. Los padres hispanos les enseñan a sus hijos a ser la clase de muchachos que no quieren ver cerca de sus hijas. Parece que cuando salen les dicen: 'Ándele muchacho.' Pero para las chicas las reglas son otras.

"¿Crees que mi hermano tenía que salir con acompañante? Lo peor fue cuando hicieron que mi hermano fuera mi acompañante. No quiero ni hablar de eso. Yo dije que prefería salir con mi padre en lugar de mi hermano, imagínate. Él era de lo peor. Se pasaba todo el tiempo gritándole a los muchachos que salían conmigo. ¡Era de lo peor!"

Marilyn recuerda la ocasión en que su madre la llevó a la escuela el primer día de clases de su último año de secundaria. "Yo era presidenta del Consejo Estudiantil, lo que significaba que tenía la responsabilidad de hacerme cargo de un montón de funciones como el baile de *prom*, pero no se me permitía estar en un coche con otros jóvenes a menos que hubiera una persona mayor conmigo. Entrando ya el coche en la escuela, le dije a mi madre: 'Es el primer día de clases y quiero que me digas de una vez si vas a terminar con el concepto del acompañante. Si no lo vas a hacer, me voy derechito a la oficina y renuncio a mi puesto de presidente del Consejo Estudiantil. Es mi último año de escuela secundaria. No puedo seguir así.' Ella solamente se rió. Sabía que ya había llegado al límite de lo posible. A partir de ahí yo podía estar con otros niños en el coche siempre y cuando todavía fuera de día."

Últimamente, Marilyn está viendo semejanzas con su madre en algunos de los aspectos más importantes de su vida. "Mi madre se queda riéndose cuando ve a mi esposo. Dice: 'Es exactamente como tu padre.' Mi esposo hasta se parecía a mi padre antes de que le salieran las canas. Mi padre también es un hombre muy apuesto. No cabe duda de que me casé con mi padre.

"Mi esposo bromea diciendo que yo tengo una subscripción a la revista Madres Fastidiosas porque me preocupo por todo cuando se trata de mis hijos. Yo tengo el radar en todo; es algo muy matriarcal. Mi casa es muy matriarcal. En la casa de mi madre, ella era la que mandaba también. O sea, mi padre estaba muy contento de dejarle las riendas a ella,

Georgina Milian y su hija, la jueza Marilyn Milian.

él lavaba las cacerolas grandes y decía: 'Yo me ocupo de las cacerolas grandes y de las decisiones grandes.' De todo lo demás se ocupaba mi madre."

Uno de los aspectos en que Marilyn no siguió los pasos de su madre, fue en su carrera. Para eso, Marilyn tuvo que crear su propio camino del tribunal al estudio de televisión. "Yo no estaba tratando de entrar en este negocio para nada. Me encontraron porque mi vecina se presentó a una prueba para ese trabajo. Querían darle un rumbo nuevo al programa y buscaban una latina. Así que habían concentrado su búsqueda en todas las ciudades donde se congregan los latinos. Alguien era conocido de alguien que conocía a mi vecina, que no es jueza, pero sí es una abogada latina en Miami. Cuando se presentó a la prueba les dijo: 'Miren, no sé si me van a llamar a mí, pero tienen que llamar a mi vecina.' Y les dio mi nombre. Uno de los productores ejecutivos del programa *The People's Court* llamó pero yo no pude responder a su mensaje porque estaba en medio de un juicio de asesinato en primer grado. Él fue muy insistente. Después de un par de llamadas, finalmente le contesté y concretamos una fecha para una prueba. La segunda vez tuve que ir con mi esposo y me dijeron que consiguiera un agente. Ingenuamente les dije que no necesitaba ni agente ni abogado porque ambos, mi esposo y yo, éramos abogados. Ellos dijeron: 'Por favor, no queremos aprovecharnos de usted, consiga un agente.' Y así lo hice."

Marilyn sabe que le debe a su madre la creación de un ambiente propicio que le permitió la libertad de decir lo que piensa. "Ser una jueza en televisión es muy diferente de ser una jueza en la realidad en cuanto a que tengo la oportunidad de sacarme las esposas. La gente no mira el programa para verme pensar, quieren *oírme* pensar, quieren oír lo que pienso. Así que continuamente puedo decir lo que pienso, lo cual francamente es estimulante y muy liberador. Para mí, en cierto sentido, es mucho más fácil que lo que hacía antes, porque no sólo me doy el lujo de decir lo que pienso, sino que mi productor insiste en que lo haga."

Marilyn recuerda que cuando ella estaba creciendo en Miami, su hogar era el centro de actividades y celebraciones. "Nuestra casa siempre era el centro gravitacional y aún lo es. Para todos los cumpleaños, el día del Padre, el día de la Madre, cada Pascua Florida, se espera que todos vayamos a celebrar a la casa de los Abuelos. Todavía es así, y a veces debo recordarle a mi madre que tengo 40 años, que mi esposo también tiene una familia y que debemos compartir con ellos las diferentes celebraciones."

Otra parte importante de la tradición de la familia Milian era que Marilyn y su hermano tenían que hablar español. "Para mi madre no cabía duda de que íbamos a hablar español. Y yo tengo que luchar con mis hijos en ese aspecto. Mi esposo habla español fluido aunque no es hispano. Él estudió español y vivió en España. Al principio, cuando los niños comenzaron a mirar televisión y a ir a la escuela, nos iba muy bien con la enseñanza del español. Pero comenzaron a aprender el inglés con más rapidez y ahora realmente debemos hacer un esfuerzo para asegurarnos de que hablen español. Les hablamos en español y tratamos de hacer que ellos también lo hagan. Es muy difícil en esta edad en que están captando tantos conceptos en inglés y no quieren aprender otro idioma.

"Mis padres nos hablaban en español todo el tiempo y cuando les contestábamos en inglés nos decían: 'Háblame en español.' Ahora, les hablan inglés a sus nietos aunque con nosotros no fue así. Tenemos una niñera que nos da una mano y ella les habla sólo en español."

Cuando se trata de sus hijos, Marilyn no está segura de cuán igual será a su madre al tratar a sus hijas. "Cada generación, esperamos, tiende a perfeccionar el concepto de la crianza de los hijos. Hay un dicho: 'Ay Dios, me estoy convirtiendo en mi madre' o 'soy mi madre.' Y aunque me asombran las semejanzas que hay entre mi madre y yo no voy a ser acompañante de mis hijas. Yo voy a confiar más en su juicio que lo que mi madre confió en el mío. No la culpo porque ella hizo lo que pudo. Me amparó mientras pudo ampararme.

"Cuando yo estaba presentando solicitudes en las escuelas de leyes, mis padres me dijeron: 'Tú sabes que no vas a ir fuera del estado. Es muy gracioso que quieras solicitar admisión a todas esas escuelas pero si te aceptan, no te vas a ir.' Un abogado le dijo a mi padre: '¿Ustedes están locos? No pueden hacer eso.' "

A Marilyn la aceptaron en la escuela de leyes de Georgetown University y ella recuerda cómo su madre insistía en que no la iba a dejar ir. "Era mi cumpleaños, me habían aceptado en Georgetown y dije: 'Me voy. No sé cómo voy a hacer para pagar, pero voy a ir, voy a ir y se acabó.' Mis padres decían: 'No vas.' Más tarde, en una tarjeta de cumpleaños mi madre escribió: 'Te dejamos ir.' Ese mensaje fue una gran felicidad para mí.

"Creo que las latinas, por lo menos las de la generación de nuestras madres, piensan que el valor de un objeto es el valor que otros le dan. Cuando se me presentó la oportunidad de estar en *The People's Court* tuve una conversación con mis padres. Mi padre es un tipo que se fija más bien en lo esencial. Su reacción fue algo así como, '¡Ándele muchacha!' Estaba muy entusiasmado y feliz por mí, y me lo demostró chocando su mano con la mía. Mi madre, en cambio, algo horrorizada, preguntaba: 'Pero, ¿es esto más prestigioso?'

y '¿Vas a renunciar a tu puesto gubernamental?' Mi madre tenía sentimientos contradictorios. Más adelante, cuando el programa salió al aire, y sus amigas se acercaban a ella y le decían: 'Tu hija es magnífica,' ella les respondía: 'Sí, ésa es mi hija.' Cuando veía los comerciales decía: 'Ésa es mi hija.' De repente era una idea estupenda.

"Cuando pienso en mi madre, yo creo que me siento desbordada por la sensación que causa un '¡Ándele, muchacha!.' Mi madre no es parte de mi aspecto profesional, aunque me dio la libertad para salir adelante y hacer todas esas cosas proporcionándome la clase de hogar que ella y mi padre me brindaron. Eres una persona adulta, pero la esencia de tu ser, tu ética, viene de la clase de madre que tuviste. Quién eres deriva de lo que viste y del cuidado maternal que recibiste en tu hogar; la clase de persona que eres, si eres honrado, si tienes don de gentes, si eres generoso, o amable; todas esas cosas son las cosas que mi madre creó en mí.

"La gente me ve y dice: 'Ah, tiene ese trabajo en *The People's Court,* o 'Ah, era una jueza,' o 'Ah, tiene un puesto gubernamental.' Lo que no ven es cómo encontré a un tipo estupendo y lo encontré por ser la mujer que soy. Y soy esa mujer por la mujer que me hizo. Estoy criando hermosos niños por la mujer que me hizo. Ésos son los verdaderos logros de mi vida." ∎

El Poder del Trono

Denise Quiñones

Y SU MADRE,

Susana August de Quiñones

C uando Denise Quiñones participó en su primer concurso de belleza, resultó coronada como Miss Puerto Rico. Poco tiempo después, la hermosa representante de Lares, Puerto Rico, ganó el título de Miss Universo 2001. Mientras cursaba la escuela secundaria, Denise bailaba en calidad de profesional en el programa de variedades diario *El Super Show*, y se desempeñaba como copresentadora en un programa de variedades semanal, *Eso vale*, en Puerto Rico. ■ Detrás de la prodigiosa cadena de éxitos de esta bella joven se encuentra Susana August Santiago, su madre y amiga. Con gran orgullo, Susana vierte su creatividad y energía en su familia y, especialmente, en la vida de su hija.

Al ver a Denise Quiñones es fácil comprender por qué la reina de belleza puertorriqueña de 19 años ganó la corona de Miss Universo 2001: ella posee una impresionante belleza, carisma, inteligencia y porte. Desde los comienzos del concurso de Miss Universo hace 50 años, tan sólo 15 mujeres latinoamericanas (incluida Denise) han ganado la corona. Denise es la cuarta puertorriqueña en ganar este concurso tan competitivo. Lo que distinguía a Denise de las otras contendientes era que a diferencia de las demás, quienes habían participado en concursos de belleza cuando todavía estaban en pañales, Denise no comenzó a competir sino hasta la edad de 17 años. La persona responsable de su "entrenamiento" extraoficial es Susana August Santiago, su madre.

"No comencé a interesarme en certámenes de belleza sino hasta que tuve 17 ó 18 años," explica Denise. "Al principio me interesaba modelar. Competí en el concurso *Hispanic Model Search* (En busca de una modelo hispana) de *JC Penney*. Había 16 participantes y en un lapso de dos meses durante el verano nos enseñaron los principios básicos del arte de modelar. Yo nunca había tomado clases para modelar, caminar o de fotografía, así que fue un curso intensivo." Pero todo valió la pena. Denise ganó el concurso en Puerto Rico y después el concurso nacional en Texas en el que participaban jóvenes de todas las tiendas *JC Penney* de Estados Unidos. Habiéndole tomado el gusto a ganar en un concurso y curiosa por ver hasta dónde podría llegar, Denise decidió competir al año siguiente en el concurso Miss Puerto Rico, en representación del pueblo de Lares.

Denise se crió en Lares, Puerto Rico y recuerda que su madre siempre estuvo a su lado. "Ella participaba en todo lo que yo hacía. Creo que su misión era mantenernos unidos y darnos la infancia más feliz que pudiera darnos."

Denise recuerda vívidamente las fiestas de cumpleaños que su madre daba. "Como mami nació en agosto y yo en septiembre, celebrábamos nuestros cumpleaños juntas; ese día era algo así como la celebración del año para toda la familia porque los invitábamos a todos y también a nuestros amigos. ¡Era una gran reunión familiar!"

Susana trabajaba durante varios meses en la preparación de estas elaboradas fiestas de cumpleaños. "Mi madre es muy creativa y diseñaba las sorpresas para nuestras fiestas. Hacía pequeñas muñecas de trapo para los niños. Trabajaba semana tras semana, preparando esas muñecas, recuerdos y dulces para regalar. Decoraba la casa e inventaba juegos y actividades para todos los invitados.

Una vez creó un juego para el cual sacó una cantidad de ropa de su ropero y el de mi padre y la reunió en un atado. El juego consistía en que los niños, y también las personas mayores, tenían que ir corriendo, ponerse toda la ropa y luego sacársela. El que lo hacía con mayor rapidez era el ganador. Ella siempre tenía premios para los ganadores. ¡Eran cumpleaños increíbles!"

Susana nació en California y es de ascendencia indoamericana, puertorriqueña, mexicana y alemana. Después del divorcio de sus padres, se mudó con su madre a Ponce, Puerto Rico, donde vivieron con sus abuelos. Mudarse a Puerto Rico a los 15 años fue muy difícil para ella. "Mi mamá hablaba sólo inglés cuando llegó a la isla y por ello tuvo que repetir varias clases, estudiar español y otras materias a un nivel inferior al que ya había cursado; no obstante, aprendió a hablar español muy rápido.

"Mi madre vivía con su mamá y todas sus hermanas. Tenía nueve o diez hermanos y hermanas. Mi papá vivía en la misma calle; ella siempre nos cuenta que a él le llamaban "el gallo" porque le gustaba cantar. Mi padre siempre andaba con su guitarra y se juntaba con unas mujeres que vivían en frente a la casa de mi madre." Denise se ríe y cuenta: "Él siempre estaba allí tocando la guitarra con todas esas mujeres cantando alrededor de él. Así fue que se conocieron mis padres."

Después de un noviazgo de seis o siete meses, la pareja se casó. Al poco tiempo nació Denise y luego su hermano. Más que dedicarse a ser madre, Susana asumió la responsabilidad de coordinar todas las actividades de sus hijos. "Desde kindergarten, ella siempre fue la que organizaba los espectáculos para nosotros y los otros alumnos de mi escuela. En las Navidades había un espectáculo en la escuela y todos los grupos tenían que realizar una presentación original. Mamá siempre se hacía cargo de ayudarnos a crear algo, participando activamente en todo lo que sus hijos hacían." En ese tiempo, Susana además trabajaba como secretaria en la compañía de teléfonos de Puerto Rico, en Ponce. Más adelante,

cuando la familia se mudó a Lares, ella y su esposo abrieron una tienda de mascotas de la que Susana estaba a cargo.

Susana apoyaba a sus hijos en cualquier cosa en la que ellos expresaran interés. "Yo siempre quise bailar y mamá fue una de las primeras personas en apoyarme. Cuando tenía 7 u 8 años, quise ir a estudiar a una academia de baile local; pero desde que era pequeñita, mi padre ha sido quien ha presentado resistencia a ese tipo de cosas. Para él, la formación era lo más importante, y así nos crió. Siempre ha existido esa lucha con él pues temía que yo me distrajera en mis estudios, en cambio mi mamá era la que siempre le decía: 'Sí, va a ir a clases de baile, sí, sí y sí.' Papá resistió hasta hace unos años cuando comenzó a ver todo lo que he logrado. Él ha comprobado que yo puedo hacer ambas cosas a la vez porque mantuve buenas calificaciones en forma constante. Siempre estuve en el cuadro de honor y ése ha sido mi reto.

"Pero era mamá la que me llevaba todos los sábados a las clases de baile. Siempre había presentaciones llamadas Lanzares, el espectáculo más grande en Lares que tenía lugar en mayo o junio. Las dos últimas semanas antes del acontecimiento los ensayos eran verdaderamente intensos. Ensayábamos todos los días desde que salíamos de la escuela a las cuatro de la tarde hasta la medianoche o la una de la mañana. Recuerdo que yo practicaba mi baile y cuando era el turno de otros grupos, hacía mi tarea con la música a todo lo que daba. Y mamá se quedaba allí conmigo hasta la medianoche o la una de la mañana; a veces iba a casa a buscar mi cena. Siempre estuvo a mi lado, fue tan maravillosa."

Cuando Denise decidió aventurarse y participar en el concurso de Miss Puerto Rico, naturalmente su madre la apoyó. A Denise le sorprendió descubrir que otras contendientes tenían equipos de profesionales que las ayudaban con el peinado, el maquillaje y los estudios, mientras que ella sólo contaba con su familia. Sin embargo, pronto descubrió que la cooperación familiar sería suficiente. "Mi padres se encargaban de hacerme las preguntas para el concurso a fin de que yo me sintiera más cómoda y relajada. Se sentaban conmigo en la sala y me hacían preguntas y yo las contestaba."

Denise resultó electa Miss Puerto Rico y su madre se convirtió en su principal admiradora. "Mamá siempre se emociona mucho. Apenas puede hablar. Se pone a temblar, llora y observa fijamente sin poder decir nada. Ella me mira y se le nota una expresión de dicha suprema en los ojos. No puede respirar y empieza a llorar."

En cuanto a maquillaje, peinado y vestimenta, Denise recibió el entrenamiento básico de su madre. "Mi madre era muy sencilla. Me decía que el secreto de la belleza era tener siempre el rostro limpio y para eso el jabón era lo mejor. Ella era muy sencilla, muy básica, siempre usaba Agua Maravilla. Con frecuencia me decía: 'Usa Agua Maravilla, usa Agua Maravilla.' Yo nunca la usé porque no me gustaba el aroma."

Denise recuerda que estar presentable era una prioridad para su mamá. "Cuando éramos chicos e íbamos a la iglesia, mi madre siempre nos vestía muy, muy bien. Yo siempre quería estar cómoda y ponerme algo más casual pero ella nos decía que ir a la casa de Dios era una celebración y que para mostrarle nuestro respeto, teníamos que estar muy presentables. Eso siempre ha sido una lucha conmigo y con mi hermano.

Denise Quiñones abraza a su madre, Susana August de Quiñones.

"Cuando yo era pequeña, ella me cepillaba el cabello y me hacía dos colitas o una sola cola a un lado de la cabeza. Siempre tengo presente la imagen de mi madre cepillándome el cabello porque yo tenía mucho. Cuando bailaba en los espectáculos, ella siempre me aplicaba el maquillaje. Nunca usé maquillaje para ir a la escuela, nunca; ni siquiera usé maquillaje en la secundaria, ni en el último año. Ya en los últimos años de secundaria, si iba a una fiesta, usaba algo de maquillaje, pero nunca me puse maquillaje para ir a la escuela."

Susana es una mujer muy activa y esperaba que su hija también lo fuera. Cualquier cosa era mejor que quedarse en casa a mirar televisión. "Sé que ella se preocupaba si yo no tenía nada que hacer pues cree firmemente en las actividades extracurriculares. Siempre se empeñaba en que tuviera mucho que hacer, por tal razón yo estaba en todo y ella allí conmigo, apoyándome. Mi hermano estaba en un equipo de fútbol y mi mamá y yo seguíamos a su bus con el auto cada vez que tenía un partido. Ella dedicó su vida por entero a nosotros."

Cuando Denise participó en el Concurso de Miss Universo en representación de Puerto Rico, descubrió algunos cambios que iban a tener que ocurrir. En lugar de que su familia fuera el equipo que la asistiría, un grupo de profesionales se encargó de todo. "Todos los días tenía dos horas de clases para aprender cómo arreglarme el cabello y maquillarme. Cada mañana, de seis a ocho, hacía ejercicios cardiovasculares y levantaba pesas. Y, dependiendo del día, tenía clases de baile o de modelaje, de dicción o de oratoria. Tenía clases de inglés por la mañana, clases de canto y citas con diseñadores y otras personas con el correr del día." Esos meses fueron sumamente intensos para Denise porque ella todavía debía continuar con sus actividades de Miss Puerto Rico. "Como Miss Puerto Rico, tenía que visitar instituciones, pasar tiempo con niños y filmar comerciales.

"Durante todo ese tiempo, yo viví en San Juan. Fue una etapa difícil porque en realidad nunca había estado lejos de casa. En lo posible, trataba de ir a pasar los fines de semana con mi familia, pero muchas veces no pude hacerlo. Debía estar en San Juan toda la semana. Durante ese período no vi mucho a mi familia."

Los días de preparación para el concurso de Miss Universo fueron difíciles no sólo para Denise, sino para su madre. Nunca habían pasado tanto tiempo separadas y eso era muy estresante. Pero, finalmente, los largos meses de preparación y separación concluyeron y llegó la hora del concurso. En la víspera de la partida de Denise, su madre se quedó levantada toda la noche preparándole las maletas, y, finalmente, Denise partió para San Juan rumbo al concurso de Miss Universo.

"Yo la llamaba todos los días, desde el hotel y le preguntaba de todo, como: '¿Cómo salí en la revista?' '¿Cómo estuve en el programa de anoche?' '¿Cómo me desenvolví en el reportaje?' Siempre le pedía su opinión. Y ella me decía 'Bien' o 'Mal' o 'Cambia tal cosa.' Me daba su opinión y sus magníficos consejos. Era maravilloso."

Susana tiene diez álbumes de recuerdos repletos de artículos de periódicos sobre Denise, no sólo del concurso de Miss Universo, sino del de Miss Puerto Rico y de sus actuaciones como bailarina en bachillerato. "Ella ha coleccionado todo lo que te puedas imaginar y ha organizado estantes, que cubren una pared, llenos de vídeos de todas las ocasiones en que me presenté en la televisión. Tiene un videocasete en el VCR listo en todo momento en caso de que yo aparezca en la pantalla. Oprime el botón y lo graba."

Denise se ríe. "La semana siguiente a mi coronación como Miss Universo, ella le mostraba el vídeo a todas las personas que venían a casa. Y cuando salgo en alguna revista o periódico, los compra todos, guarda uno o dos y les envía los demás a nuestros familiares. A mi abuelo, que vive en Estados Unidos, le envía una caja llena de noticias de mis actividades cada mes más o menos. Así es ella."

Como Miss Universo, Denise ha viajado por todo el mundo, enamorándose de lugares muy distantes de su pueblo natal. En sus visitas a varios países ella actúa como embajadora del concurso de Miss Universo, contribuyendo a la difusión internacional de información sobre los tratamientos y la prevención de la epidemia del SIDA. Denise toma su papel con mucha seriedad y acepta la responsabilidad de ser un ejemplo, especialmente para las latinas. "Las niñas que conozco me ven como un modelo a seguir. Es muy agradable, pero es una gran responsabilidad también." Denise quiere continuar siendo un ejemplo para las jóvenes, mientras procura desarrollar su carrera como cantante y actriz más allá de su reinado como Miss Universo.

Al acercarse la culminación del reinado de Denise como Miss Universo, ella sueña con llegar a ser una artista y presentadora de su propio programa de televisión en el futuro.

Mientras continúa sopesando sus posibilidades, de una cosa está segura: "Sin duda, primero volveré a casa. Mi familia cuenta los días para que vuelva y yo marco en el calendario cada día que pasa. Mi familia sabe que voy a volver a casa por un tiempo, pero a la vez, saben lo que se avecina."

Denise siente que todas las luces, cámaras y acción del concurso de Miss Universo no han podido afectar la relación con su madre. Eran muy unidas antes de toda la conmoción y seguirán siéndolo después de que ella entregue la corona. "Le agradezco que haya dedicado su vida no sólo a mí, sino a mi hermano y a mi padre también. Ha sido un pilar de fortaleza en el hermoso vínculo que compartimos como familia. Ella nos ha dedicado toda su vida, toda su fortaleza y toda su energía y siempre le estaré agradecida por eso. La veo no sólo como a una madre, sino como a una mujer que admiro porque su generosidad va más allá de lo que yo podría imaginar jamás." ∎

Denise Quiñones posa con su madre,
Susana August de Quiñones.

El Regalo de la Generosidad

Kim Flores

Y SU MADRE,

Amelia Flores

Kim Flores es una cinematógrafa cuyo cortometraje, *Maid! Madonna! Whore!* la define con precisión. El filme es gracioso, estridente, colorido y relevante. Según es su costumbre, Kim infunde esa sensibilidad extravagante a todos sus proyectos cinematográficos (su película *Vocecitas/Little Voices* ganó el Premio ALMA al filme independiente más sobresaliente). Como era de esperar, al igual que en su obra, la cineasta infunde esa misma calidad a su propia vida. ■ Kim forma parte de la quinta generación de la familia Flores, nacidos y criados en Texas. El hecho de que lleve el nombre de la mina de diamantes Kimberly, en Sudáfrica, demuestra que ella es la hija inusual de padres inusuales. Kim enfatiza que todo lo ha heredado de su madre, Amelia Flores, una mujer abnegada que dedicó su vida a criar a siete hijos y que ha tenido que recurrir a su propio tipo de extravagancia no sólo para sobrevivir, sino para prosperar.

EL REGALO DE LA GENEROSIDAD

Un día de la primavera pasada, Kim recibió una llamada desesperada de su hermana informándole que su madre, Amelia, de apenas 57 años, acababa de sufrir un ataque al corazón. Este suceso habría de cambiar para siempre la relación de Amelia con su familia.

"Acababa de llegar de Portland y mi hermana me dijo que mamá había tenido un ataque al corazón," recuerda Kim, la segunda de siete hijos. De manera inmediata, Kim acudió al teléfono y llamó a todos sus hermanos para reunirlos. "El hospital se encuentra a tres horas de mi casa, de modo que mientras yo viajaba iba pensando en los preparativos para el funeral. Pensé en lo que diría y en lo que haría. Mi mamá escribe poesía, así que traté de imaginar los poemas que podría leer durante las exequias y en las canciones más adecuadas para las honras fúnebres. A mamá le gustan las canciones alocadas como 'Love Won't Hurt Anymore' del 'Love Boat' y 'I Can't Smile Without You' de Barry Manilow. Todo me daba vueltas en la cabeza y entonces pensé: 'No, no puede ser; quiero que me vea cuando me case, yo quiero que me vea tener hijos.' Sé que ésas eran razones un tanto egoístas, pero no lo pude evitar. Después me puse a hacer trueques con Dios: 'Diosito, por favor, por favor, esta vez sí que voy a ser buena, muy pero que muy buena.' "

Pero cuando Kim llegó al hospital, su familia ya se había reunido en torno a su madre. "La vi tendida inconsciente y el inmenso dolor que sentí me hizo pensar en mi propia mortalidad. En la familia, todos reaccionamos de diferente manera. Algunos de nosotros queríamos estar ahí todo el tiempo; otros necesitaban distanciarse porque se sentían muy abrumados. Algunos teníamos que mantenernos ocupados; otros querían dormir una siesta. Pero fue asombroso ver cómo nos unimos. Fue como aguantar la respiración por varios días.

"Muchas veces no estaba consciente y aprendimos cuán frágil era su cuerpo. Los médicos tenían que vigilar su presión sanguínea y su ritmo cardíaco. Estaba conectada a un tubo de ventilación para que pudiera respirar y la alimentaban por sonda, pero desgraciadamente la sonda invadió sus pulmones y tuvieron que recurrir a la succión para reparar el daño, lo que finalmente le causó una infección. Las cosas cambiaban de una hora para la otra y lo único que podíamos hacer era mirar y esperar. Lo que me hizo gracia es que como es "marrón," la gente preguntaba si hablaba inglés. Me daban ganas de poner un cartel en la puerta que dijera: 'Esta mujer tiene una maestría en inglés y es bilingüe. Puede contestar en lo que sea.' "

Generalmente, en estos instantes de prueba, en que nos vemos enfrentados a la vida y a la muerte, es cuando nos volvemos hacia nuestro interior y buscamos en lo profundo de nuestro ser las lecciones que nuestras madres nos transmitieron.

De pie junto a la cama de Amelia en el hospital, Kim recordó una de las más valiosas lecciones que su madre le dio en su vida: nunca pierdas la fe.

"La fe ha sido el hilo conductor en la vida de mi madre y eso fue lo que ella nos inculcó a nosotros también. La fe es creer en lo que no puedes ver. Cuando me dio a luz a mí, ella tuvo complicaciones. Primero pensaron que tenía un caso severo de gas abdominal y le dijeron que no estaba embarazada. Pero mi mamá dijo: 'Ya tuve uno de estos antes, sé lo que es.' Le dijeron que debía tomar más agua porque probablemente estaba estreñida. Cuando descubrieron que yo existía, los doctores le dijeron que tendría que ponerle fin al embarazo a causa de los problemas renales que tenía. Ella se negó. Había tres doctores diciéndole que lo hiciera porque su vida estaba en peligro. Ella les dijo: '¿Saben qué? Ustedes no son Dios y no pueden hablar por Él, y si algo fuera a suceder, sé que Él me avisaría. Tengo que seguir adelante.' "

Amelia dio a luz a un saludable bebé que llamó Kimberley. Desafortunadamente, el parto le generó problemas con sus riñones. "Los problemas renales de mi madre se agravaron mucho cuando tuvo el ataque al corazón." Kim explica, expresando su sentido de culpa: "Tengo cierta sensación de responsabilidad en todo esto. En realidad me siento agradecida, porque ella posibilitó mi existencia aunque a la larga se perjudicó."

Nacida en Corpus Christi, Texas, Amelia Flores viene de una familia numerosa con una madre muy espiritual. A pesar de haber sido criada en la fe católica, cuando decidió que quería ser monja sus padres se negaron a darle permiso porque era la más joven de sus hijos. Sus amigas la hacían blanco de bromas, y le preguntaban cuál era razón que ella tenía para hacerse monja. Paradójicamente, sus dos mejores amigas se hicieron monjas tiempo después. A pesar de su inicial vocación, Amelia aceptó su nuevo papel de esposa y madre.

"Ella nos inculcó a todos que siempre se puede hacer lo que uno quiere. Todo es posible si crees en ti mismo y en un poder superior. Ella nos dijo: 'Más allá de donde nosotros podemos ver, hay personas que nos vigilan.' Ella siempre explicaba la vida como un viaje, un viaje en autobús a un lugar mejor. Pero lo difícil es que cuando nos llega la hora de bajarnos en nuestra parada, no queremos partir, queremos quedarnos aquí. Pero éste no es nuestro destino final.

Kim Flores de su madre, Amelia Flores.

"Yo creo que cuando ella sufrió el ataque al corazón, nosotros sabíamos que estaba llegando ese momento. Dijimos: 'Lo que tú quieras Dios, lo aceptaremos. Lo que tú decidas.' Sabemos que ha vivido una buena vida con nosotros y que nos ama. Ella sabe que la amamos y que queremos que esté aquí, pero, ¿cuál es la lección que debemos aprender en esta situación? Y así, cuando nos tocan malos momentos, cuando no sabemos qué hacer, hacemos una pausa y nos llamamos a la calma. Prestamos oídos a lo que sea que existe para que nos pueda guiar a lo que hemos de aprender mientras superamos estas pruebas."

Esa lección nunca fue puesta a prueba tan intensamente como durante las horas que ella pasó esperando en el hospital. Parecía que las horas eran interminables. "A alguien se le ocurrió ir a capilla. La capilla era un lugar muy silencioso donde podíamos esperar. Nos tomamos de la mano y platicamos sobre las cosas que nuestra madre nos había inculcado y en todo lo que habíamos aprendido durante su vida, especialmente ahora que no se sabía si ella estaría con nosotros o no.

"Recordamos todas las locuras que hicimos juntos. Nos reímos de la vez en que nuestra madre estaba apurada haciendo chorizo y no prestaba atención a lo que hacía. En lugar de poner el aceite puso detergente para vajilla, ¡como si estuviera tratando de matarnos! Platicamos sobre cómo nos enseñó a todos a infundirmos ánimo y a cuidarnos mutuamente en las buenas y en las malas. Pasara lo que pasara, iba a estar con nosotros, y allí se encontraba ella en ese mismo momento. Tomados de la mano, aunque ella estaba dos pisos más arriba, sentimos su amor en cada uno de nosotros. Era como si no quisiéramos separarnos. Fue entonces que nos dimos cuenta de que ella nos había criado bien. No importaba qué carrera había seguido cada uno, lo que importaba era que podíamos contar con todos y así podíamos superar cualquier cosa. Después de salir de la capilla, nos sentíamos mucho, mucho más tranquilos. Fue casi como si ella hubiera venido y arreglado todo."

Pero no siempre era todo tan armonioso en la familia Flores. Los padres de Kim pasaron por muchos períodos difíciles en su matrimonio. Su padre trabajaba largas horas como Asistente de Superintendente de varios distritos escolares en Texas, lo que lo obligaba a pasar mucho tiempo fuera de la casa. Amelia tenía la responsabilidad principal en la crianza de los niños. "Yo creo que mi madre descubrió que poseía una enorme fortaleza que le era desconocida. El matrimonio de mis padres fue difícil a ratos, pero mi madre siempre mantuvo el equilibrio en la familia hasta un punto en que creo que el estrés afectó su salud. Había ocasiones en que nosotros queríamos que ella se divorciara porque pensábamos que serían más felices separados, pero de una forma u otra ellos siempre volvían a reconciliarse. Yo creo que éramos los únicos niños en la década de los 70 que querían que su madre se divorciara.

"Recuerdo cuando tenía cinco años y mi padre estaba empacando sus cosas para irse a vivir a su propio apartamento, él sostenía una gaveta llena de ropa y yo se la arranqué de las manos y le dije: 'Nadie se va, a ninguna parte, de ninguna manera.' Pero cuando tenía quince años más bien decía: 'Ayudémosle a empacar.' Creo que siempre quisimos ser una familia y por eso aún se conserva una especie de amor-locura que te hace querer mantener todo unido."

Pero fue también en esa época en que Amelia estuvo hospitalizada por su ataque al corazón, que Kim comenzó a ver a su padre con otros ojos. "A medida en que mi madre empeoraba más, mi padre se iba fortaleciendo más. Fue la primera vez en mi vida que lo vi llorar y por eso sentí que todo estaba bien. La tarea de mi madre en la vida había sido criar buenos hijos y cambiar la vida de mi padre; ella cumplió su misión y estaba lista para partir. Es como si ella nos mantuviera unidos con una hebra invisible."

Kim dice que ha heredado el sentido del humor y la creatividad directamente de su madre. "Ella nos enseñó a sobrellevar todo mediante la risa, aun en los momentos más aciagos. Todos nosotros tenemos este peculiar sentido del humor que nos ayuda a superar las dificultades más adversas. Ella es quien nos enseñó a inventar cuentos cuando rompíamos el televisor accidentalmente en alguna refriega. Ella nos animaba a hacer teatro de títeres. Cuando tuvimos que realizar un viaje familiar de ocho horas en la camioneta hasta Corpus, fue ella quien repartió cuadernos de dibujo. Era gran parte de la energía de nuestra fuerza creadora. Le gustaba cantar y escribir cuentos y nos alentaba para que nosotros también lo hiciéramos; sé muy bien que ése es el origen de mi amor por la escritura.

"Ella nos enseñó también a respetar nuestro cuerpo y a esperar para tener relaciones sexuales porque es fácil dejarse llevar por la excitación del momento, pero después eso se acaba. Creo que ella trataba de hacer que nos diéramos cuenta de que esos sentimientos que nos invaden son reales; son como fuego ardiente. Ella nos decía: 'Si pueden esperar y pensarlo un poco, podrán enfriarse y darse cuenta de lo que tienen que hacer.' Ésa fue una lección muy dura."

A los 16 años, Kim se encontró en un momento difícil porque su entonces novio la presionaba para que tuvieran relaciones sexuales y ella se negaba. Cuando otra muchacha le dijo a Kim que ella había tenido relaciones sexuales con su novio, ella quedó desconsolada. "Yo no quería pasar por las dificultades amorosas por las que había pasado mi madre, entonces comencé a cortarme en los brazos. Me cortaba antes de saber cuál era el significado de esa acción. Antes de que estuviera de moda o en el show de Oprah."

Cortarse es la forma de expresión más común de un desorden de autoabuso que incluye quemarse, golpearse, arrancarse el cabello, quebrarse huesos y no dejar que sanen las heridas. Se estima que hay unos dos millones de personas en Estados Unidos que se someten a alguno de estos abusos. El 70% de las personas que padecen de este desorden son mujeres, mayormente entre los 11 y 26 años de edad y pertenecen a todas las razas y estratos sociales.

Kim comenzó a cortarse poco después del incidente con su novio. "Esa tendencia dañina duró casi cinco años. El cortarse es muy común entre

Kim Flores besa a su madre,
Amelia Flores.

quienes tienen desórdenes alimenticios. Cuando se crece en una familia sumamente disfuncional donde hay mucho estrés, es como una forma de sentir. Hace que te concentres en otra cosa.

"Una vez me descubrieron cortándome en la escuela. Yo estaba en el baño, limpiando en el lavabo la sangre que salía de mi brazo, cuando alguien me vio y salió corriendo a contarle a la consejera escolar. De ahí la enfermera me llevó y les contó a mis padres. Al no saber cómo definir lo sucedido, les dijeron que su hija estaba tratando de suicidarse, lo que no era cierto, pero mi mamá se lo tomó muy a pecho, fuera lo que fuera.

"Yo sé que esto apenó mucho a mi madre. Ella me dijo: 'Mira, deseo ayudarte a vivir. Creo que tienes mucho para dar y no quiero que pases por esta situación tan difícil pensando que esto es todo en la vida.' Ella validó todo diciendo: 'Sé que es un momento difícil para ti y que probablemente este muchacho te quiere mucho, pero también debes saber que hay muchas cosas buenas más allá de todo esto. Espera, sigue rezando, creyendo y haz algo bueno para ti. A fin de superar cada día, hazlo minuto a minuto, segundo a segundo.' Me dolía verla sufrir. Es lo más doloroso que puedo imaginarme.

"Mamá siempre quiere mantener la comunicación. Aun hoy en día, si las cosas empiezan a tambalear, ella me pregunta cómo estoy, qué me pasa . . . Y me da golpecitos en el brazo. Aún se preocupa por los cortes pero yo no lo he vuelto a hacer. Lo hice durante un cierto período de tiempo, pero eso es relativamente normal. Después lo dejas atrás. Yo quería tener su fortaleza para resistir, pero no sabía cómo hacerlo."

Otra valiosa lección que Amelia les inculcó a sus hijos fue cómo tratar con gente difícil. "Para ella, la mejor manera de lidiar con las personas que nos herían era rezar por ellos 'porque no se dan cuenta de lo que hacen.'"

Kim recuerda una ocasión en que se sintieron discriminadas en Garland, Texas, cuando fueron a un KFC. "Habíamos ido a unas clases para batonistas y queríamos comer pollo. En la parte de atrás, había una muchacha negra, una blanca al frente y una mujer mayor, de raza blanca, detrás del mostrador. Cuando le pedimos la comida se quedó mirándonos y no hizo nada. Yo dije: 'A lo mejor no nos oyó.' Así que volvimos a hacer el pedido, esta vez en voz más alta. Es muy extraño porque era la década de los 70. Mamá dispuso: 'Tenemos que irnos ya mismo.' Yo le respondí que nos estaban discriminando y ella dijo: '¿Sabes qué? No importa. Vamos a pensar en ellas y a rezar porque no entienden.' Y así fue cómo nos enseñó a lidiar con situaciones difíciles, siempre con compasión, fuera lo que fuera. Es como aprender a construir puentes con personas que ni siquiera crees que vas a necesitar porque no sabes si más adelante en la vida las necesitarás. Es como matar a la gente con amabilidad porque si alguien está pasando por un mal momento y tú igual lo tratas bien, luego se dará cuenta y dirá: 'Mira, lo siento, estaba pasando un mal momento y no fue mi intención.' Sabes que la gente te abrirá la puerta de su corazón si eres amable, si rezas por ellos, si les abres las puertas de tu corazón y esperas con calma."

Kim y su familia se criaron en un vecindario mayormente blanco, de clase media. "En la década de los 70 nos llamaban chicanos, en los 80, mexicano americanos, después hispanos y ahora somos latinos. Entonces, sencillamente, yo ahora me autodenomino "marrón." Mi madre hizo que fuéramos conscientes de la forma en que otras personas son educadas, destacando que nosotros tenemos el privilegio de poseer una formación y de tener padres que saben lo que pasa a nivel cultural y social. Aprendimos de ella que debemos vivir el orgullo de ser marrones, de nuestro cuerpo y de quiénes somos. Por supuesto, no tiene nada de malo, pero a ella le encantaba teñirse el cabello de un millón de colores.

No es que estuviera tratando de ser blanca, sino que procuraba mostrar quién es y cómo es. Había que ser muy valiente para ser uno mismo. Pero como tenía la piel un poco más clara, mucha gente no consideraba que ella era marrón. Recuerdo que yo siempre me reía porque cuando la gente se enteraba de que su apellido es Flores le decían: 'Eres mexicana, ¡me encantan las enchiladas!.' Y ella no los juzgaba, sabía que no estaban tratando de burlarse.

"Era muy extraño, porque a veces vivíamos verdaderos milagros con mi madre. Cuando las cosas se ponían difíciles, cuando no sabíamos de dónde sacar dinero para la comida, sabíamos que se podía contar con ella. A veces creíamos que estaba un poco loca. Hubo ocasiones en que dentro de la nevera solamente había pepinillos y jugo; por eso nos preguntábamos qué sucedería luego. Una vez en Navidad, no teníamos nada, ni un peso. Fuimos al centro comercial con nuestra madre y ella encontró un sobre con doscientos dólares. Entonces le dije que quería ir a Learner's a comprar algo pero me respondió que íbamos a devolver el dinero. Así lo hicimos, pero cuando ya nos íbamos, el policía del centro comercial llamó a mi mamá y le dijo: 'Mire, nadie reclamó el dinero. ¿Por qué no se lo queda?' Siempre sucedían cosas por el estilo."

Kim cree que, de algún modo, la espiritualidad de su madre le viene de vivir en Corpus Christi. "Digo yo, Corpus Christi se llama Cuerpo de Cristo, ¡por Cristo! Mamá siempre tenía sueños de cosas que luego sucedían pero no es algo que le contemos a todo el mundo, como quien dice: 'Mi madre ve muertos' o algo así. Sabemos que hay algo superior a nosotros que no podemos percibir y que nos cuida. Así que cuando vemos algo que a otras personas les puede resultar peculiar y creen que es una coincidencia, nosotros decimos 'Sí, claro.' "

Amelia le enseñó muchas cosas a su hija y se ha dado cuenta, con el paso de los años, de que ha aprendido algunas cosas de Kim también. "El lema de mi madre siempre ha sido dar. Pero no hay que dar tanto hasta convertirte en un montón de cenizas pues así no puedes ayudar a tu familia. No hay que dar tanto hasta el punto de no cuidarse a uno mismo y lastimar el propio cuerpo. Creo que una de las cosas que hacemos como mujeres es que aprendemos a dar, y dar y seguir dando. Pero nos cuesta muchísimo darnos algo a nosotras mismas, atender nuestras necesidades, darnos un baño para relajarnos o lo que sea. Mi madre dio tanto que sacrificó su salud. Ella no se alimentaba bien ni hacía ejercicios. Por razones culturales, nuestras comidas son algo pesadas con grasas y sal y es muy fácil adquirir sobrepeso en una dieta de frijoles con arroz. La comida rápida era otro enemigo. Le daba a mi mamá un poco de tiempo extra dentro de su ocupado horario, cuidando de seis niños.

"Mamá siempre tuvo una hermosa figura hasta que empezó a tener más hijos, de tal modo que dejó de cuidarse y comenzó a dedicarse por entero a ellos. Y así, cuando su matrimonio se fue por mal camino, creo que ella sintió que era su culpa porque había engordado y se había desmejorado. La lección que mi madre aprendió a raíz de esta situación es que tiene que cuidarse. A ella le encantaba dar, pero ciertas cosas hay que hacerlas con moderación. Es hora de que se ocupe de sí misma."

La felicidad de Amelia siempre ha estado vinculada a la felicidad de sus hijos. Aun cuando estaba en el hospital recuperándose del ataque al corazón, Amelia continuaba pensando en ellos. Después de recobrar el conocimiento, abrió los ojos y susurró algo que nadie entendió. Sus hijos se acercaron, esperando oír palabras sabias de su madre moribunda. Amelia repitió la palabra y era el título de un programa de televisión. Al respecto Kim explica: "Mi hermano John estaba como loco, diciendo, '¡Se está muriendo, no sabe quiénes somos!' " Pero Jackie, una de las hermanas de Kim, recordó que esa noche Fred, el hermano más joven, iba a participar en ese programa. Amelia no quería que nadie se perdiera la actuación de su hijo menor. Dice Kim riéndose: "Ya ves, aun en su 'lecho de muerte' mi madre estaba pensando en nosotros. Ella está orgullosa de sus hijos pues somos su creación, por eso es que nos sentimos tan afortunados." ∎

Cocolandia

Lauren Velez

Y SU MADRE,

Socorro Velez

Lauren Velez ha construido una sólida carrera profesional represen-
tando enérgicos personajes urbanos en programas populares de
televisión, de carácter dramático, sobre crímenes como *New York
Undercover* en Fox y *Oz* en HBO. Pero Lauren es mucho más que los papeles *hard-core* que representa en la pantalla; es la hija amorosa de Socorro
Velez, una mujer admirable por derecho propio. ■ Socorro ha logrado transformar su dificultosa infancia en un mundo mágico. Su tienda *My Mother's
Attic* (El desván de mi madre) se parece mucho a su dueña: es creativa,
dramática y única.

COCOLANDIA

"Mi madre nació destinada a ser una enorme estrella," dice Lauren, "¡una enorme estrella brillante! Ella canta en los lugares más insólitos; a veces estamos en una esquina y ella empieza a cantar. Eso es lo que la apasiona. Tiene mucho para dar. Le encanta expresarse mediante actuaciones y yo creo que eso me lo pasó a mí. Mis hermanas Lorraine y Margaret y todo el mundo en mi familia ha heredado algo de eso. Nos ha llegado a todos."

Lauren describe a su mamá como una mujer muy enérgica a quien le encanta la música y andar de fiesta. "Mis hermanas y yo salíamos a bailar salsa los jueves por la noche al *Palladium*," recuerda Lauren. "Llegaban las dos de la mañana y mi madre no se quería ir. Yo era la que decía, 'Mami, tenemos que irnos, mañana tenemos que ir a trabajar' y ella decía, 'No.' Yo insistía, 'Mamá tenemos que irnos. ¡Chévere, estamos aquí desde las siete!' Le encanta bailar, le encanta salir; es muy sociable. Yo antes era totalmente opuesta, demasiado tímida. Mamá tiene un espíritu gregario, es muy alegre y le gusta la gente. Siempre le digo que debería ser la directora de un crucero: 'Hola, soy Coco, ¡bienvenidos a bordo! Estamos en Cocolandia.' "

Lauren se ríe al recordar una ocasión en que su hermana Lorraine estaba cantando en un crucero y su mamá fue a visitarla. "Ella cuenta que al final del segundo día la gente preguntaba: '¿Dónde está Coco?' Y mi mamá, la estrella, respondía, 'Aquí estoy,' con su pañuelo ondeando en la brisa y luciendo fabulosa. Siempre tuvo una idea muy clara de lo que es drama y diversión, y cómo saborear cada segundo.

Yo recién estoy empezando a darme cuenta y a entenderlo."

Socorro Velez es una figura que desborda la realidad y tuvo una hija que evidentemente habría de seguir la carrera de actriz. En cierto sentido, Coco (como prefiere que la llamen) ha sido siempre una actriz. "Gente que no conoce a mi madre, la conoce. Mis hermanas y yo siempre contamos anécdotas sobre mi mamá porque es tan graciosa. Si alguien inventara un personaje como ella, la gente creería que es una exageración. Mi madre necesita tener su propio show."

Aunque su relación estaba pasando por una etapa difícil, Lauren siempre ha admirado a Coco. "Cuando yo era joven, adoraba a mi madre. Creía que ella era infalible, que era una santa. ¡Santa Coco! Aun cuando ella perdía los estribos, yo no me podía enojar con ella, ¡era tan chévere! A mí me criaron con la sensibilidad de que hay que tener absoluto respeto por los padres. No importa lo que hagan, los respetas y los honras. Por supuesto, al ir creciendo surgieron problemas. Luego hicimos terapia.

"Había ciertas cosas que no estaban bien cuando yo era chica y yo pensaba que debíamos discutirlas. Mi mamá y yo tuvimos que hablar sobre algunos asuntos. Para mí era muy delicado porque iba contra todo lo que me enseñaron. No se cuestiona a las personas mayores, especialmente a los padres. Pero eso profundizó nuestra relación y cambió nuestra situación; siempre fuimos amigas pero he ido conociendo a mi madre como mujer y eso es algo muy especial."

La mujer que habría de convertirse en la notoria Coco, nació en Puerto Rico. La madre de Coco murió cuando ella tenía siete años. El padre llevó a su traumatizada hijita a vivir con él a la ciudad de New York y luego contrajo segundas nupcias con una mujer que tenía tres hijos, uno de los cuales se convirtió en el padre de Lauren.

Lauren dice: "¿No es una locura? ¡Tardé años en entenderlo bien! Le preguntaba a mi madre: 'Pero, ¿cómo puede ser que Titi Miriam sea tu hermana y la hermana de papi? Esto se está poniendo muy raro.' Pero no tienen la misma sangre, son hermanastros. Así que mi madre y mi padre se criaron juntos."

La madre de Lauren era muy joven cuando tuvo su primer hijo. El padre de Lauren se fue al ejército y cuando volvió, los demás hijos llegaron prácticamente de una vez: un niño y siete niñas. "No me imagino tener ocho hijos. En realidad no creo que eso se pueda hacer ahora como se hacía antes. Pero de una forma u otra, mi madre se las ingenió para criar a ocho hijos."

La familia Velez se mudó de Brooklyn cuando Lauren tenía siete años, aproximadamente, porque sus padres no deseaban criar a sus hijos en un apartamento. Querían vivir en una casa. Coco tenía una idea sobre lo que quería para sus hijos y eso era algo mejor que la manera en que ella se crió. El clan Velez terminó en Rockaway Beach, una comunidad cerca de la playa. "Crecimos en un hogar difícil," explica Lauren. "Era un hogar casi estereotípicamente latino porque era ruidoso, apasionado, feroz, con música tocando todo el tiempo, y mucho griterío."

Si bien el hogar de Lauren pudo haber sido estereotípico, ella también recuerda que su madre trató de crear un ambiente idílico donde criarlos. Cada día, Coco recogía a todos sus hijos de la escuela, les daba pan italiano, salame y sándwiches de queso y los llevaba a la playa. Los niños pasaban las tardes jugando en la playa mientras su madre los miraba desde abajo del entarimado. En Rockaway Beach, ella recreaba su propia experiencia caribeña.

"De verdad, en cierto sentido era mágico. Mis padres nos llevaban a caminar. Mi madre nos llevaba a ver los fuegos artificiales en la playa todos los martes por la noche. Fueron experiencias muy enriquecedoras. Era cosa de ricos, y mi familia no era rica. Económicamente lo pasábamos mal."

Con el paso del tiempo, Lauren aprendía más acerca de su familia, su madre también cambiaba y descubría cosas acerca de su hija. "Cuando mi madre vino a ver mi actuación en *The Vagina Monologues*, yo estaba nerviosa. Me lo pasaba diciendo: 'Que Dios no permita que mi madre venga a ver este show.' Y cuando mi madre fue a verlo, de más está decir que quedé petrificada. Estábamos bromeando llamándolo *The Toto Monologues*. Pero, como siempre, mi madre estuvo

Margaret, Lorraine y Lauren Velez con su madre, Coco Velez.

brillante; si bien había cosas que la incomodaban mucho, logramos tener una discusión mujer a mujer al respecto. Al día siguiente, actué en el show de nuevo y ella preguntó: 'Bueno, ¿cómo estás? ¿cómo está tu vagina?' y yo pensé: 'No puedo creer que mi madre haya dicho eso.' Fue la primera vez que tuvimos una conversación sobre sexo. Cuando me estaba criando, nunca tuvimos una conversación sobre la sexualidad. La conversación sobre el sexo que nunca se produjo, está teniendo lugar ahora. Mi mamá dice: 'Tengan cuidado, no olviden usar un condón.' Éstas son cosas monumentales. Como mujeres, nuestra sexualidad es algo disparatadamente tabú y sin embargo, nos encanta ser apasionadas e impetuosas. Es tan complicado . . .

"Mamá, mis hermanas y yo, todas nos casamos con tipos de hombre muy definidos y tenemos relaciones muy definidas. Todas somos muy independientes, exitosas y nos cuidamos mucho. Mi mamá siempre decía: 'Oigan, cuando su esposo entre por la puerta, ustedes le piden el cheque.' Esto es cosa de antaño. Él te da el cheque, tú le das dinero para la semana y te encargas del hogar. Le dije a mi madre que si hago eso, se espera que me quede en casa y mi función sería la de ama de casa. Por otra parte ella dice: 'Tu carrera es muy importante y no puedes dejar que nadie, ni tu familia, ni tu esposo, absolutamente nadie se interponga.' Es muy extraño porque los tiempos han cambiado a velocidad astronómica. Mi generación no tiene idea de qué hacer con las relaciones o con los trabajos. Yo no sé qué papel desempeñar y estoy convencida de que el origen de esto reside en la forma en que fuimos criados.

"Sin duda, mi madre practicaba lo que predicaba. Ella y mi padre hacían una buena pareja. Mi padre falleció hace nueve años, lo recuerdo como una fuerza imponente pues no era fácil convivir con él. Tuvimos muchos problemas criándonos con él. Después de su muerte, mi mamá no cambió;

simplemente fue más madre. Ella siempre fue una figura muy poderosa en mi familia y cuando enviudó, se fortaleció aún más. Fue muy difícil para ella porque ese hombre era quien la contenía. Una vez que él faltó, ella quedó como flotando sola."

Lauren explica que a los sesenta y pico, su madre está tratando de definir su vida. Mi madre probó la terapia una vez, pero el Dr. Phil en el show de Oprah llena ese hueco para ella. Cuando probó la terapia le dije que ella no tenía que hacer nada que no quisiera. Ella lo intentó y dijo que no le parecía que volver serviría de nada, lo cual para mí fue algo verdaderamente profundo. Dijo: 'Para qué revolver todo eso. Soy totalmente consciente de todo lo que pasó. Soy plenamente consciente de las decisiones que tomé. Ojalá no hubiera tomado algunas de ellas, algunas fueron extraordinarias, y otras fueron un fracaso, pero todo quedó en el pasado.' "

No sólo se puede afirmar que Coco no vive en el pasado, sino que ella espera lo mismo de sus hijas. "Ella siempre me apoyó mucho, hasta cuando yo pensé que quería ser doctora o policía. Ella no insistió en que siguiera en determinada dirección. Siempre me ha respaldado de manera increíble, y hasta me enseñó cómo conducirme con más profesionalismo. Ella me decía: 'Deberías irte a la cama porque mañana tienes que estar levantada a las cinco. ¿Qué estás haciendo en la calle?' Entre las cosas que me enseñó sobre mi profesión, un día me dijo: 'Me gustaría que usaras más las manos cuando actúas. Quiero que tu personaje sea más libre.' Y no titubea en decirme: '¿Oye, qué le pasó a tu cabello? ¡Se ve bien mal!' Es divertidísima, pero el apoyo que me da es increíble.

"Lo único que le gustaría es que yo cantara. Le enfurece que yo no cante porque antes lo hacía. Insiste: 'Te digo que tu fortuna está en cantar. Haz un álbum, como la Jennifer.' Mi mamá es cantante, yo no bromeo cuando digo que la casa siempre resonaba con música. Y todavía canta, ella está en un grupo en New York con el que hace actuaciones en todas partes. Hace varios años que canta en muchos tipos de celebraciones. Ella intentó seguir la carrera de cantante pero mi padre no la dejó, es por eso que hizo todo lo posible para que nosotros participáramos en cuanta función teatral escolar había.

"Me encantaría ser su cantante suplente en uno de sus recitales. Tiene una actuación cada tres meses más o menos; ella no se da cuenta de cuánto hace, pero, en realidad, está haciendo lo que más le agrada y viviendo su sueño. Cada vez que voy a uno de sus recitales, me asombra que lo haya logrado. Hace un esfuerzo y lo logra. Cuando va a tener una actuación, ella me llama o yo la llamo a ella. '¿Tienes todo listo?' le pregunto. 'Ay, no,' responde ella. 'Mamá, no chaves, no hagas esto,' le pido yo. '¡Chévere! Tienes razón,' contesta, 'esta vez no me voy a sabotear; nada de autosabotaje.' Y así nos inspiramos mutuamente. Yo la ayudo a prepararse para algo y a reunir todo lo que necesita y ella hace lo mismo por mí. Es realmente maravilloso que las dos seamos artistas y que podamos darnos consejos. Es realmente fantástico."

Pero Lauren también ha descubierto muchas cosas que preferiría guardarse para sí misma. "Yo tengo una relación abierta con mi madre, pero hay cosas que me las guardo. Me gusta mi privacidad y poseo algunas vivencias que no las comparto con nadie porque son mías. También me ha costado mucho decirle algunas cosas a mi madre y hubo otras que tuvimos que discutir que fueron muy, muy difíciles. Una conversación que con otra persona me llevaría una hora, con mi madre me lleva una semana, porque tengo que organizarla de manera tal que propicie una discusión en la que ambas estemos cómodas."

Más allá de moldear a Lauren y a sus hermanas como mujeres, Coco ha moldeado a sus hijas, tan diferentes, creando una familia. "Mi mamá nos quiere a todos, pero lo fantástico es que seamos un grupo de mujeres que crecieron juntas con la mujer que las tuvo. Teniendo en cuenta todo lo que las mujeres debemos pasar, que todavía nos comuniquemos es testimonio de mi madre y de la forma en que nos crió. Pase lo que pase, mi madre siempre dice: 'la familia es la familia.'

"No sé hasta qué punto podré transmitirle eso a mi familia, porque no sé si quiero rodearme de cierto tipo de energía o cierta clase de persona en mi vida. La opinión de mi madre es que los seres humanos somos jodidos. Nos hacemos cosas bien jodidas. Nos herimos y después, inexorablemente, todo nos toca a la vuelta. ¿Para qué guardar rencor?"

No sólo Coco espera tener nietos, sino que ya le hizo la bata bautismal a su futura nieta. "Mi mamá me dijo que quiere que yo tenga un bebé. '¿Ahora mismo?' le pregunté. Y ella me dijo: 'Sí, creo que necesitas tener un bebé. Vas a ver que si tienes un bebé todo lo demás se va a empezar a aclarar.'" Es más, Coco predijo que algún día Lauren va a tener dos hijas. "De verdad lo creo. Sé que mi mamá ve que voy a tener dos niñas y quiero que ellas conozcan a esta asombrosa mujer. Deseo que la conozcan; no quiero tener que mostrarles una foto de ella y decirles que ésa era su abuela, ansío que sientan su fuerza vital.

"Una mañana ella me escribió una nota en español en la que decía: 'Muchas gracias por cada momento que compartes conmigo. No sé cómo agradecerte la belleza, la maravilla y todo lo que has aportado a mi vida; todo es dicha, es canción.' Y yo le escribí: 'Te quiero mucho más de lo que podría decirte. PD: compra una libreta más grande.'

"Recuerdo una ocasión en que mis padres estaban discutiendo. Nos estaban aterrorizando a todos; discutían a gritos. Nosotros nos encontrábamos en la planta alta llorando, aterrados y oíamos el ruido de cosas que se tiraban. Yo pensaba que ojalá que ella estuviera bien, pero estábamos demasiado asustados para bajar y meternos en la pelea. Finalmente, ella subió y todos permanecimos en la cama, llorando muy asustados. A pesar de todo, nos llevó una taza de té para cada uno, nunca lo olvidaré. Nos encontrábamos muy asustados. Al entrar, ella dijo: 'A ver, tomen esto, se van a sentir mejor. No tengan miedo, esto les va a hacer sentir mejor.' Pensó en nosotros en su momento de dolor. Nunca nos dejó olvidar que nosotros éramos lo más importante. Es una mujer extraordinaria."

Con el tiempo, para escapar de esta situación, Coco dejó a su esposo. Esa difícil decisión significó que ella debió dejar su casa. Les dijo a los niños, que ya eran grandes, que debían quedarse con su padre. Cuando llegó el momento en que Coco quiso regresar, la familia decidió celebrar una reunión. "Fue un desastre; años después yo le pedí disculpas por la reunión. Le dije: 'No sabes cuánto me arrepiento de no haber acabado con la locura de tener esa reunión. Lo único que debí haberte dicho era que volvieras a casa de una vez.' Nunca olvidaré ese momento, uno de los más vergonzosos de mi vida, y aún estoy tratando de llegar a una resolución. Al respecto, mi madre me dijo: '¿Sabes qué? Las personas que más te quieren son las que te van a herir más. Nunca olvides que como no llevo esa carga, no cargo tampoco con el dolor, no cargo nada de eso, lo único que siempre llevo conmigo es el amor que me das y el amor que me dan todos mis hijos. Lo demás no vale nada.'

"Mami es el personaje principal de esta historia. Ésta es la historia de mi mamá y todos estamos en ella. Es su película y trata sobre ella. Todas y cada una de nuestras decepciones son también suyas, pues ella lo comparte todo, cada detalle. Y ahora que tiene 15 nietos, es realmente Cocolandia. Si pasa algo, mi mamá tiene que estar en la escena. Ella realmente está a nuestro lado de manera extraordinaria. Mi mamá no es como la mamá de alguien que yo conozca. Para ella la familia lo es todo.

"Ella es una de mis mejores amigas. Pero es mi madre y me gusta respetarla. Me gusta cómo se siente tener una madre, me agrada sentir que ella sabe más que yo porque ha vivido más y creo que eso es maravilloso.

"Ahora que me aventuro, estoy empezando a comprender lo que ella quiso decir. Mi madre es una mujer muy sencilla en ese sentido; ella te dice: 'Anímate. Anímate y hazlo. Hazlo bien. Si quieres, te puedes vestir con lentejuelas para el desayuno. Y ponerte una boa. Anímate. ¿Por qué no?' Ella cree que hay que animarse y conseguir lo que uno quiere. Yo estoy tratando de aprender eso."

Llevó años, pero finalmente Lauren se dio cuenta de que su madre estaba en lo cierto sobre todo lo que le ha dicho. Lauren se ríe y dice: "¿Te imaginas? Resulta que todo lo que siempre me ha dicho es cierto. Es increíble; ella tiene sus propias reglas esenciales para la vida que se pueden aplicar a casi todo. Desayuna, almuerza, cena, no estés fuera hasta tarde, usa humectante, y no le tengas miedo a cantar." ∎

Coco Velez agita su varita mágica por encima de sus hijas, Margaret, Lorraine y Lauren Velez (abajo).

Y con el Bebé Son Tres . . .

Norma Ortiz

Y SU MADRE,

Blanca Ortiz

Socia en el bufete de abogados Ortiz & Ortiz, Norma Ortiz se unió a la práctica de su padre e introdujo una nueva área del derecho al próspero estudio jurídico que comparten padre e hija. A pesar del intenso ritmo de trabajo que demanda su profesión de abogada, Norma ha creado un espacio en su ajetreado mundo para una nueva residente: Alena, su hija recién nacida. ■ Aunque su hija comparte el ámbito laboral y una profesión con su ex marido, Blanca Ortiz ocupa un lugar importantísimo en la vida de su hija. Después de haberse jubilado de una exitosa carrera como educadora, Blanca ha asumido la responsabilidad de ayudar a criar a su nieta . . .

Y CON EL BEBÉ SON TRES . . .

CUANDO EL DOCTOR levantó a su hija recién nacida para mostrársela, a Norma Ortiz no le sorprendió que fuera una niña. Tener hijas mujeres es más que una tradición en la familia de Norma; es una herencia. Ella explica: "Yo era una hija única, criada mayormente por mi madre y mi abuela, así que siempre hubo una especie de triángulo de mujeres en el hogar. Yo siempre sentí que si tenía un hijo, sería una mujer para seguir el mismo modelo." Ni bien se enteró de que Norma iba a tener un bebé, Blanca, su madre, quiso ser quien cuidara de ella mientras Norma trabajaba.

Fiel a la herencia de la familia Ortiz, Blanca vendió la casa en que se crió en Queens, se mudó al edificio de apartamentos donde su hija vive en Manhattan, y asumió la responsabilidad de ayudar a criar a su nieta. Este modelo tuvo su origen una generación atrás, cuando la madre de Blanca se mudó al apartamento en el sótano de su casa para ayudar a criar a Norma, mientras Blanca hacía carrera.

"Mi abuela vivía en nuestra casa. La llegada de una niña fue la realización de la fantasía de que habría otra niña para completar las cuatro generaciones."

Blanca nació en Puerto Rico e inmigró a New York cuando tenía once años. Entre las edades de once y dieciocho años, vivió en Estados Unidos tratando de americanizarse. Adaptada para ser una joven neoyorquina moderna, Blanca decidió que quería volver a su Puerto Rico natal para ir a la universidad. Pero el Puerto Rico que ella recordaba de su niñez, no era tan acogedor como esperaba.

Aunque sintió el despertar de sus raíces culturales, Blanca pronto descubrió que ya no encajaba en los parámetros de valoración de la sociedad puertorriqueña y que debería readecuarse a la forma de vida de la isla. Mientras que los estadounidenses valoran la independencia y el individualismo, los puertorriqueños le confieren un gran valor a la familia y el decoro. De tal modo, Blanca volvió a descubrir un mundo de reglas y normas que había olvidado y hasta se la rotuló de "mala mujer" cuando se la vio fumando por la calle, al 'estilo americano.' Pero como ella había adoptado una actitud desafiante, siguió fumando de todas maneras. Eventualmente, Blanca se volvió a Estados Unidos decidida a hacer su vida en la ciudad de New York.

Norma se benefició de las lecciones que Blanca aprendió en Puerto Rico. "Es probable que mi madre me haya legado algo de esa rebeldía. Me dijo que tenía que seguir mis sueños estuviera donde estuviera, y que debo estar segura de lo que quiero y salir a buscarlo. Ella me apoyaba cuando quería hacer cosas que muchas otras familias latinas tratarían de evitar que sus hijas hicieran. Creo que mi madre se esforzó para no hacerme eso, nunca me inculcó cosas con las que no estaba de acuerdo." La madre de Norma extrajo lo más importante de ambas culturas, dándole a su hija tanto el valor del concepto de familia como la importancia de ser un individuo independiente.

En su juventud, en New York, Blanca decidió que quería explorar su amor a la música. En Puerto Rico, ella era solista en el coro de la universidad y estudió para ser cantante de ópera. No obstante, cuando ganó una beca para la prestigiosa escuela Juilliard, sus sueños fueron aplastados por su padre, quien le dijo que ella no iría. "Mi madre es una cantante de ópera frustrada," dice Norma, "y una artista frustrada, y eso es muy triste. No es que mi madre sea triste, pero es como un pintor que no puede pintar o una bailarina que no puede bailar. Nada le produce más alegría que el canto. Toda la vida se lo ha negado a sí misma porque no podía rebelarse contra su padre. Si la conocieras ahora, te harías a la idea de que se habría rebelado, pero creo que cuando tenía 18 ó 19 años no tenía esa capacidad y además la gente, sencillamente, no lo hacía. Creo también que su padre tenía una personalidad muy fuerte en la casa y ella lo seguía."

Norma insiste en alentar a su madre a hacer realidad su sueño de la música. "Ella ha tomado algunas clases y yo he asistido a algunas de sus actuaciones en los últimos dos o tres años. Como parte de sus estudios, ha cantado en algunos clubes locales y cantó en mi boda. Pero es difícil para mi madre empezar a hacerlo profesionalmente en este momento de su vida. Las probabilidades de que pueda resultar en una carrera son ínfimas."

Norma era hija única y pasó mucho tiempo con su abuela. A diferencia de su emprendedora madre, su abuela sólo había llegado hasta el sexto grado y no hablaba bien el inglés. Norma tiene recuerdos muy tiernos de esa mujer y ese tiempo. "Mi abuela era una fuente de amor incondicional para mí. En menor grado, puedo decir lo mismo de mis padres, pero ellos más bien me instaban a superarme. Era muy importante para ambos que mis calificaciones fueran excelentes, pero mi abuela siempre fue dulce y menos complicada que mis padres. Yo podía contar con ella, pasara lo que pasara. Mis padres no siempre estaban cerca, en cambio mi abuela permanecía a mi lado y si yo tenía una discusión con mi madre o si me reprendían, iba corriendo donde mi abuela, que me daba su cariño y

Norma Ortiz, con su madre, Blanca Ortiz.

bondad sin condiciones. Eso no quiere decir que mis padres no fueran cariñosos o buenos, todo lo contrario, lo eran, pero no tanto como lo fue mi abuela."

Mientras la abuela de Norma la cuidaba, su madre se encargaba del negocio. "Mi madre no siempre fue maestra, pero estuvo siempre en el ambiente de la educación. Fue maestra por unos años y de ahí pasó directamente a la Junta educacional central, donde era directora de educación bilingüe. En la década de los años 70, ella estaba a la vanguardia de los esfuerzos para implementar la educación bilingüe en la ciudad de New York. En ese entonces, ella era una intercesora y una especie de activista en el campo de la educación. Recuerdo que viajaba a Sudamérica para asistir a simposios.

"Mi madre tiene una personalidad muy definida y sólida, ella era más extravertida y emprendedora que otras madres que yo conocía. Desde que yo tenía siete años hasta los once, mi madre tuvo un show en la televisión y yo iba con ella a las grabaciones, los sábados por la mañana. Durante ese programa enseñaba inglés a hispanohablantes en una estación de televisión local. Tengo presente una imagen de mi madre con su cara abarcando toda la pantalla, articulando y enseñando inglés. Eso me impresionó mucho."

Debido a su formación y a su pasión por la educación, Blanca estaba decidida a lograr que su hija se beneficiara de sus conocimientos. "Ella dedicó mucho tiempo a enseñarme cómo leer con tarjetas didácticas. Al comenzar el preescolar o kinder, ya sabía leer y por eso terminé asistiendo a una escuela privada porque tuve algunos problemas en las escuelas públicas. En una oportunidad, recuerdo haberme presentado en la oficina del director con mi madre. Allí le comunicaron que, como yo me aburría, me iban a hacer saltear un grado o me sacaban de la escuela. Así fue que me pusieron en una escuela privada porque en ese entonces pensaban que saltear un grado no era bueno para los niños.

"Mi madre ponía mucho énfasis en las tareas escolares. Yo sé que eso no provenía de mi padre ni de mi abuela, porque después de que mis padres se divorciaron él no me visitaba muy seguido, solamente en fin de semana. Sé que mi madre jugó un papel decisivo en mi formación escolar."

Pensando en la relación con su madre, Norma imagina el tipo de relación que tendrá con su hija. "Mi percepción es que las niñas permanecen más cerca de casa y tienden a estar más conectadas con su madre. Es un estereotipo que no todas las veces es verdad, pero siempre he creído que una hija está más inclinada a no alejarse del hogar que un hijo.

Norma dice que fue criada por una madre inteligente, independiente y profesional que le enseñó que no hay límite para lo que podía lograr como mujer. Quizá porque Blanca luchó toda su vida contra los estereotipos de lo que se espera de una latina, Norma no tuvo que hacerlo. "En la época en que yo crecí, en la familia no se hacía mucha distinción entre los hijos varones y las hijas mujeres, por eso pienso que tal actitud ha sido ventajosa para mí, especialmente desde un punto de vista profesional. Por lo tanto, no creo que vaya a criar a mi hija de un modo diferente de lo que criaría a un hijo varón. Lo único que yo modificaría sería en la orientación acerca de lo que es conveniente aceptar en una relación romántica. Pero a nivel profesional, atlético, cultural o educacional, yo trataría a mi hija igual que a un varón.

No le enseñaría que hay limitaciones para ella, porque yo no fui criada así. Mi madre siempre me enseñó que puedo hacer lo que quiera.

"En mis años de crianza, siempre se me animaba a seguir mis intereses y procurar lo que me hiciera feliz.

"Mi mamá me animaba a tener novios, a encontrar relaciones que me hicieran feliz, y a encontrar amigos que tuvieran un efecto positivo en mí. Y si lo que yo quería era ir a hacer submarinismo y eso era lo que me hacía feliz, mi madre no lo cuestionaba. Ésa era su meta principal y yo estoy segura de que ella contribuyó a desarrollar mi sentido de ser. Mi madre y mi padre nunca me impidieron que hiciera algo en lo que estaba interesada. Su principal interés era mi felicidad, por lo que si mi felicidad implicaba hacer algo un tanto arriesgado, ellos me apoyaban."

Una de las cosas que su madre tuvo que soportar y aceptar con una sonrisa, eran los animales. "Es una forma de amor muy primitivo en mí, que mi madre nunca alentó. Siempre he tenido perros y, aunque ella se quejaba todo el tiempo, jamás me impidió que tuviera animales. Mi padre no me apoyaba en ese sentido tampoco, es más, a él ni le gustan los animales.

"A mí siempre me han obsesionado la naturaleza y los animales. Recuerdo que mis padres me compraron un libro de historia natural de 400 páginas y yo leí minuciosamente sobre cada especie de animal, planta e insecto. Ese libro era mi Biblia y yo iba sola al bosque para clasificar los animales e identificar las plantas. Siempre tuve una obsesión por la naturaleza y los animales."

Como a menudo sucede en todas las familias, los muchos, muchos perros que Norma llevó a su casa, en poco tiempo acababan siendo la responsabilidad de su madre y de su abuela; ellas no tenían otra alternativa y debían hacerse cargo de todo. Más tarde, en la universidad, Norma sacó un préstamo estudiantil para comprar su primer loro.

"En realidad pensaba que iba a ser bióloga marina, es lo que quería hacer. Quería ser una naturalista y creo que mis mascotas son un reflejo de esa faceta de mi personalidad. Todavía espero gozar, en algún momento de mi vida, de la seguridad económica suficiente para tener un santuario destinado a la rehabilitación de especies silvestres, y hacer algo en la práctica. Es un amor instintivo a la vida."

El amor a la vida de Norma no se limita sólo a sus perros callejeros y loros. La reina de su selva es una iguana que mide casi cinco pies de largo. Norma sonríe, pero adopta una actitud defensiva al respecto: "Yo soy la única persona con quien se relaciona mi iguana. Tengo tres loros y la iguana, y todas las mañanas debo hacerles la comida; realmente pienso que la limpieza y el mantenimiento son pesados, pues hacerlo me lleva casi unos 40 minutos cada día, lo cual es mucho en esta vida. Sinceramente, si pudiera empezar de nuevo, no tendría los animales porque no se ajustan a la vida en un apartamento en Manhattan. Los quiero pero se me hace muy difícil mantenerlos. Tal vez sea otro ejemplo de mis intentos de mantener mi propia identidad, porque nadie me ha apoyado en esto. He sido amenazada, insultada y asediada, y no te puedo contar cuánta oposición he encontrado, pero todavía así mantengo a los animales."

Cuando Norma anunció su embarazo, su esposo y su madre supusieron que la iguana tendría que mudarse a otro hogar al nacer la niña. Estaban muy equivocados pues Norma insistió en que el reptil y el bebé humano vivieran bajo el mismo techo. Por casualidad, la iguana se removió del lugar al morir pocas semanas antes de que naciera el bebé. Norma estaba desconsolada pero su hija y su carrera no le dejaron mucho tiempo para lamentarse.

Lejos del mundo de las reservas naturales y los animales exóticos, paradójicamente, el camino de Norma la condujo a una improbable carrera en la ley. "Mi padre me dijo: 'Vas a ir a la escuela de leyes.' Si yo le hubiera dicho que quería hacer otra cosa, sé que él no me habría apoyado." El papá de Norma quería que fuera abogada para que trabajara con él y heredara su bufete. Si bien vivir con padres muy resueltos ha sido difícil en ciertos momentos, a la larga también ha sido muy gratificante.

"Yo creo que mi madre y mi padre prepararon el terreno para mí en más de una forma," dice Norma. "Yo no tengo

Norma Ortiz, encinta de su hija, Alena, recibe el abrazo su madre, Blanca Ortiz.

tanto que comprobar porque mis padres me demostraron muchas cosas antes. Me siento cómoda con quién soy y con quién he sido. Mis padres están extremadamente aferrados a sus opiniones y son muy controladores. Mi madre tiene una personalidad y un carácter muy fuertes que pueden llegar a ser abrumadores. Con ella tienes que luchar para hacer valer tu propia voz y eso fue lo que yo hice."

Los padres de Norma se divorciaron cuando ella tenía diez años y, a diferencia de muchos hijos de padres divorciados, pudo analizar lo que había sucedido. Si bien quería que sus padres permanecieran juntos, se daba cuenta de la razón del divorcio. "Peleaban mucho, así que yo entendí por qué. Mi madre no era feliz en su matrimonio y eso yo lo tenía muy en claro.

"La relación matrimonial era tirante desde que tengo memoria. Mi padre era muy activo política y cívicamente, por lo que no llegaba a casa sino hasta las nueve, las diez o las once de la noche; y a veces regresaba a la una de la mañana. Yo no tengo recuerdos de mi padre durante la semana, cenando con nosotras. Mis recuerdos son de fines de semana cuando nos íbamos a la casa de campo, y ésos son los recuerdos que tengo de mi familia nuclear."

Después del divorcio, el padre de Norma no sólo no desapareció sino que se mudó a una cuadra de distancia de su ex esposa e hija. Blanca insistía en que Norma se mantuviera en contacto con su padre. "Yo iba de una casa a la otra. Mi padre fue una influencia tan grande en mi vida que aunque mi madre hubiera tratado de mantenerlo fuera de mi mundo, no hubiera podido hacerlo porque siempre fui muy apegada a él."

Aunque es muy cercana a su padre, Norma se siente más cercana a su madre. "Hasta cierto punto, a mi madre le puedo decir lo que pienso. Probablemente ésa es una de las razones por las que vive en el piso superior a mi apartamento. Al principio, mi marido se había mostrado preocupado pero ahora está de acuerdo con que ella esté allí. Ella siempre ha respetado mi intimidad y mi espacio. Es muy sensible a inmiscuirse demasiado en mi vida y prefiere pecar por no meterse a ser entrometida. Por lo tanto, cuando se excede o hace algo que me incomoda, yo se lo digo y ella se distancia. Creo que esa línea de comunicación es lo que nos ha permitido vivir tan cerca y pasar tanto tiempo juntas."

Ahora que la abuela, la madre y la hija viven bajo el mismo techo, parece que las cosas han cumplido su ciclo. Blanca quiere ayudar a criar a su nieta como su madre la ayudó a criar a su hija. Y Norma no podría estar más feliz.

"Estoy muy agradecida. Me considero muy afortunada pero no me sorprende: mi madre siempre quiso esto. Si fuera por mi madre, ella hubiera tenido más hijos. Si fuera por ella, se hubiera vuelto a casar y hubiera estado rodeada de gente. Pero la vida no se le dio así.

"Alena es pura dicha para mi madre y yo sabía que sería así. Y, francamente, hay una pequeña parte de mí que quería un bebé para mi madre. Yo siempre quise tener un hijo; fue un 99% por mí y un pequeño uno por ciento de mí quería el bebé, porque yo sabía que le traería dicha a mi madre. Así que en parte, Alena está con nosotros por mi madre o para mi madre. Mi madre está en una etapa de su vida en que tiene el tiempo para dedicarse a esto. Yo estoy feliz, y yo sabía que así sería." ∎

Un Mundo Totalmente Diferente

Esmeralda Santiago

Y SU MADRE,

Ramona Santiago

Esmeralda Santiago ha logrado transformar algunas de las dolorosas experiencias de su infancia en Puerto Rico y New York en sus memorias aclamadas por la crítica: *Cuando era puertorriqueña* y *Casi una mujer.* Después de asistir a una escuela secundaria de artes interpretativas, se graduó con los más altos honores en la Universidad de Harvard y obtuvo una maestría en la Universidad Sarah Lawrence. ■ Esmeralda es la hija de Ramona Santiago, una mujer valiente y tenaz que crió a sus once hijos en un ámbito desconocido, lejos de su familia y de su hogar. Las lecciones que Ramona le enseñó a su hija, con o sin intención, ayudaron a Esmeralda a darse cuenta de que tenía que buscar su propio destino más allá del hogar de su madre.

Esmeralda Santiago tenía 13 años cuando dejó su Puerto Rico natal rumbo a Estados Unidos. Para Ramona, su madre, Brooklyn era un mundo aterrador. Su hijo menor necesitaba atención médica y la gente que los rodeaba parecía no hablar español. "Durante los primeros meses, Mami me llevaba con ella dondequiera que fuera, aunque yo no hablaba más inglés que ella. Nunca salía sola y por eso yo me sentía verdaderamente responsable, como si tuviera que hacerme cargo de ella a cada instante. Y eso era exactamente lo que hacía."

Esmeralda y su familia pronto descubrieron que existía una gran diferencia entre el mundo que habían abandonado y el que adoptaron, una diferencia que iba más allá del idioma. "Mi madre quería que yo fuera una muchacha muy buena. Pero la diferencia entre una muchacha buena de 13 años en Puerto Rico y una muchacha buena de 13 años en New York era enorme y yo quería ser como las jóvenes de Brooklyn. Por cierto, las muchachas de Brooklyn usaban faldas cortas, maquillaje y se arreglaban el cabello. Yo quería todo eso y mi madre no lo permitía. Ni siquiera me dejaba usar un brasier. Recuerdo que cuando estaba en el gimnasio mis senos rebotaban y, por supuesto, los muchachos se burlaban de mí. Mi madre cosía brasieres en el distrito de la industria de la confección; recuerdo haberle dicho: 'Mami, necesito un brasier.' Ella me dijo: 'No, tú estás muy nena, además no tienes nada que sostener.' Su prima, que estaba allí en ese momento, me trajo un par de brasieres la siguiente vez que vino, pero cometió el error de hacerlos negros. Mi madre exclamó: '¡De ninguna manera! No puedes usar sostenes negros. Eso es cosa de putas.' "

Si bien Ramona le parecía chapada a la antigua a su hija, también le parecía audaz. Esmeralda se dio cuenta de que su madre no era la mujer indefensa que ella había pensado que era. "Mi madre tiene espíritu aventurero y, sin duda, su vida ha sido una asombrosa aventura. Cuando llegó a EE. UU., a los 29 años ya tenía siete hijos. Dejó a su esposo, la casa propia que tenían, y todo lo que le era familiar, para venir a New York sin conocer el idioma, y nunca más regresamos. Es probable que, si tuviera dinero, viajaría por el mundo. Para hacer lo que hizo se necesitaba mucho valor y mucha visión y, sí, tal vez se necesitaba algo de discernimiento, aunque yo no creo que ella lo haya pensado a fondo."

Durante los años de su crianza, Esmeralda siempre se veía como la protectora de su madre. Al igual que otros hijos de inmigrantes, ella se convirtió en la intérprete y guía extra oficial de su madre. Es una función que sigue desempeñando de adulta. "Recuerdo cuando era una niña y le decía a mi madre: 'Mami, cuando sea grande y muy rica, te voy a comprar una casa.' Como no lo he hecho, siento que le debo una casa.

"Desde que me acuerdo, nuestra vida era un lugar de alquiler tras otro. Hasta el sitio donde vive ahora, cerca de Orlando, Florida, es un tráiler, así que todavía está alquilando el lugar donde vive. Es más, ha sucedido algo bastante preocupante y no creo que ella se dé cuenta de las repercusiones de eso. Me contó que recibió una carta en la que decía que el parque de tráilers había sido vendido. Le pregunté: '¿Cómo que lo vendieron?' Y ella me contestó que está bajo una nueva administración y que simplemente le van a subir un poco el alquiler. Yo pienso que tal vez esta gente podría convertir el parque de tráilers en el próximo *Wal-Mart*. Temo que dentro de unos meses voy a recibir una llamada llorosa de ella diciendo: '¿Y ahora qué voy a hacer? No puedo mover

este tráiler.' Ese tráiler tiene 30 años. Es probable que se vea obligada a mudarse otra vez y así establecer su hogar en otro lado.

"El hecho de que ella viva en un tráiler probablemente es más difícil para mí que para ella porque yo sé que anhela una linda casa. Le puso losetas a todo el tráiler. Ha gastado quién sabe cuánto dinero poniéndole losetas. En el fondo creo que lo que desea es recrear las casas de Puerto Rico que siempre quiso tener. Yo he asumido totalmente la responsabilidad de comprarle una casa, aunque ella nunca lo mencionó. Realmente yo creo que se ha sacrificado mucho por sus once hijos; por nosotros ha renunciado a muchas cosas, lo más importante, a su juventud. Y nunca tuvo mucho; todo lo que ha tenido lo ha gastado en sus hijos y en hacer de nuestro hogar un lugar adecuado para todos. Eso significó que todos tuvimos que transigir en muchas cosas porque teníamos nuestra propia idea de cómo debía ser la casa."

Las casas de Ramona siempre han estado llenas de gente que ella invita. "Yo sé que eso es lo que ella quiere, un lugar adonde sus once hijos y sus nietos puedan venir y sentirse

Ramona Santiago con su nieta, Ila Cantor,
y su hija, Esmeralda Santiago.

cómodos sin preocuparse si las habitaciones son suficientes. A ella le gusta que la gente la visite y cosas así. Cuando sus hijos crecieron, se fueron mudando y tuvieron sus propias familias; por eso Mami ha tenido cada vez menos oportunidades de hacer invitaciones, y eso le hace falta."

Debido a la distancia física entre ellos, el bienestar de Ramona se torna cada vez más problemático no sólo para Esmeralda, sino para sus hermanos y hermanas.

"Hace un par de años, mi hermana Edna le compró a Mami un condo en New Windsor, New York, que es donde ella vive. A Mami no le gustaba el lugar porque su condo no quedaba en un barrio, pero a pesar de eso se sentía obligada a quedarse. La primera semana que estuvo allí, fue a un hospital a ofrecerse como voluntaria. Le dijeron: 'Solamente aceptamos a estudiantes de secundaria.' '¡Ni siquiera puedo regalar mi tiempo!' se dijo. Estaba realmente deprimida pues sabía desde un principio que no le iba a gustar vivir en New Windsor. Es frío, y ella detesta el invierno. Además se mudó a una comunidad donde no conocía a nadie. Ella está acostumbrada a vivir cerca de todo y este lugar está en el campo. Aunque sabía todo eso no se atrevía a decirle que no a mi hermana, no quería decepcionarla. Así fue que estuvo triste durante todo el año que pasó en New York por tratar de hacerla feliz. Al final acabó regresándose a la Florida, sintiendo que había decepcionado a su hija. Edna estaba molesta con ella, un verdadero bochinche, y yo dije que no quería tener nada que ver con eso.

"Si tan sólo Mami le hubiera dicho a Edna que lo que en realidad quería era un condo en Kissimmee, Florida, le hubiera ahorrado decenas de miles de dólares. Mami se hubiera ahorrado miles de dólares y se habría evitado un año de increíble angustia, enfermedad, bajones emocionales, depresión y todo ese tipo de cosas.

"A Mami le encanta donde vive en Florida, más que todo por su trabajo. Trabaja en un centro de atención a gente con Alzheimer's. La gente con la que trabaja la valora. Está tan encariñada con el lugar que cuando vivió en New York por

un año, se la pasó repitiendo: 'Me hacen falta los viejitos.' Ha sido cuidadora toda su vida y encontró ese lugar en el que le encanta cuidar a la gente y eso significa mucho para ella.

"A ella le encantaría tener una casa, pero insiste en que sea en Kissimmee. Específicamente la quiere en ese lugar para estar cerca de ese trabajo donde verdaderamente aporta mucho a la vida de esa gente de la manera más desinteresada que te puedas imaginar. Es absolutamente sincera en su deseo de ayudar y servir; ha sido así durante toda su vida. Mami crió a sus once hijos y después crió 5 ó 6 de los hijos de su esposo cuando murió su mujer. Ella no quería que su madre fuera a un hogar de ancianos, por lo que trajo a Tata a vivir con ella hasta el día en que murió en sus brazos. Se quedó con ella y la cuidó en todas las enfermedades que tuvo. Siempre ha sido así."

A diferencia de la vida que Ramona recuerda de cuando era una niña en Puerto Rico, los niños de las familias estadounidenses contemporáneas tienden a abandonar el nido. Este conflicto continúa siendo un problema que deben enfrentar las inmigrantes latinas: mantener un equilibrio entre la expectativa de que sus hijas tienen que ser quienes se ocupen del cuidado y la contención de la familia y los sueños y deseos personales de la hija. Al igual que otras familias estadounidenses,

Esmeralda y sus hermanos luchan con su responsabilidad hacia su madre. "Es verdaderamente complicado en nuestra familia porque somos once y los hermanos y hermanas tenemos diferentes responsabilidades. Todos ayudamos a Mami de diferente manera. Somos seis hermanas y cinco hermanos, así que cada vez que hay una mudanza, son los hermanos, los nietos y los cuñados los que hacen la mudanza y créanme, mudarla es toda una tarea; me alegro de que no sea mi trabajo porque hay que hacerlo con frecuencia y tienen que cerciorarse de que todo funcione en el nuevo sitio. Las hermanas contribuyen con dinero, compañía, esposos e hijos. Yo le doy una cierta cantidad todos los meses y cuando hay un gasto grande, me llama a mí. Pero si todos le diéramos 100 dólares al mes, tendría mil dólares por mes para vivir, y eso es más que suficiente para ella. Pero nadie se puede comprometer a eso, y es como dice mi suegra: 'Una madre puede cuidar a once hijos, pero once hijos no pueden cuidar a una madre,' y es una vergüenza.

"Muy poco después de llegar a EE.UU., Mami comenzó a parecerme menos mítica. Lo peor que jamás me haya sucedido con ella, fue darme cuenta de que no me podía cuidar. Cuando fuimos a la oficina de bienestar social y ella les dijo que no teníamos comida y necesitaba dinero para el alquiler porque posiblemente nos dieran el desalojo, yo estaba absolutamente aterrada. Sería aterrador para cualquier niño, ni hablar de uno que estaba luchando con todas las cosas con que yo estaba luchando, como el idioma, la cultura y la adaptación a la vida en Brooklyn. Creo que fue entonces que comencé a tomar decisiones por mí misma. Había llegado el momento en que comprendí que tenía que empezar a tomar mis propias decisiones. Me di cuenta de que no podía hacer todo lo que me decía mi madre porque, estaba claro que para ella no funcionaba."

Esmeralda llegó a uno de los muchos momentos cruciales en su vida cuando se dio cuenta de que su vida no sería la de su madre. A pesar de ser alarmante, fue liberador. "Aún recuerdo vívidamente los lugares donde tomé las decisiones sobre por qué mi vida tenía que ser diferente de la de ella o en qué sentido debía ser diferente. Cuando Mami era joven, era más histérica, más emotiva. Ella tenía mucho más con qué lidiar, por supuesto, pero yo comencé a cultivar la idea de no dejar que nada me desviara de mi camino.

"De muchas maneras, ella es la razón por la cual escribo. En mi vida, he pasado por todas las etapas por las que pasan los niños con sus padres. He pasado de la adoración absoluta a darme cuenta de que no son dioses, a sentirme molesta, a decir: 'No los soporto y no pienso volver nunca,' de comenzar a comprender quiénes son y a perdonarles todo y pedirles perdón. Y finalmente he aprendido a mantener una relación adulta con ellos. Mi trabajo trata de seguir ese proceso porque soy muy consciente de haber pasado por todas esas etapas. Cuando estás pasando por ellas, no obstante, no estás tan consciente.

"Al empezar a escribir 'Cuando era puertorriqueña,' mi relación con mis padres era aún ambivalente. Todavía no había aceptado qué tipo de relación era. Me sentía culpable si no llamaba y si llamaba tenía que lidiar con la molestia. Eso se interponía en mi vida privada, pero tuve que pasar por todo ese proceso antes de comenzar a escribir el libro."

Con ventas de 16,000 ejemplares, "Cuando era puertorriqueña" irrumpió a lo grande en el ambiente literario. Fue aclamado tanto por la crítica como por los lectores al considerársele audazmente franco y revelador. Más que una historia sobre crecer en Toa Baja y en Brooklyn, la memoria es un retrato íntimo de una joven latina que escapa del papel asignado y examina no sólo su propia vida, sino también la vida de sus padres.

"Me dije a mí misma: 'Voy a escribir lo que recuerdo, sin poner en tela de juicio lo sucedido. Sencillamente voy a escribir las cosas como las recuerdo.' Para ello, tuve que analizar seriamente la relación con mis padres. ¿Qué sentimientos tenía hacia ellos? ¿Cuál fue mi experiencia como hija de estos padres? En ese momento tomé la decisión literaria de escribir el libro cronológicamente desde la perspectiva de la niña. Recuerdo haberme sentado en mi escritorio y haber dicho: '¿Qué es lo primero que recuerdo? ¿Cómo fue? ¿Quería a mi madre? ¿Quería a mi padre?' Constantemente me hacía preguntas sobre ellos y de ahí salió el libro; de ese modo surgió la imagen de una mujer muy fuerte y de una

niña que intentaba a la vez agradarla y alejarse de ella.

"Yo estaba verdaderamente enamorada de mi padre. Para mi mamá, yo era una decepción. He sido una decepción durante mucho tiempo porque no fui el varón de mi padre ni la niña de mejillas rosadas, con olanes y moños en el cabello que ella anhelaba; nunca fui así ni lo seré. Como parte de nuestra relación tuve que aceptar que no era la hija que ella esperaba; es curioso, porque nuestras madres siempre quieren muñequitas y yo nunca fui una muñequita.

"Según ella, de pequeña, yo era una chillona. Era un bebé terrible y muy acelerada. Mi madre tenía 17 años cuando nací, así que yo no era una niña fácil de cuidar para una jovencita de esa edad. Luego llegó Delsa, igual a una muñequita, prematura, por lo que era menudita y adorable; ella era muy bonita y hasta tenía los rizos de Shirley Temple. Por mucho tiempo, recuerdo haber pensado que Delsa era la bonita y yo la traviesa. Fui una buena niña, aunque, si mami oía a alguien llorando, sabía que era yo la que lo había causado; yo siempre estaba poniendo a prueba su paciencia.

"Para mí, fue un gran adelanto poder decir, 'voy a perdonar a mis padres por todas las cosas que me hirieron, me decepcionaron y me enfurecieron. Los voy a perdonar porque me doy cuenta de que hicieron lo mejor que pudieron.' Es probable que haya padres que hacen maldades sencillamente porque son malvados, pero yo diría que la gran mayoría de las madres y los padres hacen lo mejor que pueden con lo que tienen. Pienso que mi mamá hizo lo mejor que pudo con lo que tenía y no tenía mucho, por lo que creo que mis hermanas y hermanos recibieron todo lo que era posible recibir.

"Cuando empecé a ir a la escuela de artes interpretativas, me di cuenta de que había otro mundo, totalmente diferente, que no giraba en torno a mi familia, mi vecindario o la gente que yo conocía. Había toda una cultura a la que yo tenía acceso y en la cual nadie de mi barrio tenía ningún interés. Nadie salía nunca. Conozco gente que literalmente nunca ha salido del barrio. Algunas de mis tías se enorgullecían porque nunca habían tomado el subway que cruza el East River para ir a Manhattan. Cuando yo empecé a salir y descubrí este mundo, me di cuenta de cuán estrecho era el universo de mi familia. Para ellos estaba bien, y aunque con el tiempo las cosas han cambiado, esto les funcionó a mis hermanos, hermanas y a mi madre durante años. Pero para mí era insuficiente. Desde un principio yo necesité un mundo más amplio."

Cuando era adolescente, Esmeralda comprendió que lo que ella quería y necesitaba no lo iba a encontrar en su barrio de Brooklyn. "Creo que buscaba que no estuviera determinado por la cultura, la familia o nadie más. Fue realmente una decisión intelectual para mí. No fue para nada una decisión emocional. Más bien fue como si yo me hubiera dicho que, a pesar de amar a mi familia y desear poder quedarme en mi hogar, lo que necesitaba no estaba allí y nunca lo iba a conseguir. De alguna manera, mi madre quería protegerme, pero me mantenía alejada del acceso a la experiencia que yo necesitaba desesperadamente. Y esa experiencia era poder ser yo misma, yo sola."

Esmeralda recuerda cuando, de joven, subió a lo alto del Empire State y observó esa famosa vista por primera vez. "Yo quería saber qué había más allá del horizonte; sabía que Estados Unidos era vasto, que el horizonte que estaba mirando no era ni el comienzo de lo que este país comprendía y quería ver otros mundos. Quería expandir mi mente, mi intelecto, aprender una gran variedad de cosas y estar abierta a un mundo de experiencias diferentes. Tal vez pude haberlo alcanzado en el abrazo de mi familia, sin dejarlos, pero no en el momento en que más lo necesitaba. Mi madre tenía otros diez hijos y yo era la mayor. Parte de la razón por la que quería irme era porque sabía lo que mi madre deseaba para mí y para mis hermanas y hermanos y no quería ser un mal ejemplo. No quería hacer cosas que le trajeran vergüenza o bochorno, pero sabía muy bien que no seguir mis ambiciones hubiera sido vergonzoso para mí.

"Mami siempre ha sido para mí una pasión desenfrenada. Ella representa la emoción a un nivel muy crudo que no es templado por el razonamiento. Mi madre es muy impetuosa y creo que la mayoría de las decisiones más importantes de su vida las ha tomado desde un punto de vista emocional. Yo por lo general soy muy intuitiva, aún así analizo más las cosas y tengo mayor claridad sobre lo que quiero pero también me preocupan más las consecuencias de mis actos.

"Lo más confuso para mí cuando era adolescente fue esa mentalidad de 'haz lo que yo digo pero no lo que yo hago.' El asunto del sexo juega un papel muy grande en el malentendido entre madres e hijas en nuestra cultura. O sea, tarde o temprano, el sexo va a salir al tapete. Va a suceder, así seas recto, homosexual, célibe o lo que sea. Es un problema y, en mi caso, mi madre vivió con muchos hombres, con cinco hombres diferentes en su vida; mas sin embargo, ella salía con que teníamos que casarnos por la iglesia y evitar las relaciones sexuales antes del matrimonio. Nunca fuimos a la iglesia, pero nos teníamos que casar por el rito religioso, el traje blanco y todo ese tema. Pero la ironía era que ella nunca lo hizo. Conocía a un hombre, se trataban por unos meses, iban a un par de bailes y un buen día, allí estaba él por la mañana. Pero nosotras no podíamos hacerlo; no obstante, nunca consideré a mi madre una hipócrita, siempre pensé que ella era muy recta y no es como que esté haciendo de cuenta que estos hombres no existieron. Ella es muy abierta. Entonces, ¿por qué un doble mensaje, una ley para unos y una para otros? Se me ocurrió que ella realmente creía que era demasiado tarde para sí misma, pero no para mí. Ella sentía que aún tenía sueños para mí.

"Cuando yo era joven, no podía conseguir pastillas anticonceptivas sin que mi madre firmara un papel. Creo que había que tener 21 años o algo así, no podías hacerlo por las tuyas. Así que yo no mantuve relaciones sexuales; no tuve ningún problema con eso. Ahora, le hablas de ese modo a una chica de 17 años y te dice que, si no accede, el novio la va a dejar. Mi actitud era que si mi novio quería dejarme, que me dejara. Desde el principio, forjé un sólido sentido de mí misma que no necesariamente incluía ser definida por mi relación. De más está decir que cuando entablé una relación, a los 21 años, me fui totalmente al lado opuesto.

"No le dije a Mami que me iba con ese tipo. Sencillamente me fui y le dejé una carta. Ella no tenía ni idea de que yo salía con él y yo no se lo podía decir porque no sabía cómo. No quería herirla, pero tampoco quería pedir permiso. Todo esto sucedió después de que yo había estado comprometida con otro y me había echado atrás. Creo que tenía veinte años, tenía el vestido, el velo y la iglesia, todo listo. Mi decisión fue una gran decepción para Mami. Yo sabía que no podía decirle nada respecto a mi partida porque temía que no me dejara ir, aunque ya tuviera 21 años; insistir hubiera sido peor. Fue una decisión muy difícil porque sabía que me iba para siempre, que no podría regresar. Mi orgullo y el suyo no lo habrían permitido."

Esmeralda dejó a su madre y a su familia por siete largos años durante los cuales extrañaba a su madre y a menudo se sentía sola. A pesar de que su vida tomó un rumbo muy diferente del de su madre, un día descubrió que deseaba restablecer contacto con ella. "No había visto a mi familia como en ocho años. Regresaron a Puerto Rico y yo estaba en EE. UU. Casi tenía miedo de ir a verlos porque no quería verme envuelta en las crisis de sus vidas. Los recuerdos que tenía de mi familia eran una crisis tras otra, sin respiro. Así era en realidad y creo que aún es así para algunos de mis hermanos. Yo no quería esa vida. No quiero que cada momento sea de crisis. Yo quería que todo fuera más equilibrado."

Al restablecer contacto con su madre, Esmeralda halló que la extrañaba y que, como mujeres, eran a la vez muy parecidas y muy diferentes. "Somos muy similares pero yo he acrecentado sus características.

Desafortunadamente, sentía que me alejaba de mi cultura porque la nuestra es una cultura comunal. Todavía conozco a muchas latinas que no van solas a ninguna parte. Tengo amigas latinas que son exitosas ejecutivas pero no van al cine solas; no pueden hacerlo, la norma es que debes estar con alguien. Si esa es una característica latina, digamos una característica puertorriqueña, entonces en ese sentido no soy muy puertorriqueña porque no hay nada que me guste más que estar sola. Me voy a Maine por dos o tres meses, solita, tranquila, y soy feliz. Mi papá era así y mi mamá siempre lo criticaba porque le gustaba estar solo. Así que tengo algo de ambos: el espíritu aventurero de mi madre y, creo que así se le llamaría, el sentirse a gusto con uno mismo, de mi padre.

"Una de las primeras cosas que decidí, cuando me fui del hogar, fue dejar de vivir para otros. Eso fue lo que me separó en aquel momento de mi familia porque me volví egoísta. No me preocupaba por lo que la gente pensara de mí, y aún no me importa. Ellos no viven conmigo ni adentro de mi cabeza, así que no me importa lo que los vecinos, los primos o las tías piensen. No es importante para mí, aunque es muy importante en nuestra comunidad y era muy importante para mi mamá y todavía es muy importante para mi familia."

Con el tiempo, Esmeralda creó su propia familia y de pronto tuvo la oportunidad de crear sus propias tradiciones y sentido de lo que una madre debe ser. Aunque era la mayor de los hermanos, ella fue la última en casarse. "No me casé hasta los treinta. Yo no iba a quedar embarazada antes de cumplir veinte años ni iba a tener hijos hasta que sintiera que me había establecido de una forma u otra, en base a lo que yo creyera que eso significaba en ese momento. Yo no me iba a atar a un hombre; iba a tener novios y salir con ellos y divertirme, pero de ninguna manera iba a hacer lo que ella hizo en cuanto a entregar su corazón constantemente a esos desgraciados. Esos tipos que la abandonaban o la engañaban o tenían hijos con ella y luego los abandonaban. Yo no podía hacer eso. Dije: '¿Sabes qué? Si eso significa que me quedo jamona, me quedo jamona y punto.'

"También tuve los hijos ya mayor. Tenía 32 años cuando nació Lucas y 36 cuando nació Ila. Fue entonces que comencé a ver la sabiduría en las cosas que mi madre hacía y en la forma en que las hacía. Y no sólo la sabiduría, sino el esfuerzo increíble, su sentido aventurero y todas las cosas que no supe apreciar o valorar cuando era joven.

"Hay momentos en que me detengo y digo, 'Estoy haciendo algo que deseo que mi madre no me hubiera hecho.' Ila es buena para recordarme cuando me comporto de una manera que es más primitiva que lo que ella está acostumbrada a ver, y entonces hablamos y mantenemos una buena relación. He tenido conversaciones con mi hija que nunca tuve con mi madre ni creo que las vaya a tener. Mi hija tiene 17 años y nuestra relación es muy diferente de la que yo tenía con mi madre. Existe toda una cultura del respeto en nuestra cultura y creo que cuando el respeto se extiende a ciertas áreas en que hay algo sobre lo que nos es incómodo hablar eso se convierte en falta de respeto. No hablamos sobre cosas de las que deberíamos hablar por aquello de la falta de respeto, que generalmente va en un solo sentido porque siempre es la persona joven la que le falta el respeto a la mayor. Rara vez, sucede lo opuesto porque la madre siente que ella puede hacer cualquier comentario, pero la hija no. Ésa es una de las cosas que son diferentes en la relación entre mi hija y yo.

"En nuestra cultura hay valores muy hermosos, pero si se usan mal o se abusan, terminan siendo una desventaja en lugar de una ventaja. Si el respeto va en ambos sentidos puede ser una ventaja, pero, la mayor parte del tiempo, el respeto va hacia arriba. Rara vez en nuestra cultura el respeto va hacia abajo.

"Yo no creo ser la madre perfecta, pero me empeño en ser consciente de esas cosas porque sé lo que le faltó a la relación entre mamá y yo. Ojalá hubiera tenido una madre que fuera a mi habitación y me abrazara porque sí nomás. Ayer, bajé a la habitación de mi hija y la abracé y la besé. Ella se quedó perpleja y preguntó: '¿Y eso por qué?' Le respondí: 'Bueno, no te he visto en ocho horas y quería abrazarte y besarte.' Entonces, cuando vi la expresión en su rostro, tan maravillosa, aunque me sentí un poco tonta, supe que había hecho lo que debía hacer. Yo no tuve ese tipo de relación con mi madre. Ella no tenía tiempo; 'respeto; no puedes ser muy afectuosa.' Si eres muy afectuosa te pueden faltar el respeto."

Esmeralda ha descubierto que puede combinar las lecciones que aprendió de su madre con las duras lecciones que aprendió de su propia vida para crear una relación que sea positiva tanto para ella como para su hija. "Tener una relación abierta con tu hija, en la que puedas hablar de cualquier tema es aterrador. Da miedo ser madre. Realmente, existen algunas cosas que no quieres conocer. No quieres hablar de algunos de los temas sobre los que te hacen preguntas. A veces no quieres saber lo que están pensando tus hijos.

"Yo sé que llegará el momento en que mi hija va a tener que decidir y yo la voy a perder. Por ahora, aún tengo parte de ella. Ila tiene 17 años, así que parte de ella aún me pertenece. Pero se acerca el momento, ya sea porque decida ir a la universidad, o por el muchacho con quien elija salir, o lo que sea. En fin, no sé lo que será, pero en la vida de todo padre llega el momento, y así debe ser.

"Las madres son seres humanos y tienen los mismos sentimientos, preocupaciones e inquietudes que todo el mundo tiene. Lo que sucede es que se están preocupando por ellas y por nosotras. Nosotras solamente nos preocupamos por nosotras mismas hasta que tenemos hijos, y entonces nos preocupamos por nosotras, por nuestros hijos y por nuestras madres."

A pesar de lo maltrecha que su relación ha sido a través del tiempo, la conexión entre Ramona, Esmeralda e Ila se mantiene firme. "Ila y mi madre tienen una relación muy dulce. El amor de Ila hacia mi madre es puro, total. Ojalá yo tuviera ese amor por mi abuela. Cuando veo a mami e Ila mis sentimientos son agridulces. Ila no es una persona muy afectuosa pero mi madre la toca y la abraza e Ila se da completamente a ella. Eso es lo que dicen de los nietos, que no tienen la carga que los hijos tienen, por eso puede existir una relación tan pura que no es posible mantener con tus hijos. Un nieto tampoco tiene la historia que un hijo tiene.

"Ahora, mi relación con Mami es adulta. No es la misma que la que tengo con mis amigas y no quiero que sea así. Quiero tener una madre. Lo único que desearía hacer por Mami es comprarle la casa que le prometí. Siento que se la merece. Debería tenerla. Yo sentiré que mi vida es un éxito si logro dársela." ■

Entre Dos Mundos

Miriam Weintraub

Y SU MADRE,

Alma Weintraub

G anadora de los prestigiosos premios Peabody, Emmy y RFK Memorial, Miriam Weintraub ha llegado a la cúspide del mundo del periodismo televisivo. La Sra. Weintraub se ha desempeñado como productora en los programas *60 Minutes* y *60 Minutes II*, considerados entre los mejores por la audiencia. ■ Aunque su trabajo la lleva a puntos distantes del planeta, la Sra. Weintraub siempre vuelve a la comunidad cubanojudía de Miami en la que se crió. A pesar de que sus vidas no podrían parecer más dispares, Alma Weintraub es el eje cultural de su emprendedora hija.

Cuando Miriam Weintraub llamó a su madre para contarle que estaba embarazada, le preguntó si quería que su futuro nieto la llamara "Bubbie" o "Abuelita"; ésa fue una pregunta significativa y muy reveladora. "Bubbie" quiere decir abuela en yídish. Su madre, Alma Weintraub, respondió: "Abuelita. ¡Estás jugando!"

"Mi madre habla español e inglés, y tiene un pronunciado acento cubano que nunca ha podido perder." Explica Miriam: "Ella fue a la universidad en Miami para perder el acento, pero como todos sus profesores eran cubanos, no le sirvió de nada."

Alma Weintraub nació en La Habana, Cuba, en 1941, de donde se marchó a los 19 años, en 1960. Sus padres habían nacido en Palms, Lituania y sus cuatro abuelos eran judíos de Europa Oriental que fueron a Cuba en la década de 1920. Ellos llegaron a La Habana en el mismo barco, prácticamente sin un centavo, tras abandonar Polonia huyendo de las persecusiones.

"Mis abuelos querían llegar a Estados Unidos pero en ese entonces había una cuota que restringía la entrada de viajeros que procedían de Europa Oriental. A raíz de eso, lo que muchos hicieron fue ir a Cuba y solicitar ingreso a EE.UU. desde allí. Cuando mis abuelos llegaron a Cuba, las leyes cambiaron y ya no se trataba del lugar donde se hiciera la solicitud, sino del lugar de nacimiento. Así que se quedaron en Cuba; ellos crearon una vida, adoptaron la cultura, aprendieron el idioma y les encantó."

Los inmigrantes judíos desempeñaron papeles importantes en la vida política y económica de Cuba y el gobierno cubano los recibió con beneplácito, apoyando el establecimiento de la Organización Zionista y del Centro Israelita de Cuba. En la década de 1920, se vio un drástico aumento en la inmigración judía desde Europa y en la década de 1950 ya había 12,000 judíos bien establecidos e integrados en Cuba. Cuando el nuevo gobierno comunista tomó el control de Cuba en 1960, los judíos cubanos formaron parte del gran grupo de cubanos que se vio obligado a huir de su patria.

"Los judíos en Cuba habían impuesto para sí mismos una vida similar a la de un gueto," explica Miriam. "Mi madre fue a una escuela judía donde le enseñaban yídish y español, ella no era judía ortodoxa, tan sólo era judía desde el punto de vista cultural, por ejemplo ella comía jamón. Era cubana y lucía como una chica cubana pero no creo que alternara mucho con otras personas. Mi madre todavía tiene amigos de Cuba y algunos son católicos, pero la mayoría de sus amigos son judíos. En Cuba, se unieron mucho y ahora que viven en Estados Unidos, todos sus amigos son judíos cubanos; a ellos les llamamos *jewbans*. Mi mamá amaba a Cuba y todavía la ama, todavía es su país, y al igual que todos los demás cubanos, tiene sentimientos muy emotivos hacia su hogar. Cuba era su hogar."

Si bien madre e hija se autodefinen como judías cubanoamericanas y comparten la misma cultura, hay otra cultura que separa a las dos mujeres. Miriam dice: "Mi madre y yo nos diferenciamos en que yo he estudiado mucho, he estudiado demasiado, pero ella no recibió una formación formal; no es que mi mamá no sea inteligente, sólo es que el estudio sistemático nunca fue importante para ella. En cierto sentido, es probable que se pregunte por qué me habrá hecho estudiar tanto ya que si no hubiera ido a la universidad estaría en casa con mis dos hijos, viviendo a tres cuadras de mami, yendo a su casa a comer. Mi hermano mayor todavía va allí a lavar la ropa."

Miriam no recuerda que su madre haya trabajado mientras ella era una niña. "Conservo en mi memoria la imagen de mamá siempre en casa. Ella cree en esas reglas sobreentendidas que dicen que las mujeres han de ser buenas madres y esposas y piensa que los estudios universitarios te ayudan, pero en su momento no creyó que enviarme a una de las universidades más prestigiosas fuera realmente necesario. Ella hubiera estado igualmente contenta, o tal vez más contenta si yo hubiera sido la clase de persona que prefiere quedarse en la Universidad de Miami o en la Universidad de Florida para estar cerca de casa." A pesar de estas dispares prioridades, Miriam dice que su mamá siempre la ha apoyado en su labor en la vida que creó para sí. "No habrá sido la persona que me hizo tomar mi examen SAT porque eso no era parte de su manera de ser, pero nunca me impidió que hiciera lo que yo sentía que debía hacer.

"Yo tenía una motivación interior que me decía que no sólo iba a estar en el consejo estudiantil, sino que iba a ser presidenta de mi escuela. Lo fui y ella me apoyó, no se trataba

Alma Weintraub y su hija, Miriam Weintraub, en Miami, Florida.

simplemente de ir a una buena escuela; yo iba a ir a la mejor escuela e iba a cursar estudios de posgrado. No puedo decir que eso era lo que mi madre había soñado para mí. Ella probablemente hubiera preferido que me pareciera más a una hija cubana normal como las de sus amigas, de esas que se casan a los 22 años, que trabajan con sus maridos y tienen tres hijos. Todas las amigas de mi madre tienen varios nietos: tres, cuatro y cinco. Algunos de ellos ya son muchachos porque la gente de mi generación de cubanoamericanos se casó joven. Terminaron la secundaria y en algunos casos habrán ido a la Universidad de Miami o a alguna otra de las escuelas de Miami. Muchas de ellas se casaron, tuvieron sus hijos, y es probable que alguna haya trabajado de recepcionista en el consultorio dental de su marido o que lo ayudara en su negocio de bienes raíces. Mi madre supo desde el principio que eso no era para mí. Yo era diferente; quería más y necesito más."

Miriam se describe como la muchacha que vestía jeans y camisetas mientras su madre calzaba zapatos de tacón hasta para ir al cine. "Yo le decía que se pusiera zapatillas porque es más cómodo, y ella me contestaba: 'Ay no, chica, para mí no son cómodas. Yo me caigo en zapatillas.' Como ya está envejeciendo, usa tacones más bajos, pero siempre está arreglada; nunca sale de la casa sin maquillaje y sin que su cabello luzca como si acabara de salir del salón de belleza. Ella es muy Miami. Es lo que la hace feliz."

Pese a lo diferente que estas dos mujeres parecen ser, el idioma, la vida y el amor que comparten son mucho más grandes que cualquier cosa que pudiera separarlas.

"Cuando voy a visitarla en Miami, le digo a mi mamá: 'Vamos a hacernos la manicura.' Vamos de compras. En Miami, eso es algo típico de madres e hijas. Hago las cosas propias de Miami y puedo ser una persona de Miami. También nos gusta viajar juntas. Como a mi madre la encanta la música cubana fuimos juntas a Cuba. El año pasado decidimos ir a Guatemala, si bien no es un lugar adonde sus amigas irían porque es bastante peligroso. Ella quería ir, de modo que le dije, 'Vamos.'

"Cuando estábamos en Guatemala, me di cuenta de que somos la misma persona. No en la forma de vestir o en el aspecto, sino porque por dentro tenemos lo mismo. En Guatemala y en Cuba, hemos conversado con mucha gente, desde la persona que limpiaba nuestra habitación, la que condujo el taxi, a las mujeres que vendían chocolate a la vera del camino. Le hablábamos a todo el mundo y queríamos conocer su historia. Creo que por eso soy buena en mi trabajo, porque escucho la historia de todo el mundo. Escucho a la gente y en las calles de Guatemala me di cuenta de que lo debo de haber aprendido de mamá. Juntas, le hablamos a todo el mundo, y como ambas nos comunicamos en español, la gente se siente a gusto con nosotras. Conocimos a muchas personas que nos invitaron a sus hogares. Por lo tanto, creo que somos diferentes y a la vez muy semejantes."

Miriam no sólo reconoce que su madre fue quien despertó su interés por el periodismo, sino que siente que su carrera también le pertenece a Alma. En la casa de Alma, hay una mesa que demuestra lo orgullosa que está de su hija. "Mamá tiene fotos de los bebés de sus amigas y fotos de los nietos de sus parientes. Pero en la misma mesa, exhibe con orgullo mi primera producción. Allí tiene mi crédito de *60 Minutes* que dice: 'Producido por Miriam Weintraub.' No le di un nieto, pero le di eso.

"Creo que ella ha aprendido que así soy yo. Más que nada, ella quería un nieto, pero hace 10 años se dio cuenta de que no iba a tener nietos y comenzó a trabajar como voluntaria en un albergue para niños maltratados y abandonados porque tenía todo ese caudal de amor para dar.

"Para una persona con una vida plena, llena de logros, éste es un aspecto en el que no se realizó. Ninguno de sus hijos se casó sino hasta hace poco. Ella no hablaba de eso y nunca nos hizo sentir mal. Cuando me enteré de que estaba embarazada, mi esposo Steve no quería que yo se lo dijera a mi madre hasta que fuéramos al doctor. Hablé por teléfono con ella inmediatamente después de la primera prueba. Cuando colgué, le dije a mi esposo: 'Lo sabe'; él contestó: '¿Qué quieres decir?' Le dije que ella siempre sabe todo. Cuando yo estaba en la universidad me llamaba y se daba cuenta si yo había tenido un mal día. Si un muchacho rompía conmigo, aunque ella no sabía que yo estaba saliendo con alguien, tenía un presentimiento. Yo solía decirle que era una bruja, pero ella se lo atribuía a una conexión entre madres e hijas en la que cree fervientemente. Ella lo denomina mamitis.

"De modo que el día que en que yo me había hecho la prueba del embarazo, ella llamó y dijo: 'Yo quiero verte. Voy a ir a Washington. Tengo mamitis; estos últimos días he estado con mamitis.' Yo le dije, 'Está bien, lo que quieras, tengo que colgar.' Colgué y le dije a Steve, 'She knows.' "

Desafortunadamente, poco después de esta entrevista,

Miriam descubrió que, a raíz de ciertas complicaciones del embarazo, había perdido al bebé. Ese día su madre se encontraba en viaje de regreso de sus vacaciones en Chile. Por un lapso de casi 24 horas Miriam no pudo comunicarse con su madre para contarle la triste noticia. "Al principio, me imaginé que ella lo sabría —de alguna manera extraña, por un sexto sentido o la 'mamitis'—, que a miles de millas de distancia lo había intuido. Esta vez no fue así. Así que cuando le di la noticia, lloré por primera vez. Creo que no me pareció real hasta que compartí la noticia con ella."

Unos meses más tarde, Miriam descubrió que nuevamente tenía noticias para su madre: estaba embarazada otra vez. Al igual que la vez anterior, sus padres estaban rebosantes de alegría. Con mucho orgullo, Miriam le entregó a su madre la primera foto de su nieto, la imagen de un sonograma de su futuro bebé.

Pase lo que pase en su vida, Miriam sabe que podrá contar con Alma.

"Mi madre es mi mejor amiga. Es la persona con quien siempre he podido contar, es quien me apoya y me escucha cuando lloro. Aunque no siempre sabe qué decir exactamente, ella dice lo justo. Si algún día yo tuviera una hija, espero que podamos mantener la misma clase de relación que mi madre y yo siempre hemos tenido." ■

Un Grandioso Amor

Isabel Rivera

Y SU MADRE,

Consuelo Alicia Rivera

Coautora de la serie *Latin Access,* que se televisa en todo el país, Isabel Rivera siempre ha sido una mujer con metas definidas. Comenzó su carrera en los medios de comunicación trabajando en *Prime Time Live, Good Morning America* y *Live with Regis and Kathie Lee.* Además de haber producido programas ganadores de Emmy Awards, Isabel ha colaborado en la producción de programación dedicada a la audiencia latina. ■ De todas las historias que ha abordado como productora de noticias, la historia que más significado tiene para ella es el relato de su madre sobre cómo conoció y se casó con su padre.

UN GRANDIOSO AMOR

Una calurosa noche de agosto, el padre de Isabel, Elpidio Rivera, iba camino a su casa a la salida de su trabajo como portero en el Upper East Side. Al cruzar la calle directamente en frente al edificio de apartamentos donde vivía, en el Spanish Harlem, un auto de policía pasó a toda velocidad y lo atropelló. Primero, su cuerpo fue a dar contra el parabrisas del patrullero. Luego, el impacto del golpe lo lanzó al otro lado de la calle. El patrullero nunca se detuvo.

La madre de Isabel oyó el golpe desde su apartamento en el piso 17. Corrió a la ventana y vio un cuerpo tendido en el medio de la calle. Ella no podía creer que era su esposo. "Yo creo que sabía que era él, pero no quería aceptarlo," cuenta Isabel sobre la noche en que recibió la llamada desesperada de su madre. "Fui a toda prisa desde el otro extremo de la ciudad pero cuando llegué ya se habían llevado a mi padre."

Isabel llevó a su madre al hospital donde les dijeron que Elpidio debía someterse a cirugía de emergencia. Su pierna estaba aplastada al igual que todo su lado izquierdo. Había perdido mucha sangre. Isabel fue la primera en entrar a ver a su padre. Tendido en una camilla, aún sangraba por todas sus heridas. La primera persona por la que preguntó fue su esposa. "Le dices a tu madre que voy a estar bien," le dijo a Isabel mientras tomaba su mano. "No quiero que se asuste. No la dejes sola en el hospital porque está lleno de drogadictos. Ve a buscarla, y no la dejes sola ni un minuto," imploró.

Cumpliendo con el pedido de su padre, Isabel fue a buscar a su madre. La encontró en el baño para damas, pintándose los labios.

"¿Qué estás haciendo?" le preguntó Isabel a su madre.

"Me estoy pintando los labios," respondió su madre tratando de permanecer tranquila. "Si tu padre me ve sin lápiz de labios se va a asustar porque creerá que algo anda mal. No quiero que se preocupe porque yo estoy asustada. Quiero que se sienta lo mejor posible en estos momentos y que piense que todo va a salir bien."

Consuelo no quería que la viera desarreglada. Sus padres siempre habían sido mutuamente sobreprotectores.

"Mi padre se enamoró de mi madre cuando vio su foto colgada en la pared de la casa de una tía de ella. En el mismo instante en que vio esa foto, quiso conocerla. Todo el mundo decía que los presentarían, pero nunca lo hicieron. Entonces, una víspera de Navidad, él se puso su camisa morada y su traje verde, fue a la casa de mamá y tocó a la puerta. Entró y se presentó ante mi abuelo. 'Quiero conocer a su hija,' le dijo a mi abuelo. Un año después estaban casados. Y ya llevan 39 años de casados.

"Yo no creo que mi madre haya tenido otro novio en serio, como mi padre. Mi padre dijo que cuando la conoció supo que era una buena mujer y que ya no necesitaba buscar más. Creía que ella era hermosa y que era todo lo que él buscaba en una mujer. Ella siempre lucía bien, era cortés y tenía buenos modales. Para él, era un sueño hecho realidad.

"Mis padres rara vez peleaban. Se apoyaban y se respaldaban mutuamente. Aun cuando no estaban de acuerdo en todo lo que el otro quería hacer, siempre presentaban un frente unido ante mi hermana y yo. Siempre mantuvieron un ambiente armonioso.

"Creo que en varios aspectos yo quisiera tener ese mismo tipo de relación en mi matrimonio. Mis padres han estado juntos todos esos años y sin embargo su relación siempre parece nueva. Una vez a la semana aún tienen 'una cita por la noche.' Van a ver una película o a cenar. A veces, por la mañana, dan una caminata, otras veces salen más tarde a tomar un café. Creo que eso es lo que yo buscaba, un compañero que

Consuelo Alicia Rivera y su hija, Isabel Rivera, sentadas en una banca en Central Park New York.

quisiera hacer todas esas cosas conmigo. Creo que lo he encontrado en David."

Isabel está casada con un presentador de noticias de New York, David Ushery. Si bien su matrimonio es aún joven, ella siente que tuvo un buen ejemplo en el matrimonio de sus padres.

"Mi madre siempre quería lucir bien para mi padre. Creo que en cierta manera me ha inculcado eso a mí. Si hay algo en lo que no soy tan cuidadosa como mi madre es en arreglarme el cabello. Creo que soy más natural, pero sí sé que si mi esposo y yo vamos a ir a una función, quiero que

él esté feliz y orgulloso de presentarme."

Nacida en Puerto Rico, Consuelo vino a la ciudad de New York con sus padres y su único hermano en la década del 50. La familia se estableció en el *Johnson Projects* en la Calle 113 en East Harlem. A pesar de que apenas tenía seis años, Consuelo aún recuerda las discrepancias entre la manera en que se trataba a su hermano y la manera en que la trataban a ella. "Como mi abuela trabajaba, mi mamá tenía que ir de la escuela derecho a la casa, cocinar y quedarse en el apartamento hasta que sus padres llegaran del trabajo. Como ella era una niña no le estaba permitido hacer las cosas que su hermano podía hacer, como jugar deportes, patinar en el hielo o ir al parque."

Aunque Consuelo era una mujer tradicional que vivió una vida amparada, ella supo desde el principio que quería criar a sus hijas de manera diferente. Quería que tuvieran la libertad que ella no tuvo cuando era chica. "Mi madre estaba muy encerrada en su infancia porque mi abuela era muy chapada a la antigua. 'Eres una niña, no puedes hacer esto ni aquello.' Mi madre quería darnos a mí y a mi hermana una formación que fuera diferente de la suya.

"Mi madre siempre estaba esperándonos cuando mi hermana

y yo regresábamos de la escuela. Siempre hallaba tiempo para leernos y participar en todas nuestras actividades. Por lo tanto, yo creo que si tenemos hijos, algunas cosas serán así. A diferencia de mi madre, yo pienso que tendré que seguir trabajando y mis hijos no se van a beneficiar de tener una mamá que siempre está en casa. Decididamente no voy a ser la excelente cocinera que es mi madre. Y no sé si tendré la misma paciencia que mi madre tenía para muchas cosas.

"Una de las mejores lecciones que mi madre me enseñó es que cuando estás de novia con alguien, debes prestar atención a cómo tu novio trata a su madre porque al final, después de que se termine el romance, tú serás la mujer de su vida. Y si trata a su madre con respeto y la aprecia, a ti te tratará así. Yo creo que ésa es una lección muy importante. Yo me fijé en eso y descubrí que es muy cierto. Nunca conocí a la madre de David, pero me doy cuenta de que la idolatraba por la forma en que habla de ella. Y al fin de cuentas, yo quiero que él hable así de mí.

"Cuando mi padre tuvo el accidente, los doctores no querían que mi madre durmiera en la misma cama con él durante su recuperación. De modo que tuve que ir a comprarle un colchón para que durmiera en el piso junto a él. Y así ambos se quedaban dormidos, tomados de la mano como si él quisiera que ella estuviera donde él estaba y ella quisiera estar allí. Así es el amor. Eso es lo que quiero en mi vida." ■

Consuelo Alicia Rivera camina por una calle de New York con su hija, Isabel Rivera.

Ollita

Celia Cruz
Y SU MADRE,
Catalina Alfonso

Celia Cruz , "la Reina de la Salsa," es la mujer más influyente en la historia de la música afrocubana. Esta artista excepcional, conocida por su increíble voz, ha grabado más de 50 álbumes y realizado giras por todo el mundo. Además, ha hecho presentaciones con legendarios colegas como Tito Puente, Willie Colón, Ray Barretto y los Fania All Stars. Entre otros galardones, Cruz ha ganado un Grammy, ha sido distinguida con una estrella en el Paseo de la Fama en Hollywood, recibió un doctorado honorario de música de la Universidad de Yale y en 1995 se le otorgó el Billboard Lifetime Achievement Award. ■ Catalina Alfonso, su abnegada madre que tanto la amó, guió a su hija en el mundo de la música y hasta hoy su legado espiritual continúa acompañándola.

OLLITA

Una noche, en 1962, Celia Cruz se estaba preparando para una presentación. Había ido al salón de su manicurista, unos pisos debajo de su apartamento, a arreglarse las uñas, de donde regresó un poco más temprano de lo esperado. Mientras trataba de concentrarse en el show de esa noche, Celia quedó petrificada cuando alcanzó a oír a su marido, Pedro Knight, hablando por teléfono: "No, mira, Rosa, la madre de Celia falleció anoche," dijo, "pero todavía no se lo voy a decir porque esta noche tiene un show." Desesperada, ella no pudo hacer nada más que llorar.

En lugar de cancelar el show, esa noche Celia salió al escenario y comenzó a cantar. Para asombro de la audiencia, ella rompió en llanto. "Yo estaba en mi propio mundo, llorando y llorando" explica Celia, "Salí a cantar y empecé a llorar. Iba tras los bastidores y lloraba y después volvía a salir y cantaba. ¡Mi pobre madre!" Pedro no le había dicho a los administradores del club ni a la prensa sobre la pérdida de Celia, así que no fue sino hasta días más tarde que sus admiradores se enteraron de la razón de sus lágrimas. Celia, por otra parte, quedó obsesionada por la muerte de su madre por el resto de su vida.

"Dejé a Cuba y a mi madre en 1960" recuerda Celia, "cuando me fui, ella ya tenía cáncer. Me fui con el fin de ganar dinero y enviarlo a Cuba para que mi madre tuviera todo lo que quisiera. Como el puerco siempre ha sido la carne más barata, yo quería que ella tuviera lo mejor: langosta, pescado y camarones, ¡lo que fuera! Yo la llamaba y ella me decía que no me preocupara, que estaba bien atendida.

En algunas ocasiones la llamaba y como estaba tan débil casi no podía hablar. Una vez, pedí para hablar con el doctor y él me dijo: 'Tiene cáncer. Le quedan dos años de vida, pero si la cuidas, podría durar cuatro.' Duró cuatro y medio. ¡La pobre!"

Celia no divulga el año exacto de su nacimiento, pero fue la segunda de los cuatro hijos que Catalina Alfonso y Simón Cruz tuvieron en el barrio Santo Suárez en La Habana, Cuba. La madre de Celia, Catalina, nació el 30 de abril de 1900. Celia cariñosamente la llamaba "Ollita." "Todo el mundo la llamaba Ollita." Al respecto, explica: "Yo nunca la llamé mamá, creo que ese nombre se lo dio un niño que ella crió. Era un niño blanco que no tenía madre y ella lo acogió en su hogar; probablemente él no podía pronunciar Catalina porque era un nombre muy largo, entonces la llamaba Ollita. Por ello todo el mundo la llamaba Ollita, Ollita, Ollita . . ."

La asombrosa habilidad para cantar de Celia era evidente desde su infancia. Catalina alentaba a su hija para que cantara cada vez que tenían visitas y a la pequeña Celia le encantaba complacerla. "Cuando yo era niña, mi madre le decía a todos cuánto me gustaba cantar," recuerda Celia. "Una vez vino de visita un amigo de la familia y mi madre dijo: 'Cántale Celia' y yo lo hice. Cuando terminé, el hombre estaba tan encantado conmigo que regresó a nuestra casa y me dio un par de zapatos de regalo." Celia canta desde que era pequeña. "Mi abuela le dijo a mi madre que yo iba a trabajar de noche porque cuando tenía nueve o diez meses me despertaba por la noche cantando."

A los seis años de edad, Celia se fue a vivir con su tía Ana. "Ana fue quien me crió hasta que se regresó a Pinar del Río y

yo volví a vivir con mi madre," explica. Ese vínculo especial entre Celia y su tía comenzó cuando la hija de su tía falleció. "Mi tía era como una madre para mí," recuerda Celia. "Antes de que yo naciera, Ana había tenido una hija que un día enfermó y los doctores le dijeron que iba a morir. Le dijeron que su hija volvería al polvo. Así que, cuando la pequeña murió, Ana se acercó al féretro, le estiró los dedos y se los quebró. Ella creía que al hacer eso, iba a poder reconocer a su hija cuando se reencarnara. En ese entonces, mi madre estaba embarazada de mí, y cuando yo nací, tenía los dedos muy torcidos. Puedes notarlo cuando los extiendo. Yo soy la reencarnación de su hija y es por eso que mi tía me amaba tanto."

Este vínculo sobrenatural entre Celia, su madre y su tía, es algo que las tres mujeres lograron reconocer. "Cuando mi madre veía venir a mi tía del río, me decía, 'Oye, ahí viene tu madre.' Y ella ha sido como una madre para mí toda mi vida."

Una vez que Celia se fue a vivir con su tía Ana, ésta llevaba a la jovencita a salones de baile, cabarets, y emisoras de televisión y radio para que compitiera y cantara en varias

Celia Cruz mira el retrato de su madre, Catalina Alfonso.

orquestas populares. Ana, su segunda madre, la apoyaba mucho en ese aspecto y no desperdiciaba oportunidad de que Celia pudiera mostrar su talento. "Un día, Titi Ana me llevó a una emisora de televisión, llamada La Casa de la Biblia." Recuerda Celia: "Comencé a cantar una canción pero no me movía. Mi tía me dijo, '¡Ay sobrina! ¡Tienes que bailar, tienes que hacer algo, chica! No puedes cantar esa guaracha sin moverte pa' nada.' Yo era tímida. Sí me gustaba bailar, pero no delante de la gente. Ella dijo, 'Tienes que bailar porque si no te mueves no le estás expresando nada al público.' A partir de ese momento, comencé a bailar cuando cantaba."

Pronto, Celia empezó a recibir ayuda y consejos sobre su carrera de cantante de parte de todo el mundo en su familia —de todo el mundo menos de su padre. "Él no quería que yo fuera cantante. No lo culpo porque hubo un tiempo en que las mujeres que querían ser artistas tenían que tener relaciones sexuales con el dueño de un club o una emisora. Y eso era lo que él pensaba que las mujeres debían hacer para prosperar en el mundo de la farándula. Mi madre, que era una santa, me dijo, 'Mi cielo, olvídalo. Yo me ocupo de él.'

"Mi padre era fogonero y trabajaba en los ferrocarriles. Cuando empezaron a aparecer anuncios de mis actuaciones en el periódico, la gente le decía a mi padre, 'Mira, Simón, aquí en el periódico hay una chica que tiene tu mismo apellido.' Y él decía: 'Sí, pero no somos parientes.' Un buen día se sentó a hablar conmigo y me dijo, 'Mira, yo no quería que fueras artista por esto y esto.' Al día siguiente, un amigo suyo le dijo: 'Eh, Simón, mira la foto de esa chica de la que te he hablado.' En el periódico había una fotografía de Celia con un elogioso comentario acerca de su habilidad como cantante. Su padre leyó el artículo y le dijo a su amigo, 'Sí, es mi hija. ¿Y qué?' " Dice Celia, "Sintió alegría porque el artículo decía que yo era una buena cantante. Después de eso quedó convencido de que yo podía hacerlo."

Mirando al pasado, Celia cree que su padre quería aceptar que su hija fuera una cantante porque sabía que estaba enfermo. Antes de irse de Cuba, el doctor le había advertido a Celia que la muerte de su padre era inminente, así que ella dejó dinero para su funeral y sepelio. "En ese entonces, la gente moría joven, y mi padre ya era viejo. Tenía 78 años cuando falleció. Mi familia no me dijo nada porque yo tenía programado un debut en un show y pensaron: '¿Para qué le vamos a avisar? No es que lo pueda resucitar.' Me lo dijeron un mes después, 'Mira, tu padre falleció.' Les estoy agradecida, porque si me lo hubieran dicho en ese momento, yo hubiera estado en malas condiciones para la actuación, como cuando mi madre falleció."

A pesar de que Celia no se considera una mujer política, la política ha repercutido en su vida de una manera fundamental. A causa de su deserción de Cuba, Castro se negó a permitir que la cantante regresara a visitar a su madre en el hospital o que asistiera a su funeral. Si bien Cuba siempre constituirá una parte vital de su vida, Celia ha decidido que cuando muera quiere ser enterrada en su patria adoptiva, Estados Unidos. De alguna manera, parecía que la tragedia esperaba a que Celia saliera de Cuba para asestar su golpe. Cuando Celia partía para su debut en México, los doctores ingresaban a su madre al hospital. Catalina no podía resignarse ya que presentía que jamás volvería a ver a su hija.

"Yo llamaba al hospital y ella me decía: 'Ay, hija mía, ¿cómo estás? Quiero verte, pero sé que es imposible.' Otras madres hubieran dicho, 'Tienes que venir.' Pero ella era una santa. Más adelante, comenzó a decir disparates. Digo que eran disparates porque a veces me estaba hablando y de pronto decía, 'No, porque San Lázaro . . .' yo no entendía a qué se refería, así que alguien de mi familia le sacaba el teléfono y contestaba en su lugar. Les pedí que me enviaran una foto de mi madre pero no lo hicieron porque al final no lucía como antes. Cuando una persona tiene cáncer, se desfigura. Yo prefiero recordarla como era antes."

Celia recuerda que su madre era una mujer llena de vida y canción. "A mi madre le encantaba cantar y tenía una hermosa voz." El amor a la música que aprendió de su madre acabó siendo más valioso que las cosas que no aprendió. "Mi madre no me enseñó a cocinar. Siempre me preparaban la comida. No sé lo que mi pobre madre pensaba de mí, tal vez ella visualizaba que yo no tendría necesidad de cocinar. Cuando me casé, dije: 'Mira, Pedro, esa cocina se va a morir de la risa,' pero Pedro me respondió: 'No, no se va a morir de risa. Tú vas a aprender.' Yo le cocino a mi marido porque él me enseñó a cocinar."

Catalina le enseñó también a su hija cómo vivir con alegría. "A ella le encantaba bailar, así que reunía a todos sus amigos del barrio, se ponían elegantes y salían a los clubes de baile. Yo solía decirle, 'A ver, Ollita, canta para mí' y, con gusto, ella lo hacía. Yo tengo habilidad para cantar porque a mi madre le encantaba cantar."

Celia continuó con su canto y también con sus estudios. Cantaba en shows para amateurs para ganar dinero y poder comprar los textos que necesitaba para la escuela pública República de México, en La Habana. "Cuando terminé mis estudios, una maestra me pidió que cantara en una fiesta ese día. Y yo canté; más tarde, nos sentamos un rato juntas y le dije: 'Doctora, tengo que encontrar un trabajo ahora.' Y ella me dijo: 'Mira, chica, sigue cantando y olvida el magisterio. Llegará el día en que vas a ganar en una noche lo que yo gano en un mes.' Y así llegué hasta donde estoy hoy, porque se me alentó a seguir mis sueños en lugar de trabajar como maestra. Soy lo que siempre he querido ser: una cantante."

Celia siguió el consejo de su maestra y comenzó a tomar seriamente su carrera de cantante. Contra los deseos de su padre, dejó la Escuela Normal para Maestros donde cursaba estudios para ser maestra de literatura y se inscribió en el Conservatorio musical para estudiar teoría musical y perfeccionar su voz. Siguiendo a su corazón, Celia se convirtió en mucho más de lo que quería ser. Ella es una cantante, pero además es una leyenda, conocida mundialmente por su contribución a la música latina.

A pesar de su dominio de la música, Celia se hallaba frustrada y había noches en que no podía cantar. "Yo adoro a los niños y toda mi vida quise tener hijos," dice Celia. "Pero Dios no me los dio. Cuando me di cuenta de que no podía tener hijos, de que nunca llegarían, fui a ver a un par de doctores para averiguar por qué. Me revisaron para encontrar el problema pero en ambas ocasiones salí como muerta de los exámenes. Después de la segunda prueba, llegué a casa tan enferma que mi marido me dijo: 'Chica, no te preocupes. Te quiero como eres.' Él tiene hijos de su primer matrimonio. Me dijo, 'Te quiero así. No tienes que ir más si no quieres.'

"Yo pensé, 'Bueno, no vienen.' Entonces me di cuenta de que Dios sabe lo que hace. Aunque alguien me dijo que no, que Dios no se mete en eso, sé muy bien que Dios está en todo, ahora Él está aquí mismo, de tal modo que pienso que está bien que no me haya dado un hijo. Tengo sobrinos y sobrinas y los adoro. Son estupendos, ellos jamás olvidan mi cumpleaños ni el de Pedro. Son buenos y agradecidos.

"Mi madre fue quien me trajo al mundo. Ella es responsable de que yo esté aquí. En los días en que su situación era crítica, cuando se agravó su enfermedad, soñé con ella y le dije: 'Ollita, no me dejes,' entonces me respondió: 'No, mi niña, siempre voy a estar contigo.' Ella aún no había muerto cuando tuve ese sueño. Pero yo sabía que si sueñas con alguien y no le ves el rostro es una mala señal. Es mala señal."

Celia cree que su madre la cuida y está a su lado cada vez que abre su boca para cantar. "Cuando estoy a punto de cantar, la llamo, 'Ollita, quiero que me ayudes.' Todavía la llamo para que me acompañe y para no estar nerviosa. Yo quiero que el espíritu de mi madre me acompañe siempre. 'Ollita, madre mía, por favor quédate conmigo hasta el día de mi muerte porque me iré contigo.' "

A pesar de los años, la distancia y la política que han separado a madre e hija, Celia siempre tendrá a Ollita. "Mi madre era una santa. Debería tener una corona allá arriba. Nuestra historia de madre e hija es maravillosa." ∎

Celia Cruz con un retrato de su madre, Catalina Alfonso.

Hogar, Dulce Hogar

Rossana Rosado

Y SU MADRE,

Luz Rosado

Rossana es la primera mujer editora y presidenta del periódico *El Diario/La Prensa,* el periódico en español más antiguo del país y el más grande del Noreste. La Srta. Rosado ha jugado un papel importante desde hace tiempo por su influencia positiva en la vida de otras personas, en su trabajo de periodista, productora ganadora del premio Emmy y vicepresidente de Relaciones Públicas de la corporación para la salud y los hospitales de la ciudad de New York. ■ Al igual que su hija, Luz se sirvió de las palabras para ser una influencia positiva en la vida de su hija del modo en que no le fue posible afectar la suya propia.

HOGAR, DULCE HOGAR

Luz Rosado no estaba feliz al ver a su hija hacer las maletas para mudarse del hogar familiar, aunque su hija mayor, Rossana, se mudaba apenas a cuatro cuadras de su casa. "Mi madre estaba muy disgustada," recuerda Rossana. "No se trataba tanto de que ella quisiera que yo me quedara en la casa hasta que me casara, sino más bien de que ella creía que era muy peligroso. Pero yo ya era una profesional. Así que hallé un apartamento a cuatro cuadras y me mudé poco antes de mi cumpleaños número 25. Fue muy difícil para ella. No recuerdo que me haya visitado en ese apartamento jamás."

Que su primera hija abandonara el nido era especialmente difícil para Luz porque ella y su esposo habían trabajado arduamente para tener ese hogar que significaba mucho para ellos. Para Luz, una casa es un símbolo de seguridad. Y seguridad era algo que Luz quería darles a sus hijos.

Nacida en Coamo, Puerto Rico, Luz y su familia vinieron a Estados Unidos cuando ella tenía 12 años. Cuando Luz terminó la secundaria en 1958, su familia comenzó a insinuarle que debía casarse con su novio. "Ella en realidad no quería casarse enseguida sino esperar porque tenía un trabajo, pero en la década de los cincuenta, no existían los noviazgos largos." Luz comenzó a sentir esa presión cuando su familia les dio a ella y a su novio una fiesta sorpresa de compromiso, antes de que se hubieran comprometido. El matrimonio también significaba tener su propia casa, entonces cedió y se casaron.

Mientras su esposo servía en el ejército, Luz descubrió que estaba ansiosa por ser esposa y encargarse de su propio hogar. Pero ella siempre había sido independiente y planeaba ir a la universidad y hacer carrera. Sus planes, sin embargo, cambiaron precipitadamente con el nacimiento de Rossana cuando apenas hacía un año que estaba casada.

"Mi madre se quedó en casa después de mi nacimiento, porque eso era lo que se esperaba de ella, pero siempre quiso volver a trabajar. Cada vez que estaba lista para volver a trabajar, quedaba embarazada. Ella siempre se refiere a esos años como 'años muy infelices.' Nos dijo que nos amaba, pero esos fueron años muy desdichados para ella porque quedó embarazada de cuatro hijos; y eso es una familia muy grande para cualquier generación."

No sólo Luz tuvo que dejar en suspenso su educación y planes para una carrera, sino que también tuvo que esperar a tener una casa propia.

"Vivíamos en uno de los tres apartamentos del edificio de mi abuelo. Durante la mayor parte de mi infancia, mi padre trabajó para el padre de mi madre. Mi abuelo tenía una bodega y, en un momento dado, tuvo dos bodegas. En nuestra comunidad, eso equivalía a ser rico, pero nosotros nunca fuimos ricos porque, dado como eran manejadas las bodegas, apenas proveían para mi papá y mis dos tíos. Mi padre trabajaba para él, pero como no era su hijo, no se beneficiaba del negocio, él no ganaba mucho dinero y tenía cuatro hijos. Fue mi madre quien le dijo: 'Tienes que irte de allí porque nunca vamos a salir adelante.' "

Luz siempre planificaba para asegurar el futuro de su familia. A instancias de Luz, el padre de Rossana dejó de trabajar para su suegro y consiguió un trabajo de camionero en el que le daban seguro médico. "Mi padre fue camionero por más de veinte años hasta que se jubiló hace dos años. En dos años, al cambiar mi padre de trabajo y empezar mi madre a trabajar, se pudieron comprar una casa en el Bronx."

Para Luz, tener casa propia era todo. Ser propietaria de su casa le dio un sentimiento de orgullo. Significaba además el primer paso para alcanzar el sueño americano. "Nos mudamos a la casa en 1971. Para ellos eso era algo maravilloso. Eran una pareja joven con cuatro niños, pero consiguieron comprar su propia casa. Al principio fue difícil porque no tenían crédito y la cantidad para la que calificaban ni se acercaba a un préstamo hipotecario. Creo que la casa costó unos $24,000".

Si no hubiera sido por los ocho años que Luz dedicó a criar a los niños, su vida habría sido muy diferente. "Si no nos hubiera tenido a todos nosotros, creo que probablemente hubiera sido una profesional en un trabajo de oficina o algo por el estilo," explica Rossana. "Ella escribía a máquina muy rápido, inmediatamente después de egresar de la secundaria fue a trabajar al New York Hospital. Cuando volvió a trabajar ocho años después, consiguió trabajo en otro hospital. Trabajó en Mount Sinai durante 17 años.

"Los ocho años que mi madre no trabajó mientras nos criaba conforman una parte triste de su historia," dice Rossana. "Ella creía firmemente en que las mujeres debían

prepararse para una carrera. Ella siempre nos aconsejaba a mi hermana y a mí. 'Cueste lo que cueste, vayan a la universidad.' " Aunque Luz apenas tenía un diploma de la secundaria, les inculcó a sus hijas que la única forma de salir de su situación era tener una educación universitaria.

Rossana acabó yendo a la universidad Pace en White Plains, New York. "Estaba a media hora de nuestra casa en el Bronx. Ésa era la distancia máxima a que me dejaban ir. Cuando mi hermana fue a la universidad, yo ya los había ablandado así que pudo ir a estudiar en Rhode Island. Yo nunca me había separado de mis padres antes. No íbamos a campamentos para niños en verano ni nada de eso, de ahí que la distancia fuera una preocupación para ellos."

A pesar de querer que su hija estuviera siempre cerca, Luz apoyó a Rossana sin cejar durante sus años en la universidad.

"Mi madre nunca nos alentó a que nos casáramos," dice Rossana. "Es más, siempre trataba de persuadirnos de que no nos casáramos ni dejáramos que alguien se hiciera cargo de nosotras. Ella no hacía esto porque sintiera resentimiento pues mis padres tuvieron un buen matrimonio —llevan casi 41 años de casados—. Aunque mi familia nunca fue el Brady Bunch tuvimos una infancia feliz. No nos criamos viendo el matrimonio

Rossana Rosado y su madre, Luz Rosado.

como algo malo, pero mi madre siempre dejó en claro que se había casado muy joven y no quería que cometiéramos el mismo error."

A veces, por ser latina de segunda generación recibes mensajes contradictorios de tu madre. A las latinas, sus madres les enseñan a ser mujeres independientes con una carrera y que no deben depender de un hombre para sobrevivir. Pero a la vez, se las considera fracasadas si llegan a cierta edad y no se han casado y no tienen hijos. Aunque Luz estaba resuelta a alentar a sus hijas a que terminaran sus estudios universitarios y que tuvieran una carrera antes de casarse, Rossana recibió consejos contradictorios de su abuela. "Mi abuela siempre me preguntaba, 'Ahora que ya fuiste a la universidad y todo eso, ¿cuándo te vas a asentar y tener hijos?' Siempre me arrepentiré de haberme casado siete meses después de la muerte de mi abuela.

"Lo gracioso es que a la vez, recuerdo que mi abuela me decía que pasara lo que pasara yo debía tener mi propia cuenta en el banco, pues ella la tenía. Mi abuelo era un hombre de negocios y cuando falleció dejó algunas propiedades, pero no dejó mucho dinero; cuando mi abuela falleció dejó una cuenta de banco y una lista detallando cómo la debíamos dividir. Estaba claro que como mujer, tenías que ser autosuficiente a toda costa, tuvieras un buen matrimonio o no."

Para Rossana, navegar en las aguas desconocidas de la universidad era una cosa, pero hacerle entender a su madre lo que iba a hacer con sus estudios universitarios era peor. "Yo creo que era muy duro para mi madre porque yo elegí una carrera muy diferente," explica. "Ella no sabía nada sobre los medios de comunicación y yo tampoco. Cuando trabajé en CBS, completé la capacitación para asistente de oficina. Mi madre me compró algunos trajes y me ayudó a prepararme para el trabajo. Dos semanas después de terminar la capacitación me pusieron de nuevo en mi puesto habitual, donde trabajaba de la medianoche a las siete de la mañana. Mi madre no podía entender por qué yo tenía que trabajar ese horario tan horrible. Ella me decía: '¿Te mandamos a la universidad y te toca trabajar el turno de la noche?' Mi padre quería llevarme al trabajo todas las noches porque pensaban que era peligroso que una mujer viajara en subte a esa hora. Pero no siempre me podía llevar porque tenía que levantarse temprano para ir a su trabajo. Así que yo no tenía otra alternativa que tomar el subway. Aunque yo ya había salido de la universidad y estaba trabajando, mi madre siempre se preocupaba. Yo estaba muy protegida de manera muy positiva."

Años después de haber empezado a trabajar, Rossana se dio cuenta de que ganaba más dinero que el que sus dos padres ganaban mientras estaban criando a cuatro hijos. "Yo ganaba más que ellos y me parecía que no tenía dinero. Mi madre me animaba. Ella estaba feliz de que yo tuviera una carrera porque era un paso más allá de donde ella llegó —un gran paso más allá."

Cuando Rossana se estaba criando, había reglas bien definidas que debía seguir. "Ni se discutía," dice, "todos sabíamos cuáles eran las reglas." Esas reglas no cambiaron mucho aun cuando Rossana ya había terminado sus estudios y tenía un trabajo. "Yo trabajaba en El Diario como periodista y si tenía una cita, no importa a qué hora terminaba, yo regresaba a casa. Nunca pasé la noche fuera de casa. Nunca se me hubiera ocurrido pasar la noche afuera de la casa sin decirle a alguien adónde iba. Si mis padres tenían visitas, no podía salir de la casa y decir: 'Okay, chau. Tengo mis propios planes.' "

Con el tiempo, Rossana empezó a sentir la presión de vivir bajo el mismo techo con su madre. "De verdad sentía que tenía que salir de esa casa. No había lugar para mí. Ni siquiera tenía mi propio cuarto; compartía un cuarto con mi hermana y como todos guiábamos, había seis autos en la entrada. De alguna manera había que cambiar. Yo ya iba a cumplir 25 años y todas las personas que trabajaban conmigo eran mayores, muchos se habían ido de Puerto Rico o Latinoamérica y estaban viviendo solos en New York. Yo admiraba su independecia."

Sin embargo, acabó viviendo allí sólo cinco meses porque sus padres le tenían una sorpresa. Decidieron mudarse a su casa de campo en otra zona de New York. "Yo me volví a la casa y la compartí con mi hermana y uno de mis hermanos. Mis padres dijeron: 'Ésta es la hipoteca. Ustedes cuidan la casa.'

"Algunos años después, una vez que mi hermana y yo lo discutimos, estuvimos de acuerdo en que fue lo mejor que pudieron hacer. Al darnos la casa, sabían dónde estábamos y que teníamos un techo. Siempre me río cuando cuento que en lugar de que nosotros nos fuéramos de la casa, se fueron nuestros padres. Pero creo que también fue una decisión estratégica de su parte porque así nos mantenían a todos juntos y nos hacían responsables a todos ya que teníamos que pagar la hipoteca y no podíamos andar haciendo locuras."

Dice Rossana: "La casa todavía le pertenece a la familia. Yo viví allí muchos años con mi hermana y cuando me casé, mi marido se mudó a la casa y mi hermana se fue. Después, cuando nosotros nos fuimos, ella se mudó a la casa otra vez. En ese entonces, se la compró a mis padres y todavía vive allí. Mi mamá me contó, años después, que jamás se sintió en Navidad si no estaba en la casa de Taylor Avenue, su primera casa."

En cierto sentido, Luz se empeñó en que el hogar que ella creó para su familia, continuara existiendo sin ella. En una inversión de situaciones, Rossana es ahora la que sufre por ver a alguien abandonar el nido. A principios de año, se puso a llorar cuando su madre le informó, que ella y el padre de Rossana habían comprado un terreno en Florida y que iban a construir una casa allí. "No podía parar de llorar. No puedo creer que se vaya," dice Rossana.

La lección que ambas mujeres han aprendido la una de la otra, es que la única forma verdadera de encontrar un hogar es abandonando el nido. ∎

Conservando la Fe

Columba Bush

Y SU MADRE,

Josefina Gallo

Nacida en León, en el estado mexicano de Guanajuato, Columba Garnica Gallo se casó con John Ellis (Jeb) Bush en 1974 y se convirtió en la Primera Dama de Florida cuando su esposo fue elegido Gobernador de Florida en 1998. La Sra. Bush se ha desempeñado activamente como portavoz para *Informed Families of Florida*, una organización sin fines de lucro que dedica su esfuerzo a la educación de las familias sobre el consumo de drogas. Ella es además cofundadora del *Children's Cultural Education Fund of the Ballet Folklorico*, el cuerpo de baile nacional de México. ■ Si bien las responsabilidades de Columba han puesto millas entre madre e hija en contra de su voluntad, la vida de fe de Josefina Gallo continúa inspirando e impulsando a su hija.

CONSERVANDO LA FE

Nacida en 1922 en León, México, Josefina Gallo, la madre de Columba, fue criada como una niña muy religiosa en un pueblo de arraigadas costumbres religiosas. En ese tiempo, en León se celebraba la Misa diariamente y se esperaba la concurrencia de todos. Como era previsible, Josefina asistió a una escuela católica donde creció y se educó en un ambiente que le brindó bienestar y protección. Ella vivía con su padrino, un hombre sobreprotector y muy estricto.

Columba describe la vida de su madre como la de una joven protegida que no tuvo oportunidades de conocer pretendientes. "Mi madre no era muy sociable y probablemente ésa es la razón por la cual se casó cuando tenía 29 años. Para ese entonces, su padrino estaba vendiéndole aceite para lámparas a un hombre de un pueblo vecino. Ese hombre tenía un hijo de la edad de mi madre, aproximadamente, así que ellos pensaron que sería una buena idea que ambos se casaran. Creo que ella nunca estuvo realmente enamorada de él, pero siempre lo acompañó, con una actitud de aceptación y entrega. Ella dijo: 'Bueno, pues voy a dar lo mejor de mí.' "

En medio de su lucha por no defraudar las esperanzas de su familia, la Iglesia y la comunidad, Josefina se dio cuenta de que había efectuado todo lo que estaba en sus manos para hacer factible una situación imposible. Fue así que, a pesar de toda la presión que implicaba tener tres niños pequeños, Josefina decidió divorciarse de su esposo en 1963. "El fin del matrimonio de mis padres, fue un gran golpe para sus familiares y amigos. Divorciarse en la década de los 60 en México era un pecado. Pero mi madre siempre ha sobrevivido. No sé cómo lo hace, pero siempre sale a flote. Lo que me parece fabuloso es que el divorcio no la afectó en lo más mínimo. Después del divorcio, ella continuaba haciendo exactamente las mismas cosas que hacía antes. Iba a la Misa y a todas las celebraciones religiosas. Nunca dijo: 'Ésta es una situación difícil, debo irme de aquí.' "

La renuencia a dejar que un conflicto la detenga o la afecte es uno de los grandes regalos que Josefina le legó a su hija. La capacidad de su madre para superar obstáculos le dio a Columba su sentido de independencia. "Yo soy una persona muy independiente gracias a mi madre. Ella siempre nos instó a ser independientes; probablemente no tuvo otra alternativa." A pesar de la presión a seguir directrices, Josefina nunca sintió que su religión y su fe fueran restrictivas. Al contrario, su fe siempre ha sido liberadora. "Mi madre me crió para que fuera una persona muy religiosa pero sin caer en los aspectos abrumadores, como dictar la forma en que debíamos vestirnos. Ella siempre fue muy receptiva."

En el pequeño pueblo mexicano en que Columba y sus hermanos se criaron no había muchas diversiones. Pero al igual que su madre, Columba dice que eso no la afectaba. "No había mucho para hacer, pero yo nunca fui una persona muy sociable. Tenía cuatro o cinco amigos a lo sumo. Con frecuencia, los invitaba a casa a tomar Coca-Cola y a escuchar música. Mi madre era un poco más sociable que yo; creo que es cuestión de personalidad. A mí me encanta el silencio; me gusta leer un buen libro y salir a caminar.

"Había una diferencia muy grande entre la forma en que se trataba a mi hermano y la forma en que se nos trataba a mi hermana y a mí. Es parte de nuestra cultura que las madres piensen que los muchachos son muy especiales y maravillosos por lo que merecen un trato condescendiente. Pero a pesar de eso, mi madre nos enseñó a todos por igual que la educación es lo más importante, algo de lo que podremos depender y que nadie podrá quitarnos jamás. Al criarnos, mamá tenía las mismas expectativas para los tres; nos dijo a mi hermana y a mí: 'Tienen que tener una educación porque siempre la van a necesitar. Aunque se casen con un príncipe, aún van a requerir tener conocimientos.'"

Columba conoció a su príncipe en 1971 cuando Jeb Bush fue a León, México, a enseñar inglés en un programa de intercambio cultural. Tres años más tarde, la pareja se casó en Austin, Texas y con el tiempo se radicaron en Miami, Florida, donde criaron a sus tres hijos.

Después de un infructuoso intento por ganar el puesto de gobernador en 1994, el esposo de Columba fue elegido gobernador número 43 de Florida, en 1998. Ese resultado habría de cambiar la vida de Columba para siempre.

"Nadie te puede preparar para la vida en la política. Lo que me ayudó mucho fue la inquebrantable fe que heredé de mi madre. Yo entré en el mundo de la política sin preparación, pero cuando tienes una fe sólida, no pierdes la esperanza. Tal vez pienses que las cosas no van bien y que lo mejor que puedes hacer es orar. Y rezas, 'Dios, por favor, ayúdame a resolver esta situación.' Y entonces

Columba Bush sostiene una fotografía de su madre, Josefina Gallo.

Columba Bush en su hogar en Florida.

ves todo con claridad y lo entiendes. Una de mis oraciones es: 'Si estoy aquí debe de ser por alguna razón. Ayúdame pues, por favor.' Hay muchos momentos en que sencillamente necesitas rezar. Mi madre me dio un buen ejemplo con su fe. Estoy segura de que mi madre ha pasado horas rezando para no perder la esperanza, y realmente eso es asombroso.

"Yo trato de contarle a mi madre todas las cosas que aprendí de ella y las cosas que admiro en ella, pero no se da cuenta porque ni se imagina lo que es una vida en la política. Estar en el mundo de la política es como tener un hijo, no se sabe lo que es hasta que se tiene uno. No se puede describir una vida en la política; es imposible decir: 'es así o asá,' tienes que estar en esto. En el mismo minuto en que mi esposo resultó electo, mi vida cambió por completo."

Desafortunadamente, uno de los grandes cambios con que Columba ha tenido que lidiar es el escaso tiempo que ella y su madre pasan juntas. La salud de su madre se ha ido deteriorando rápidamente debido a la diabetes. "Desde que mi esposo se postuló para un cargo político la primera vez, vivimos bajo tantas presiones que no puedo ver a mi madre con la frecuencia que quisiera. La mayoría de las personas no lo entiende y no lo cree. Me invitan a cenar y les tengo que decir que no creo que sea posible porque tenemos una crisis. Tenemos una crisis detrás de otra. Pero no le puedo decir estas cosas a mi madre por su delicado estado de salud. Lo único que lograría es que se preocupe aún más.

"Mi madre estaba viviendo en México y se puso muy enferma. Se vino a vivir a Miami con mi hermana cuando yo residía en Venezuela. Fue entonces que descubrimos que tiene diabetes. Paulatinamente, ella fue empeorando y, hace unos cinco años, perdió una pierna. Con todos los problemas de salud que ha tenido, lógicamente yo no quiero darle más problemas."

Pensando en todos los aportes espirituales y culturales que recibió de su madre, Columba habla sobre lo que sus hijos han recibido de ella. "George, mi hijo mayor, habla bastante bien el español, pero Noelle y Jebby todavía tienen que esforzarse mucho porque lo entienden pero no lo hablan. Éstos son otros tiempos. Mi hija y yo éramos muy unidas hasta que ella cumplió los 16 años. En cambio, entre mi madre y yo nunca hubo una brecha generacional. Es decir, nos gustan las mismas películas y la misma música. Aunque parezca mentira, en realidad soy chapada a la antigua. Con las tradiciones era así, si había una celebración en la iglesia, mi madre y yo íbamos juntas y la disfrutábamos de igual manera. Las cosas que son importantes y valiosas para mi madre, también lo son para mí. Lo que he descubierto con mi hija, es que hoy por hoy la diferencia entre una generación y la otra es, desafortunadamente, enorme. Todas las diferencias que separan a padres e hijos comienzan a surgir. Ya no miramos películas juntos ni escuchamos la misma música. Pasamos cada vez menos tiempo con los hijos y así se va perdiendo la comunicación con ellos. Cuando hablan de ciertas canciones les preguntamos: '¿De qué me estás hablando? Jamás he oído eso en mi vida.' Es una pena; esto también pasa en México. Yo he conocido a muchas mujeres estadounidenses, de diversas procedencias y esto es algo que todas tenemos en común, en todas partes. Probablemente tenemos diferentes formas de expresarlo pero todas las madres que he conocido han pasado por lo mismo."

Mientras Columba sigue su camino en la vida, se da cuenta de cómo se parece a su madre. Y al igual que ella, también ha descubierto que tiene la habilidad para superar los obstáculos e incertidumbres que se le presentan en la vida. "Mi madre pasó por mucho, pero yo siento que debo agradecerle por todas esas experiencias. Ella era de las que siempre salen a flote y aún es así." ∎

Fortaleza Silenciosa

La Dra. Yvette Martas

Y SU MADRE,

Magdalena Martas

La Dra. Yvette Martas es Instructora de Obstetricia y Ginecología en la Escuela de Medicina de la Universidad de New York. En su puesto en el Centro Médico NYU, la Dra. Martas trata todos los aspectos de la vida sexual y reproductiva de las mujeres, desde aconsejar a madres adolescentes hasta ayudar a parejas mayores a tener su primer bebé. Ella es una de las pocas doctoras latinas en NYU y se interesa particularmente en aconsejar a jóvenes latinas cuyo origen cultural muchas veces influye en las decisiones que adoptan con respecto a su vida reproductiva. ■ Si bien Yvette logró triunfar a un punto que sobrepasa los sueños de su madre, ha sido el apoyo de Magdalena Martas lo que le ha dado a Yvette la posibilidad de remontar vuelo.

LA DRA. YVETTE MARTAS se crió sintiendo que era el hijo que su padre nunca tuvo. No sólo se parecía físicamente a su padre, sino que poseía la misma autodeterminación y personalidad obstinada. "Yo creía que no había heredado nada de mi madre. Nada. Pensaba que le había tocado todo en suerte a mi segunda hermana, Magda: la creatividad, la belleza y la voz de mamá. Ahora pienso que en realidad soy una combinación de ambos." Ya adulta, Yvette se da cuenta de que su padre fue su modelo profesional e intelectual, mientras que su madre siempre ha sido su gurú espiritual y su sostén.

Los padres de Yvette tenían un matrimonio muy tradicional. Magdalena era un ama de casa que dedicaba su vida a cuidar de su esposo y criar a sus tres hijas. "Pero cuando yo era joven no sabía cuáles eran los puntos fuertes de mi madre. Ella hablaba algo de inglés, pero un inglés muy aporreado. Tenía que arreglárselas para cambiar de un sistema escolar a otro, matricular a sus hijas en mejores escuelas, hablar con los maestros, todo con su pobre inglés. Yo creo que ella aceptó estos retos por la misma razón que yo hago todo: no quiero tener miedo.

"Mi madre nunca aprendió a conducir. Supongo que tiene miedo a conducir porque tal vez en algún momento mi padre la criticó. Aun sin poder guiar, ella hizo todo lo posible para llevarnos adonde tuviéramos que ir. En esas idas y venidas, yo aprendí de ella a circular por New York usando el sistema de ferrocarril. Debo de haberlo aprendido de ella, porque estoy segura de que no fue de mi padre. Recuerdo que ella me acompañó en tren a Bronx Science, la escuela secundaria a la que yo quería ir, y a muchos otros lugares en la ciudad.

"Pero una vez que mis hermanos y yo fuimos lo suficientemente independientes como para desenvolvernos solos, mi madre abdicó a todas sus funciones. Dejó de salir y andar por la ciudad sola. No lo comprendo. Sale de compras en el barrio pero no quiere lidiar con el sistema de la ciudad. Ella siempre dijo que me parezco mucho a mi padre, y con ese pretexto creo que ella consideraba que podía cuidarme sola. En muchos aspectos, yo era una niña muy obstinada. Cuando quería algo, por lo general lo conseguía.

Si bien Yvette siempre ha sido independiente, ha descubierto que en ocasiones ha tenido que depender de su madre para recibir el apoyo que nadie más puede darle. "Mi madre prodiga la clase de cuidado y amor que te ayuda a superar momentos difíciles en que sientes que ya no puedes más. Uno de los dichos que me repite es 'Grano a grano llena la gallina el buche.' Es curioso, pero nunca le pregunté adónde quería llegar en la vida. Eso es algo de lo que me arrepiento un poco. Mi madre tiene una voz hermosa y yo sé que quería ser cantante. Teniendo en cuenta cuán inteligente es mami, sé que en algún punto de su vida debe de haber deseado algo diferente." Ahora me doy cuenta de que ella postergó sus propios sueños para que sus tres hijas pudieran seguir los suyos.

El padre de Yvette significó un tipo de influencia muy distinto en su vida. "Yo le tenía mucho miedo a mi padre. Él era la ley y cuando llegaba a casa imponía su voluntad. Era la clase de hombre que si nosotras estábamos mirando dibujos animados y él quería mirar béisbol cambiábamos el canal. Teníamos un solo televisor en la casa.

"Durante la época en que nací, creo que él estaba trabajando en la industria panificadora. Comenzó trabajando para varias compañías que hacían el pan para las escuelas y otras firmas por el estilo. Ingresó al sindicato como delegado y, poco a poco, se hizo muy popular. Ya hace años que es el presidente del sindicato. Aún sale a trabajar para la unión y negocia contratos. Es una persona muy activa."

Yvette atribuye el éxito de su padre a la habilidad de su madre para alentarlo e impulsarlo calladamente. "Ella es experta en eso. Te sugiere: 'Puedes hacerlo,' sin llegar a decirlo. Si le dices: 'Quiero hacer esto,' ella facilita los medios para que lo hagas. Nunca te va a decir, 'Sí puedes.' El apoyo es silencioso, muy silencioso."

La formación de Yvette siempre fue muy importante para su madre. Aun con su limitado conocimiento del sistema educacional, Magdalena es responsable de que sus tres hijas hayan tenido la oportunidad de ir a la universidad. Yvette asistió a una escuela secundaria femenina, la *Academy of Mount St. Ursula,* con una beca total. "Yo no quería ir a esa escuela porque sólo había un puñado de muchachas puertorriqueñas, tres o cuatro afroamericanas y todas las demás eran blancas." Su madre le ayudó a comprender que ésa no era una buena razón para no acceder a una buena formación que la preparara para los estudios universitarios.

Cuando llegó la hora de completar la solicitud para la universidad, Yvette tuvo que descifrar el complicado formulario. Como no podía pedirles a sus padres que la ayudaran a decidir a qué universidad enviar solicitudes, Yvette eligió Yale. Su padre no entendía por qué ella quería ir a una universidad que quedaba a tres horas de viaje de la casa cuando había muy buenas universidades ahí mismo en el Bronx. Fue su madre quien finalmente lo convenció a que la dejara ir.

Silenciosamente, Magdalena apoyó a su hija dirigiéndola con dedicación hacia su trabajo vitalicio en la medicina. Dice Yvette, "Cuando era niña, yo siempre tuve una especie de conciencia cívica. En la escuela primaria, dibujé un afiche enorme de un tipo que estaba drogado y lo pegué en la pared del pasillo en la planta baja junto a las casillas de correo en nuestro edificio, en el complejo habitacional, para que todo el mundo pudiera ver lo que las drogas le causan a la gente.

"Para mí la medicina es una vocación. El decidirme por ella, no creo que haya sido una elección, sino que la elección ya estaba hecha. En la universidad no tomé ningún curso de ciencias porque no tenía intenciones de ir a la escuela de medicina. Después de obtener mi licenciatura en Sociología, volví a clases para tomar todos los cursos requeridos para pre-medicina mientras trabajaba a tiempo completo para la ciudad de New York. Todo esto era un poco confuso para mi madre. Ella estaba preocupada por el rumbo que yo había tomado porque le era desconocido. Ella me decía: 'Pero mi'ja ¿tanto tiempo en la universidad y ahora es que te decidiste a hacer esto?'

"Cuando yo terminé mis cursos y comencé el proceso de ingreso a la facultad de medicina, mi madre me apoyó mucho. Preparaba mi comida, me acompañaba; cosas de madre. Eso era muy importante para mí. Yo sabía que sin importar a qué hora de la noche llegara a casa, siempre había un plato de comida caliente para mí. Invariablemente, mi madre estaba esperándome, sentada a la mesa de la cocina y al verme me preguntaba cómo me había ido ese día. No podía preguntarme sobre lo que yo estaba aprendiendo, pero siempre se interesaba por cómo me había ido. Yo no necesitaba más que eso para sentirme bien. Cuando tenía que tomar exámenes difíciles, ella, como buena puertorriqueña, me decía: 'Ay, ay, ay bendito, ¿por qué tienes que volver a tomar tantos exámenes?' "

La madre de Yvette sufrió con ella todas esas arduas noches de estudio mientras su hija asistía a la escuela de medicina. "Me acompañó en todo momento —si yo tenía que levantarme temprano para ir a la biblioteca, ella se levantaba más temprano, me despertaba y ayudaba a ponerme en camino."

Aun cuando Yvette ya estaba exitosamente establecida como doctora particular, descubrió que todavía debía recurrir a la silenciosa fortaleza de su madre. Fue esta fortaleza la que ayudó a Yvette a superar el difícil período en que intentaba tener un hijo propio después de perder varios embarazos y someterse a tratamientos de fertilidad durante años.

"Me costaba mucho creer que tal vez no llegaría a vivir esa parte de ser mujer. Me preguntaba '¿qué hice en una vida anterior? ¿Habré hecho algo que de alguna manera ha determinado esto?' Llegar a pensar así a veces era muy negativo, pero era una situación difícil de llevar.

"Recuerdo una vez en que yo estaba a cargo del cuidado de una familia. La joven madre tuvo que ser ingresada al hospital pues se encontraba en trabajo de parto prematuro. Logramos que llegara a las 35 semanas y media y comenzaron las contracciones. Su madre estaba con ella todo el tiempo. Su esposo la atendía admirablemente. Iban a verla todos los días. La hermana de ella era una muchacha fantástica. No había nada que le faltara a esa mujer. Yo llegué a sentirme muy unida con ellos y ellos conmigo porque éramos latinos.

"Finalmente, una noche en que yo estaba de turno, llegó el momento oportuno para dar a luz. La llevamos a la sala donde podía hacer el trabajo de parto con tranquilidad, y lo único en que esta mujer y su marido se concentraban era en que su hijo estuviera bien. Animaban al bebé para que todo saliera perfectamente. El bebé nació y la madre de la joven se arrodilló a agradecer a Dios, luego se incorporó y besó a su hija diciendo: 'Muchas gracias por esta hermosura que nos has dado, sé que ha sido una tarea muy ardua.' Muy emocionado, el esposo lloraba; en aquella sala reinaba el júbilo. Más tarde, aunque yo estaba feliz por esa familia, me entristecí un poco porque sentí que eso era lo más cerca que yo llegaría a vivir esa experiencia.

"La maternidad es una cuestión que me llega muy hondo porque no quiero tener un jijo cuando me falten mis padres. Tener un bebé es un acontecimiento familiar y pienso que sería una gran alegría vivirlo juntos. En cierta medida me siento culpable de que mis padres no sean Abuelo y Abuelita. Pienso mucho en eso. Pero no es algo que mis padres me hayan endilgado.

"Gracias a mi madre he llegado a entender que traer bebés al mundo es un don de por sí. Que tal vez ayudar a otras mujeres a dar a luz es mi manera de experimentar el milagro del nacimiento." Yvette sonríe y agrega, "Y de paso, conservo la silueta.

"Tengo un marido que me apoya, amigos estupendos y una madre fuerte y amorosa. Me he dado cuenta de que puedo vivir una vida rica y plena, tenga un hijo o no. La apreciación espiritual de mi madre me ha enseñado que mi familia es completa." ∎

La Dr. Yvette Martas y su madre,
Madgalena Martas.

Un Monumento Vivo

Belkys Diaz

Y SU MADRE,

Carmen Diaz

Nancy Diaz había vivido en Estados Unidos durante casi tres años cuando murió junto a casi 3,000 personas en los ataques terroristas al Centro Mundial del Comercio, el 11 de septiembre de 2001. ■ La sobrevive heroicamente su hermana Belkys Diaz quien, con su madre, Carmen Diaz, ha asumido la responsabilidad de criar a la hija de Nancy, Amanda, de cinco años. Juntas, estas mujeres continúan una tradición de cuidar y proteger a sus familias, sin importarles qué vicisitudes o tragedias deban enfrentar.

UN MONUMENTO VIVO

A LAS 7 DE LA MAÑANA del martes 11 de septiembre de 2001, Nancy Diaz llegó a su trabajo en el restaurante "Windows on the World," ubicado en la torre norte del Centro Mundial del Comercio. Normalmente, Nancy no llegaba a su trabajo de ayudante de cocina hasta las 10:30, pero ese día fue más temprano porque quería tener la tarde libre para preparar su viaje a la República Dominicana. Su hija Amanda esperaba ansiosa la llegada de su madre ese viernes para festejar su cumpleaños en Santo Domingo.

Esa mañana, Nancy hubiera tenido una vista espectacular desde la ventana del restaurante en el piso 106, era un día en que la ciudad de New York parecía una postal. A las 8:45, ella estaba atendiendo el bufet de desayuno del restaurante cuando el vuelo 11 de American Airlines, con 92 personas a bordo, en ruta de Boston a Los Angeles, chocó contra la torre. Repentinamente, todo cambió para siempre.

Al igual que miles de personas, la madre de Nancy, Carmen, y su hermana, Belkys Diaz, se hallaron ante un mundo que había sido violentamente dado vuelta. Belkys no era simplemente la hermana menor de Nancy, era su mejor amiga y vivían juntas. Belkys explica: "Mi hermana y yo éramos muy unidas."

Belkys y Nancy nacieron y se criaron en la República Dominicana y compartían todo. Belkys recuerda que tuvieron una infancia muy despreocupada y que Nancy era muy dedicada a su hermana y a su madre. "Las dos éramos muy apegadas a mamá. Cuando ella vino a Estados Unidos, nunca habíamos estado separadas tanto tiempo."

Las dos hermanas se quedaron en Santo Domingo cuando su madre inmigró con su padre a Estados Unidos. Al igual que muchos inmigrantes que quieren traer a sus familias a EE. UU., la familia Diaz tuvo que observar las complicadas reglas del Servicio de Inmigración y Naturalización (INS). Como el INS requiere que los inmigrantes tengan un patrocinador que pueda demostrar que está en condiciones de mantener a la persona que desea que llegue, a menudo, las familias que quieren inmigrar se ven obligadas a venir a EE. UU. de a poco. Un miembro de la familia inmigra, luego patrocina a otro, ése a otro y así sucesivamente.

Después de que el padre de Belkys llegó a la ciudad de New York, patrocinó a su esposa, y después a su hijo. Al respecto, Belkys recuerda: "Mi hermana vino antes que yo, porque mi padre la patrocinó a ella. Después yo me pude reunir con mi familia."

Una vez que estaban todos juntos, Carmen comenzó a trabajar en una fábrica, donde hacía guantes de boxeo

Everlast. Al ver lo difícil que la vida en Estados Unidos era para su familia, Belkys admite que se sentía desilusionada. "Es diferente aquí en EE. UU. La gente cree que uno viene en busca de oportunidades, pero eso es una idea falsa. En Santo Domingo yo era libre e independiente. No me hacía falta nada. Tenía un negocio muy próspero vendiendo zapatos y bolsos puerta a puerta." Para Belkys, encontrar oportunidades en su nuevo hogar no ha sido nada fácil.

Su hermana Nancy, en cambio, estaba muy contenta con las oportunidades que se le presentaban. Para cuando su

Belkys Diaz sentada al lado de su madre, Carmen Diaz, y de su nieta, Amanda. En la fotografía de la página anterior, hay un retrato de su hermana, Nancy Diaz, colgado en la pared detrás de Belkys.

hermana llegó a New York, Nancy había conseguido trabajo en el prestigioso restaurante "Windows on the World" y ya había solicitado el ingreso a Estados Unidos de su hija de tres años, Amanda. Cuando las hermanas se enteraron de que la solicitud había sido rechazada, Nancy no se dio por vencida. Ella presentó otra solicitud y comenzó a planificar lo que iba a ser su segundo viaje a Santo Domingo, a donde iría a visitar a su hija. Amanda iba a cumplir cinco años y su madre había planeado darle una fiesta de cumpleaños inolvidable.

En esa fatídica mañana del martes, Nancy fue uno de los 38 empleados de "Windows on the World" que perdió la vida. Después de los ataques a las Torres Gemelas, el INS le concedió a Amanda una visa humanitaria y su abuelo viajó a la República Dominicana para traerla al lugar donde su madre había soñado: su nuevo hogar en Estados Unidos.

Debido a las circunstancias particulares de su inmigración, cuando se le pregunta, Amanda dice que tiene muchas "mamis." En más de un sentido, la vida de Amanda demuestra el poder y la resistencia de las madres latinas. Además de su madre verdadera, Amanda tiene madres suplentes en su tía Belkys, la tía que la crió en la República Dominicana ("Mami Maritza"), y su abuela Carmen.

Carmen ha asumido la responsabilidad de criar a su nieta con mucho gusto. Dice Belkys: "Mi madre la lleva a la escuela todas las mañanas, como hacía con Nancy y conmigo. Para ella no es un problema. No le ha costado nada adoptar el papel de madre de Amanda; ella es igual a todas las otras madres en la escuela. Si Amanda tiene que ir al doctor, es mi madre quien la lleva. Esto es lo normal para ella."

De la misma manera que las mujeres Diaz han logrado crear una sensación de normalidad para Amanda, Belkys espera crear esa misma sensación para sí misma. Al igual que su hermana, Belkys vino a Estados Unidos con la esperanza de poder patrocinar a su hijo. El tiempo que Belkys ha pasado en New York sin su hijo, quien está siendo criado por una tía en Santo Domingo, ha sido difícil. Recientemente, Belkys recibió la noticia de que la visa de su hijo no había sido aprobada. "En cierto modo no sé lo que es ser madre porque mi hijo ha sido criado por mi tía desde que tenía dos meses," dice con tristeza. Pero con la misma

perseverancia que tuvo su hermana, Belkys piensa volver a presentar la solicitud y espera ansiosa poder reunirse con su hijo. "Me imagino que ese día será algo muy especial."

Amanda tiene pocas preguntas sobre lo que le pasó a su madre el 11 de septiembre. "Ella sabe lo que sucedió pero no pregunta," dice Belkys. "Si lo hiciera, yo no tendría palabras para responderle. La verdad es que ella tiene cinco años, va a la escuela y juega. Hace terapia con una psicóloga y, a medida que vaya creciendo, se olvidará. Amanda tenía tres años cuando se vio separada de su madre, y los recuerdos que tiene de Nancy son fotografías, llamadas telefónicas y cartas. Si ella tuviera ocho años, haría muchas más preguntas."

Mientras tratan de adaptarse a vivir sin Nancy, su madre, su hermana y su hija hallan que seguir adelante es un reto, pero es un reto que encaran con esperanza y confianza. Saben que aunque una de ellas caiga, las otras estarán allí para tomar su lugar. ■

El Verdadero Hogar Está Donde
Se Tiene a los Suyos

Jaci Velásquez

Y SU MADRE,

Diana Catherine Velásquez

Jaci Velásquez, la menor de seis hermanos, es la hija de evangelistas iti-

nerantes y músicos cristianos. En 1996, el primer álbum de Jaci,

Heavenly Place salió al mercado y cautivó al mundo de la música. El

álbum, certificado en oro, originó un libro y tres discos simples que llegaron

a ser número uno en la lista de éxitos. Desde entonces, Jaci ha grabado cuatro

álbumes, incluyendo el de platino, *Llegar a ti* y se presentó en la ceremonia

presidencial inaugural de 2001. ■ La madre de Jaci, Diana Catherine

Velásquez, ha orientado la carrera de su hija paso a paso, guiándola desde sus

humildes comienzos a su actual lugar en la música celestial.

DE ALGUNA MANERA, durante toda su vida, Diana Catherine Velásquez ha preparado a su hija para una carrera musical. Desde que Jaci tenía tres años, Diana supo que su hija poseía un innato don divino para cantar y sabía que, más que una cantante, su hijita llegaría a ser una estrella. "Mi madre siempre pensó que yo iba a ser famosa," dice Jaci, "Desde que yo era pequeñita siempre decía: 'Sé que mi hija va a hacer algo por lo que va a tener que firmar autógrafos.' Cuando ella lo decía, yo contestaba, 'Nooo.' Pero desde que tenía tres años, me hacía firmar mi nombre J-A-C-I, porque decía que Jacquelyn era demasiado largo. 'Se formarán largas colas de gente pidiendo tu autógrafo así que tienes que tener un nombre corto.' Desde entonces, nunca escribo mi nombre 'Jacquelyn Velásquez,' siempre es 'Jaci.' "

Nacida en Houston, Texas, Jaci comenzó a exhibir sus dotes musicales antes de cumplir los dos años. Mientras la congregación cantaba "Our God Reigns," su padre, David Velásquez, el pastor de la iglesia, oyó algo inusual. Le hizo señas a la gente de la congregación para que guardara silencio y enseguida todos pudieron oír a Jaci cantando a viva voz en la guardería. Después de ser "descubierta" en una iglesia bautista en Houston, cuando tenía 14 años, Jaci no tardó en mudarse a Nashville, donde cerró su primer trato para un álbum.

Ser cantante no era algo que Jaci decidió hacer a conciencia sino que era una extensión natural de lo que le encantaba hacer. "Mi familia siempre estaba involucrada en todo lo que tenía que ver con la música y yo canté en la iglesia desde que tengo memoria. Nunca dije: 'Algún día quiero ser cantante.' Cuando comencé a cantar era demasiado joven para saber lo que quería ser; dio la casualidad de que tuve éxito con lo que me gustaba y seguí haciéndolo. Yo sentía que era una bendición que mi madre me entendiera y siempre me hubiera alentado.

"Mi papá era pastor, pero no éramos tradicionales ni teníamos afiliación con ninguna denominación. No lo considerábamos una religión; era más bien un estilo de vida, tratar de vivir como Jesús. Papá era el pastor, pero mamá participaba mucho en todo. Era maravillosa y se hacía cargo de muchas cosas."

Cuando Jaci tenía seis años, su padre dejó de ser pastor y comenzó a viajar por el país como evangelista, cantando y predicando la Palabra de Dios. Como sus otros hijos ya habían dejado el hogar, David viajaba con su esposa y su pequeña hija, y vivían en una casa rodante. "Mi padre dijo: 'Quiero a mi hija y a mi esposa conmigo.' Al ser la menor, yo era la única que todavía vivía en casa, de modo que fui con mis padres y a partir de ese día me educaron en casa."

Cuando Diana le dijo a su hija que se iba a divorciar de su esposo de 24 años, la noticia fue muy dolorosa para Jaci. "Eso fue una experiencia verdaderamente difícil porque cuando eres la niña de papá y la mejor amiga de mamá, no es fácil aceptarlo. Te sientes mal porque no te gusta la forma en que esta persona trata a aquella o la forma en que aquella trata a ésta, pero no quieres tomar partido.

"No tengo una relación tan estrecha con mi padre como me gustaría. Ha sido muy difícil porque siempre siento que estoy traicionando a uno o al otro y detesto sentirme así, de manera que trato de mantenerme al margen por completo.

"Mi mamá era la que traía el equilibrio al hogar. Si bien mi papá es estupendo, es mucho más conservador que mi mamá. Una vez no quería que yo me pusiera determinada falda y mi mamá dijo: 'Bueno, ¿sabes qué? le voy a añadir un encaje al borde y va a quedar bien.' Ella le añadía dos pulgadas de encaje y de inmediato mi papá decía que estaba bien. Mi mamá era la mediadora."

Si bien el divorcio nunca es fácil para los niños de cualquier edad, Jaci, entonces de 19 años, nunca dudó de su lugar en la situación. Al enterarse de la ruptura, ella tomó una decisión muy inusual. Dice Jaci: "Cuando mamá y papá se estaban divorciando, yo no quería vivir allí; así que me mudé, pero a sólo cinco minutos de la casa de mi madre, lo que casi equivale a vivir en casa." A pesar de la separación de su familia y de su ajetreado ritmo de vida debido a giras y grabaciones, Jaci ha descubierto que nunca está lejos de casa. Su verdadero hogar está donde esté su madre.

"En realidad paso más tiempo en la casa de mi madre que en la mía. Mi mamá me llama por la mañana y me dice: 'Te llamo para despertarte, levántate y ven a tomarte un café.' Así que voy todas las mañanas a tomar café con ella y como tiene todos los canales de películas, termino quedándome en su casa mirando televisión todo el día. Cuando me quedo a la noche en su casa, duermo con ella. Le digo, 'Mamá, abrázame.' "

Jaci ha dependido de Diana como madre y como amiga desde el comienzo de su carrera de cantante. Diana Catherine, en el pasado una compradora de ropa para tiendas, es mexicoamericana de New Mexico. Criada como católica, Diana se convirtió en cantante de música cristiana y se casó con el ministro evangélico y músico David Velásquez. Ambos tenían hijos de matrimonios previos.

La familia Velásquez estaba constituida por tres niños y tres niñas. Explica Jaci, "Mi papá tenía tres hijos que tuvo él solo, bueno, no él solo, sino antes de casarse con mi mamá. Mami también tenía tres hijos, y yo era una de ellos. Técnicamente, soy la única hija mujer de los dos. Soy la única hija mujer de mi madre. Y mi mamá dice sin rodeos: 'Le voy a dejar todas mis joyas a mi hija.' Pero las otras mujeres tienen sus propias madres, así que tienen madres que les van a dejar cosas."

Aunque no se haya criado con todos sus hermanos, Jaci trabaja con algunos de ellos a través de su carrera. "Mi hermano mayor trabaja para mí, haciéndose cargo de la comercialización. Tengo una compañía editorial de música con otro de mis hermanos. Ellos respetan mucho a mi madre y es curioso porque aunque no se den cuenta, ambos siempre buscan mujeres que les recuerdan a mi madre. Yo les digo: 'Dios mío, ¡eres un enfermo, hombre, eres un enfermo!' "

Si bien Jaci puede llegar a pensar que las lecciones de autógrafos de su madre eran extrañas, le demuestran que Diana siempre ha sabido instintivamente algo sobre su hija. Diana tenía una visión para su hija y nada se iba a interponer.

"Mi madre ve muchas cosas que yo no veo. Tuve un novio a los 17 años y estuvimos juntos por un año. Ambos vivíamos en Nashville, pero cuando estábamos en la mitad de nuestra relación, él se mudó a Dixon, un lugar ubicado a unos 45 minutos de Nashville. Él siempre quería que yo fuera a verlo, pero mi mamá no me dejaba. Un día le dije: 'Mamá,

oye, él me va a pasar a recoger y me va a llevar a Dixon. Me va a traer de vuelta a tiempo para cumplir con mi compromiso de las 7. Regresaré.' 'No vas,' dijo ella. 'Mamá, por favor, él ya está aquí en Nashville, es un viaje corto hasta Dixon. Regreso a las 7. Está bien,' continué yo. 'No, no vas,' insistió mi madre. '¡Pues voy de todas maneras!' dije finalmente.

Entonces mi madre dijo algo así como que iba a quedar fuera del testamento de Dios. Me dijo que no quería que yo hiciera eso, que si la desobedecía, estaba desobedeciendo a Cristo y nunca hay que desobedecerle. De más está decir que decidí no ir. De regreso a Dixon, se le desinfló una rueda al auto de mi novio. Si yo hubiera ido con él, a causa de esa rueda desinflada, no hubiera llegado a tiempo. Mi mamá sabe de estas cosas, tiene una forma especial de ver todo, un sexto sentido que a veces me asombra. Tal vez en cuanto quede embarazada yo también lo desarrollaré, pero lo dudo. Definitivamente no tengo esa percepción.

"En casa, mi madre era la que imponía la disciplina ya que mi papá casi nunca estaba porque viajaba

Jaci Velásquez y su madre, Diana Catherine Velásquez, en Nashville, Tennessee.

mucho. Si se incurría en alguna falta de respeto, sin duda había una bofetada. Hoy en día, la gente piensa que es maltrato infantil, pero en mi familia no era así. Eso siempre pasaba." Riéndose, Jaci habla sobre cómo la combinación de ser latino y religioso es como un doblete de disciplina: "Se pasa del límite. Dicen: 'Porque lo dice la Biblia.' ¡Santo Dios!

"Pero respeto a mi madre por no tolerar ninguno de nuestros descaros. Nunca lo hizo. Mamá nunca soportó nada y yo la amo y la respeto por eso. Porque si lo hubiera hecho, hubiéramos sido diferentes. Yo no quiero tener que soportar nada. Creo que hay que tener un cierto equilibrio. Mamá sabía escucharnos sin dar consejos cada vez. Muchas personas creen que cuando alguien les habla, ellos tienen que tener las palabras adecuadas para el momento y poder dar consejos, mi mamá no. A veces escucha y no dice nada y eso es lo que hace de ella una buena amiga y una buena madre. Cuando puedes hablarle a la gente sobre cualquier cosa y no siempre tienen algo para espetarte, eso es una buena amistad. Te dan consejos cuando los pides.

"Yo quiero ser el tipo de madre que mi madre es: una madre fuerte. La clase de mamá que no llora frente a sus hijos, sino que se da vuelta y se aleja después de darles unas palmadas y llora después. Yo le creía a mi madre cuando decía: 'Te voy a dar unas palmadas y me va a doler más a mí que a ti.' Yo la respeto y la quiero por eso, y yo quiero ser así. No quiero ser una de esas madres que se quedan muy plácidas y dejan que el padre lo haga todo. Si mis hijos me faltan el respeto y su papá no está, no voy a esperar a que él llegue a casa y se encargue del problema."

Diana ha sido un ejemplo para su hija no sólo en cuanto a la disciplina sino en otros aspectos. Culturalmente, ella crió a su hija como fue criada ella, como mexicoamericana. "En los años de nuestra crianza, mis hermanos y yo nos vimos presas de una época extraña." Explica Jaci, "Nos criamos en un tiempo en que ser latino en mi barrio no era popular. No estaba 'de onda' tener un apellido latino y hablar español. Mis padres nunca nos hablaron en español cuando éramos chicos porque nosotros no los dejábamos. Les decíamos: 'No quiero oír nada de eso, ¿sabes? Mis amigos me están esperando afuera en el carro. Tranquilízate, ¿entiendes?'

"Cuando tenía 18 años me despavilé y dije: 'Caramba, me estoy perdiendo lo mejor de ser una persona. Y así empecé a aprender español y no he dejado de aprender.' "

Los estudios de Jaci han dado sus frutos y ha triunfado en el mercado de habla hispana. Su álbum en español, "Mi corazón," ganó el premio *Female Pop Album of the Year* en la entrega de premios *Latin Billboard Awards*, y el premio *Dove* por ser el álbum en español del año. Ha hecho presentaciones, donde se han agotado las localidades, en la República Dominicana, Panamá, Puerto Rico y en Latinoamérica. Y con ella en cada ciudad y en cada país está Diana.

"Mi madre va a donde yo voy. Ha viajado conmigo desde hace años. Cuando yo tenía 16 años, no podía salir sola. Así que mi mamá ha viajado conmigo y ha sido quien les dijo a mis agentes, 'No voy a permitir que viaje en el autobús con un montón de gente que no conoce.' Me advirtió: 'Yo te voy a acompañar y a apoyar en todo como madre y como amiga, pero no quiero ser tu manager. No quiero controlar tu música ni tu carrera de ninguna manera ya que tienes un estupendo manager. No me necesitas a mí para eso.' Yo la respeto mucho, mamá es muy sabia por no querer dirigir mis asuntos, además ni lo intenta. No creo que yo podría lidiar con algo así.

"Eso sí, me ayuda a escoger a las personas que me representan. Mi madre tiene excelente instinto; ella es muy perspicaz en cuanto a descifrar a las personas. Se da cuenta cuando una persona no es de confianza y por eso mamá me protege. Ella entiende que yo tengo 21 años y que puedo tomar mis propias decisiones. A veces viene y me dice: 'Oye, ¿quieres hacer esto? Tu manager me sigue llamando y diciendo que es importante concretarlo, pero yo le he dicho que primero tengo que consultarlo contigo.' Ella es una especie de mediadora entre mi manager y yo, porque si tuviera que vérmelas con todo, no tendría vida privada."

Mientras Diana vela sobre su hija en las aguas plagadas de tiburones del mundo de la música, se da cuenta también de que su hija es aún una jovencita que enfrenta los mismos problemas e inquietudes de la mayoría de las jovencitas.

"Mamá se hace cargo de muchas cosas, tanto personales como del negocio.

"Confío en mi madre para todo. Ella sabe todo sobre mí, sabe con qué muchachos he salido y a cuántos he besado. Puede ser que se enoje conmigo o que se disguste, pero no me juzga. Ella es una verdadera bendición para mí." ■

Lecciones de Vida

Sharo Jimenez

Y SU MADRE,

Olga Peña

En calidad de Primera asistente de investigación para la serie *Dora the Explorer* de Nickelodeon, Sharo Jimenez está muy consciente de la importancia de las imágenes tanto en los medios de comunicación como en su vida personal. El trabajo de Sharo consiste en entrevistar a los niños para conocer su opinión acerca del programa, actividad que le brinda la posibilidad de reflexionar sobre su experiencia vital en la formación de su propia imagen. ■ A pesar de todos los mensajes contradictorios que Sharo ha recibido sobre su imagen personal, con los que ha tenido que lidiar durante toda su vida, ella ha descubierto que es su madre, Olga Peña, quien continúa mostrándole el ejemplo a seguir más poderoso: su propia vida.

Cuando Sharo Jimenez era una niña, las cenas familiares constituían el centro de su universo. Era allí que Sharo encontraba amor, donde se reunía con su madre, su abuela, sus tías y primas para preparar y compartir la cena. Aunque Sharo nació y se crió en Providence, Rhode Island, todos los domingos los pasaba en el barrio Washington Heights, en la ciudad de New York. Al respecto, Sharo explica: "Los domingos, nos reuníamos todos en la casa de mi abuela. Mi abuela tenía 13 hijos, diez de ellos vivían en Estados Unidos y el resto en la República Dominicana. Como podíamos nos apiñábamos en ese pequeño apartamento." Su abuela, Abuela Mamona, organizaba a las mujeres, dándoles instrucciones precisas a sus hijas. A su vez, la madre de Sharo, Olga, les daba las órdenes correspondientes a sus hijas. Sharo pelaba los ajos mientras que las otras hacían el sofrito para el arroz y las habichuelas. Como fondo, se escuchaba el chismorreo de las mujeres. El arroz y las habichuelas que hacían siempre quedaban perfectos.

"Me encantaban esas cenas dominicales," recuerda Sharo. "Me encantaba comer." Sharo explica que si bien la comida era deliciosa, no necesariamente era balanceada o baja en calorías. "Mi mamá solía preparar lasagna con arroz y habichuelas y una ensalada. Te servía unas porciones enormes porque al igual que muchos padres latinos, no sabía mucho sobre el control de las porciones. A veces los niños, sentados a la mesa, decían: 'Yo no quiero más' y los mayores decían: 'Que coma. Te tienes que comer el plato entero.' Si terminabas toda la comida quedaban todos felices." Éste es el clásico ejemplo de criar a un niño en un ambiente en que la comida equivale al amor.

Venir de una familia en la que la comida equivale al amor tiene sus problemas. "Me crié tratando de controlar mi peso, así que no puedo ir a casa y comer arroz con habichuelas. Y si lo hago, más vale que sea una porción pequeña." Al mismo tiempo que se espera que las latinas cocinen y coman, también se espera que se mantengan delgadas.

"La meta de mi abuela era verme delgada y, a su tiempo, casada. Ella me decía: 'Sharo, me voy a morir y no voy a llegar a verte delgada.' Recuerdo haber aumentado 20 libras en un verano en Providence porque sabía que iba a ir a la República Dominicana a visitar a la familia. En ese entonces, en la República Dominicana no había McDonald's ni otro tipo de comida americanizada. Así que me dije: 'Voy a acumular reservas todo lo que pueda porque allá no tienen nada de esto. Ni bien llegué a la República Dominicana lo primero que mi abuela hizo fue llevarme a un nutricionista. La oficina de este doctor era de lo más degradante. Había imágenes de personas gordas desnudas pegadas en las paredes para que uno viera como podría llegar a lucir si seguía comiendo. Me pusieron en una dieta de hambruna. Mi abuela gastaba dinero a diestra y siniestra con tal de verme delgada."

Si bien el peso era una inquietud para la abuela de Sharo, ella recibía un mensaje completamente diferente y contradictorio de su madre. "Cuando me vio empezar a perder peso, me decía: 'Estás un poco amarilla, quizá tengas anemia,' y 'Espero que no estés pasando hambre.' Mi madre quería que yo fuera feliz, sabía que yo era gorda y todo el mundo en la familia se empecinaba en hacérselo notar, pero ella nunca hizo aspavientos.

"Yo tenía una prima que siempre le decía a mi madre que yo era gorda porque ella no sabía cómo cuidarme. Ahora ella tiene una hija que está un poquito pasada de peso y no le gusta que la gente se lo haga notar. Me gustaría decirle, 'Piensa en todo lo que yo sufrí cuando tú le decías a mi madre delante de mí que ella era culpable de que yo fuera gorda.'

"Fui delgada hasta que cumplí nueve años, pero cuando llegué a nueve años y medio o diez, exploté. Cuando veo las fotos, pienso: '¿Es ésta la misma persona?' Un poco lo atribuyo a que mi hermano estaba creciendo y comía más y yo siempre estaba con él. Así que mientras que él se comía sus dos sándwiches de huevos revueltos y ketchup, allí estaba yo a su lado comiendo a la par. El problema es que como él era mayor, iba a jugar afuera a la pelota y siempre era muy activo mientras que yo me quedaba adentro, jugando con las muñecas."

Todos los años, en Pascua, la familia Jimenez se reunía después de ir a la iglesia para tomar una fotografía de los nietos en sus nuevos atuendos de Pascua. Sharo recuerda una Pascua en particular en que ella se opuso a salir en la foto.

"No me sentía bonita y mi ropa me hacía parecer una vieja," recuerda Sharo. Nunca lucí como lucen las niñas al arreglarse porque no había ropa para niñas en mi talle.

Recuerdo que durante esa Pascua mi hermana y mis dos primas tenían unos vestidos preciosos. Yo tenía diez u once años y llevaba un vestido de persona mayor. Sentía que mi cabello estaba encrespado y feo y el cabello de ellas se veía lacio y bonito. Mis tíos dijeron: '¡Vamos niñitas, juntémonos para la foto!,' y todos se sentaron en un sofá. Yo me di un último vistazo y lo único que atiné a hacer fue salir corriendo hacia el cuarto de mi tío. Me encerré allí por el resto del día y lloré. Entristecida, le preguntaba a Dios, '¿Por qué; por qué no puedo ser bonita?' Todas ellas tenían la piel más blanca y el cabello lindo y yo me miraba y sentía que era la única oscura en el grupo. Recuerdo haber preguntado: 'Dios, ¿por qué tiene que ser así?' "

Sharo ha pasado mucho tiempo tratando de comprender por qué se sentía así y qué papel jugó su madre en ayudarla a entender sus sentimientos, o si siquiera lo intentó. "Yo nunca pensé que era bonita y nadie en mi familia jamás me hizo sentir como que lo era. Yo siempre era la buena. Me decían cosas como: 'Tan buena que es ella,' pero nunca: '¡Qué linda te ves!' o '¡Qué linda eres!.' Mi hermana era la linda; ella era la que recibía los cumplidos.

"Me aterraba ir a las reuniones familiares pues sabía que la gente iba a hablar de mí porque todavía era gorda o porque había aumentado de peso. Yo soy el tipo de persona a quien le encanta estar en familia, me gusta verlos y estrechar vínculos. Pero una vez me pregunté: '¿Vale la pena que acabe yéndome de la fiesta llorando porque me dicen algo inapropiado y me intimidan?' No quería oírlos hablar de mi peso. Hace mucho tiempo que no voy a la República Dominicana por esa razón."

La familia siempre ha sido importante para Olga, la madre de Sharo. Ella nació en una pequeña aldea en la campiña, en las afueras de Moca, en la República Dominicana. Se crió en una comunidad asentada en lo alto de una colina verde y frondosa con vista a un hermoso paisaje. Olga era feliz en su hogar y fue allí en la aldea que conoció a su futuro esposo. La pareja se casó, y con el tiempo, llegaron a convencerse de que debían marcharse de la República Dominicana rumbo a las praderas, supuestamente más verdes, de Providence. Fue allí donde criaron a sus cinco hijos. Olga siempre le ha inculcado a su hija un sentimiento de orgullo por ser dominicana. Este sentido de la cultura se expresa a través del idioma y la conexión con la tierra de la isla caribeña.

Las cenas dominicales fueron también un campo propicio para el aprendizaje de los papeles femeninos y masculinos en la familia de Sharo. Ella recuerda haber advertido la diferencia entre el comportamiento de los hombres y el de las mujeres. "Las esposas de mis tíos se desvivían por complacerlos. Los hombres jugaban a las cartas y al dominó y las mujeres jugaban al bingo, cuidaban a los niños y cocinaban de todo un poco. Los hombres reposaban, escuchaban su música, contaban sus historias y jugaban divertidos y las mujeres subían dos pisos para llevarles la comida antes de empezar a hacer nada. Ellas interrumpían lo que estuvieran haciendo para servirles la comida a los hombres. Cuando Sharo señaló la injusticia de las expectativas para las mujeres, su prima le dijo: 'Sharo, ¿no te das cuenta de que así es como se sienten valoradas? Les gusta hacer eso, sienten que están cuidando a sus esposos.' Pero Sharo dejó en claro que no podía hacerlo.

Aunque Olga dejó la escuela después del octavo grado, para ella era muy importante que su hija fuera a la universidad. "Cuando nos estábamos criando, todos sabíamos que íbamos a ir a la universidad. No sabíamos cómo llegaríamos, o cómo íbamos a pagar para ir, pero definitivamente íbamos a hacerlo.

"Mi madre siempre estaba orgullosa de mí. Cuando tuvimos un ensayo para la ceremonia de graduación de la secundaria, y, aunque no era el verdadero día de la ceremonia, ella se apareció con flores y arremetió puerta adentro. Se veía tan feliz. Yo le dije: 'Mamá, ¿qué estás haciendo? Esto es sólo un ensayo.' Y ella me contestó: 'Ya sé, pero lo lograste, aunque apenas faltan dos días, no podía esperar.' Estaba muy emocionada. Cualquier cosa que yo lograra era muy importante para ella; era como si fuesen sus propios logros porque ella nunca los tuvo.

"Mis padres estaban muy interesados en la educación. Era muy importante para ellos que llegásemos a ser alguien. Mi mamá siempre quiso que los cinco triunfáramos en la vida. Ha sido una de sus metas; ella siempre nos decía: 'Lo que yo no tuve, quiero que lo tengan ustedes. Quiero que puedan proveer lo necesario para sus hijos. No quiero que sus hijos tengan que luchar como yo lo hice.' "

Cuando Sharo entró en la

universidad, se mudó de la casa de su madre a un dormitorio universitario. Como el campus estaba a tan sólo 15 minutos de la casa, para Sharo no fue un paso muy grande hacia la independencia. "A pesar de que en auto se podía recorrer la distancia en unos minutos, a mi madre le costaba mucho aceptar que yo vivía separada del hogar. Hubo noches en que me llamaba y me preguntaba: '¿Te están dando de comer?' Después se aparecía con arroz y habichuelas."

A causa de haberse divorciado de su marido, Olga no sólo ha tenido que aprender a ser autosuficiente, sino que le ha enseñado esta importante lección a su hija. "Mi madre era muy frugal y tenía que serlo. No siempre había dinero para un par de zapatillas de marca, pero siempre nos dio lo que necesitábamos. Nunca nos faltó comida ni ropa. No habremos tenido lo que queríamos, pero teníamos lo que necesitábamos.

"Hubo un lapso de tiempo en que debimos recurrir al departamento de bienestar social, y sentí un gran alivio cuando ya no lo necesitamos. Mamá pudo conseguir un trabajo, pero era uno de esos trabajos intimidantes. Recuerdo que una vez yo conseguí un trabajo de verano con ella en una fábrica o algo así. Y el tipo, sí, era blanco, trataba a todos los empleados muy mal. Les hablaba con menosprecio y yo pensaba: '¿Cómo pueden soportarlo?' Ese mismo día renuncié. Le pregunté a mi madre cómo toleraba que él le hablara tan bajo y ella me dijo que tenía que hacerlo por el seguro médico. Finalmente logró zafarse cuando consiguió un trabajo como ama de llaves, en el que continúa hasta hoy. Logró liberarse del sistema y proveer el sustento para su familia."

De algún modo, con el escaso salario que ganaba, la madre de Sharo la ayudaba cuando estaba en la universidad. "Yo estaba muy contenta con que me pudiera ayudar mientras estudiaba porque esos libros eran carísimos. Ella me podía decir: 'Aquí tienes parte de mi paga para que te compres ese libro.' "

No todas las lecciones que Olga le enseñó a su hija fueron intencionales. Cuando se trataba del amor y las relaciones,

Sharo sacó sus propias conclusiones basada en sus observaciones de la relación de sus padres y su posterior ruptura. "Hay amor entre mi madre y sus hijos, pero no creo que haya habido amor entre mis padres. Cuando se separaron, intenté mirar hacia atrás para identificar cuándo fue que dejaron de amarse, pero llegué a la conclusión de que nunca habían estado enamorados. Creo que cuando estaban de novios, era esperable que se casaran; ellos se casaron, empezaron a tener hijos y punto.

"Una vez, en un día de San Valentín, cuando yo tendría unos diez años, vi a mi padre darle una caja de chocolates y flores a mi madre. Ésa era la primera vez que recuerdo que le haya dado algo para el día de San Valentín. Mi madre guardó esa caja en forma de corazón por años y eso fue muy significativo para mí. En ese entonces yo pensaba que había amor entre ellos, porque él había llegado a casa con chocolates y flores para mi madre. Ella siempre le hacía pequeños regalos para su cumpleaños, pero no recuerdo que él le haya regalado nada hasta esa vez. Cuando estaban en algún evento social se abrazaban, pero en general no exteriorizaban su afecto en público."

A pesar del divorcio de Olga, Sharo ve que, después del rompimiento, su madre emerge hacia una nueva vida, como una mujer diferente y más fuerte. "Su gran logro después del divorcio fue sacar la licencia de conducir. Significó mucho para ella. Después de todos esos años de llevar a cinco niños en autobús a todas partes, decidió aprender a guiar y lo logró. Se volvió mucho más independiente y sociable y decidió hacer cosas para superarse."

Conseguir la licencia de conducir no fue lo único que Olga hizo para superarse. También se convirtió en ciudadana estadounidense. "Yo vi a esa mujer, que no hablaba inglés, sentada junto a la lámpara estudiando todas las noches para ser ciudadana estadounidense. Sus maestros la apoyaban mucho y la trataban muy bien. Yo entraba al lugar donde impartían la clase y ella se mostraba muy orgullosa de mí al decir: 'Ésta es mi hija.' Ellos destacaban: 'Oh, tu madre nos habla mucho de ti, ella es maravillosa.' Me sentía muy orgullosa de mami y muy feliz porque los maestros la apreciaban tanto."

A pesar de todo lo que Sharo ha tenido que pasar en su vida, está comenzando a dejar atrás muchos de los problemas que obstaculizaron su camino cuando era una niña.

"Todavía no he llegado adonde quiero llegar; a veces todavía me veo como la gorda Sharo. Pero sé que he llegado lejos y recorro con más soltura el camino. Estoy orgullosa de mí misma y camino con la cabeza en alto." Sharo considera que su madre es su ejemplo de vida. "Se necesita mucho ingenio para poder criar a cinco hijos, ganando menos dinero que lo que yo gano ahora. Hasta el día de hoy, si la llamara y le dijera que necesito algo, ella me ayudaría. Ojalá alguien le hubiera dicho: 'Te lo mereces, eres lista, puedes hacer lo que te propongas.' Ella hubiera llegado muy lejos, pero que haya logrado criarnos como lo hizo y que nosotros seamos como somos es una historia triunfal. La historia triunfal de mi madre somos nosotros: sus hijos." ■

Sharo Jimenez recostada en las piernas de su madre, Olga Peña, en Central Park New York.

Nunca Andarás Sola

Elizabeth Velez-Velasco

Y SU MADRE,

Anna Elba Rosario

Elizabeth Velez-Velasco nació y se crió en el Lower East Side de la ciudad de New York, en el seno de una numerosa familia constituida por hermanos, hermanas, padres, tíos, tías y abuelos. Si bien parecía ser que su familia le imponía demasiadas responsabilidades y expectativas cuando ella era joven, es la misma familia en la que hoy puede apoyarse mientras brega contra el virus del SIDA. Elizabeth lucha no sólo por su propia salud, sino por la salud de otros, ya que se ha dedicado activamente a difundir información sobre el SIDA en las escuelas además de haber asistido a la demostración del acolchado del SIDA en Washington, D.C. ■ Defensora a ultranza de su hija, Anna Elba Rosario brinda su apoyo inquebrantable e incondicional a Elizabeth. Para Anna, luchar no es nada nuevo, ella se ha unido a su hija a fin de enfrentar juntas lo que el futuro depara para su familia.

EN MUCHOS ASPECTOS Elizabeth es semejante a su madre. Al igual que su mamá, ella se enamoró de un hombre dieciocho años mayor. "El amor te deja sorda, muda, ciega y estúpida," dice. "Lo conocí cuando sólo tenía 16 años. A decir verdad, no me gustaba mucho, porque él era muy persistente, pero seguí saliendo con él. Cuando yo tenía 18 años, casi que vivíamos juntos y a los 20 tuve a mi primer hijo." La madre de Elizabeth, Anna Elba Rosario, no estaba muy contenta con el esposo que su hija había elegido porque él era muy viejo para ella.

"'¡Ay, Dios mío!' fue lo primero que me dijo cuando le comuniqué que me iba a ir a vivir con él." Elizabeth describe a su madre como una "mujercita belicosa a quien no le importa qué edad tengas, si tiene que darte una buena pela, te la da." Anna arremetió y llevó al novio de su hija a otra habitación para hablarle. Al respecto, dice Elizabeth: "Recuerdo que salió pálido, creo que ella lo amenazó. Después se sentó conmigo y me habló con mucha seriedad. Me dijo que estaba de acuerdo con que yo estuviera con él pero, 'No dejes que ningún hombre te golpee jamás. Tu padre nunca te golpeó, así que nadie te golpea. Si lo hace, nos dices.' Ella era muy protectora, de verdad. Es muy bravucona."

Además de fuerte, Elizabeth describe a su madre como una mujer a quien le agrada ser femenina y arreglarse. "Luce muy joven y siempre se viste bien. Ella se pone de punta en blanco: las uñas, el cabello y el maquillaje. Además se le ha dado por los tatuajes cosméticos: las cejas, el delineador, la sombra y el lapiz de labios son todos tatuajes. Cuando se levanta no necesita maquillaje; ya luce bien. Se ve mejor que yo.

"También tiene tres lágrimas tatuadas en la cara. Le dije: 'Mamá, eso significa que mataste a tres personas' y ella exclama: ¡Ay, Dios mío!' porque no tenía ni la menor idea de que eso es algo que los pandilleros hacen. ¿En qué estaba pensando? Su única pandilla somos nosotros."

Cuando llegó la hora de que Elizabeth se mudara a su propio apartamento, Anna insistió en que su hija mayor estuviera cerca. "Es más, mi primer apartamento estaba pegado al de ella; mamá me lo consiguió," recuerda Elizabeth. "Cuando yo tuve a mi primer hijo, Víctor, si él estaba con cólico o si me tenía enloquecida y yo lo quería tirar por la ventana o algo así, yo golpeaba en la pared y ella venía enseguida a buscarlo para que yo pudiera dormir. Ella era bien buena. Es más, ella estuvo presente el día que Víctor nació. Cuando yo estaba lista para que me llevara al hospital, le dije: 'Mamá, tengo contracciones.' Sus zapatos estaban ahí nomás, pero ella no los podía encontrar. Entonces le dije: 'Ya vengo,' agarré mi bolso y llegué al hospital Beth Israel sola.

"Cuando por fin encontró sus zapatos, llegó al hospital y ahí se quedó. Cuando tuve a mi hijo, fue la primera vez que vi llorar a mi madre desde la muerte de mi abuela. Le dije: 'Mamá, siento mucho toda la pena que te causé de niña.' Ella se puso a llorar y yo recuerdo que me dijo que les iba a pagar para que me drogaran porque no soportaba verme llorar por tanto dolor. Yo le contesté: 'No te preocupes, es algo por lo que todas tenemos que pasar.' "

Anna Elba Rosario nació en Puerto Rico y se mudó a Estados Unidos cuando tenía tan sólo ocho años. Era la menor de siete hijos, y sus padres la enviaron porque pensaron que la niña tendría una vida mejor con sus hermanos en Estados Unidos que con ellos en Puerto Rico. Después de vivir unos años en Chicago con una hermana, Anna se fue a vivir con otra hermana a New York.

Anna se quedó con su hermana hasta que se casó. Elizabeth explica al respecto: "Mi papá era un hombre mayor y al ver a mi madre pensó: 'Oh, ésta tiene que ser.' Aparentemente, mi mamá era muy, muy delgada. Tenía cabello largo y era una bomba. Ella le mintió, le dijo que tenía 18 años cuando en realidad tenía 16 y mi padre tenía casi treinta. Creo que ella pensó que estaría mejor con mi padre que viviendo con su hermana."

La decisión de Anna de casarse con un hombre mucho mayor, estableció un modelo que su hija habría de seguir. De la misma manera que Anna no estaba de acuerdo con el matrimonio de Elizabeth, la familia de Anna no se mostró conforme con su decisión, pero ella estaba enamorada y resuelta. "Cuando yo era joven, mi abuela no ocultaba que mi padre no le gustaba para nada, pero mi madre sentenció: 'Lo quiero.' El amor es sordo, mudo, ciego y estúpido."

Elizabeth descubrió que en su vida pagaría caro haber hecho caso omiso de las palabras de su abuela. Cuando su esposo no apareció en el hospital para el nacimiento de su hijo, Elizabeth no le dio importancia al hecho e insistió en que

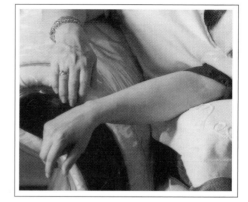

sólo se trataba de que se estaban distanciando. "Porque si bien yo me iba volviendo mayor, los años también pasaban para él."

La creciente brecha en su relación pronto fue insalvable. A principios de agosto de 1992, a él lo diagnosticaron con SIDA.

"Uno de mis hermanos consumía drogas de vez en cuando y contrajo el SIDA. Antes de morir, su esposa, mi mamá y yo nos turnábamos para ir al hospital a acompañarlo y aprendí mucho. Yo lo bañaba y lo cuidaba, por eso cuando mi esposo enfermó noté algunas cosas. Él tenía características y síntomas muy similares a los de mi hermano.

"Entonces lo llevé al hospital VA. El doctor fue muy amable y preguntó: '¿Quieres que tu esposo se haga la prueba del SIDA?' y yo respondí que sí. Algo me dijo que lo hiciera. Es como que lo sabes y a la misma vez, no lo admites.

"Lo ingresaron al hospital. Él no

quería ir porque era muy testarudo, pero estaba realmente enfermo. Fue entonces que le hicieron la prueba. Los resultados llegaron dos semanas más tarde.

"Una noche que fui a visitar a mi esposo, me topé con su doctor quien me preguntó: '¿Hablaste con tu esposo?.' Yo le pregunté: '¿Por qué? Todavía no he ido a su sala,' y él dijo: 'Bueno, te voy a dar un rato para que hables con tu esposo. Después tengo que hablar contigo.' " La espera se le hizo una eternidad a Elizabeth. "Cuando por fin veo a mi marido, él no dice nada, lo único que hace es llorar. Entonces, voy donde el doctor otra vez y él me dice que mi marido tiene SIDA y que yo también debo hacerme la prueba.

"La primera persona a quien acudí fue a mi padre y él me dijo: 'Oh, tú no lo tienes.' Pero mi mamá dijo: 'Hazte la

prueba y verás que todo va a salir bien.' Elizabeth tiene una imagen muy borrosa del tiempo en que se enteró de que su esposo tenía SIDA. Recuerda haberse hecho la prueba y haber pensado que tenía que hacer que sus dos hijas menores se la hicieran también. "Ellas necesitaban hacerse la prueba porque habían sido las últimas en venir al mundo. Dos semanas más tarde, cuando llegaron los resultados fui a ver al doctor. 'Tengo buenas noticias y malas noticias,' me informó él. 'Muy bien, deme las malas noticias primero,' dije yo. '¿No quieres las buenas noticias?' preguntó. 'Deme las malas noticias,' repetí. 'Lo siento, pero tienes el virus VIH,' me dijo. Yo le pregunté por las niñas. 'La buena noticia es que las niñas no lo tienen,' respondió.

"Y eso fue todo lo que alcancé a oír porque me arrodillé y dije: 'Gracias Señor mío. Eres misericordioso porque has salvado a mis hijas.' Lo único que pensaba era que con respecto a mí no importaba porque yo hallaría la forma de arreglármelas, pero nadie quiere que sus hijos estén enfermos."

Según un informe elaborado en el 2000 por el Centro para el Control y la Prevención de Enfermedades (CDC), en el año 1986, las latinas representaban el 20% de los casos de SIDA en las mujeres. Para 1995, las latinas tenían

Elizabeth Velez-Velasco recostada en las piernas de su madre, Anna Elba Rosario.

siete veces más probabilidades de contraer el virus VIH que las mujeres blancas. Un informe de 1999 del CDC indica que aunque las latinas y las afroamericanas constituyen menos del 25% de la población femenina total de Estados Unidos, representan el 77% de los casos de SIDA a la fecha.

El mismo informe indica que la mayoría de las mujeres generalmente contrae el virus VIH mediante relaciones sexuales con un hombre infectado, por lo general durante el consumo de drogas intravenosas.

"Cuando yo me enteré de que estaba enferma, no pude ver a mi marido por dos semanas, porque quería lastimarlo. Quería lastimarlo con toda el alma, pero después empecé a ver a un terapista y él me ayudó a comprender. Tuve que sentarme y explicarle a la familia y a los niños lo que estaba pasando. Pensaron que me iba a morir en el correr de una semana o algo así, de modo que lo tomaron muy mal pues en ese momento mis hijos eran niños. Ahora mi hijo me dice: 'No te estás muriendo, no te vas a morir, nos vas a mortificar para siempre.'

"Mi mamá no lo tomó bien. Yo me sentí muy mal porque ella maldijo a Dios, cosa que no está bien porque Él no tenía nada que ver con esto. Mi madre se disgustó mucho; pensaba en todo lo que podía hacer para vengarse, como contratar a alguien para que matara a mi marido o algo por el estilo. Yo le dije: 'Mamá, voy a estar bien.' Cuando murió mi hermano, la única medicina que había era AZT, pero ahora hay muchos medicamentos más. Yo siempre me mantuve al tanto de las medicinas nuevas y todavía estoy aquí; bendito sea Dios. Yo tengo una especie de acuerdo con Dios. Siempre digo que tengo un acuerdo con Dios. Él me puede llevar ahora si quiere, ya estoy lista, no hay problema. Pero Él sabe que me haría muy feliz marcharme tan pronto como mi hija menor, Olivia, tenga 18 años y esté en la universidad. Entonces todo estará bien. Podré decirle: 'Ya voy.' "

Cuando se trata de sus hijos y el hecho de que tienen que lidiar con su enfermedad, Elizabeth trata continuamente de resaltar lo positivo. Sirviéndose de su vida como ejemplo, Elizabeth y sus hijas participan en seminarios para la educación sobre el SIDA y tratan de difundir información sobre los devastadores efectos que el SIDA tiene particularmente en la comunidad latina. Pero lo más importante es que Elizabeth quiere que sus hijas vivan y aprecien el presente. "Quiero que mis hijas sean reales, que no vivan en el pasado. Quiero que aprendan a valorar cada día. Cada día es un nuevo día, hay que concentrarse en lo que hay que hacer hoy y esperar el mañana, bueno, malo o indiferente."

Naturalmente, la noticia de su condición ha afectado su relación con todo el mundo, especialmente con su madre. "Tratamos de pasar mucho tiempo juntas. La veo por lo menos una vez por semana y nos llamamos por teléfono a menudo. Si no nos comunicamos se pone paranoica.

"Yo le digo que cuando me muera, quiero que haya una gran fiesta, porque siempre en el día de Acción de Gracias, en Navidad, en cada día festivo, yo doy grandes fiestas para la familia. Eso es lo que me hace más famosa en mi familia: cómo horneo y cómo cocino. Por eso quiero que mi familia haga una celebración, que toquen salsa y se diviertan. Después de todo, es sólo mi cuerpo que se va; mi espíritu seguirá viviendo. Yo pienso que no es más que otro paso. Quiero que esparzan mis cenizas en el Caribe porque necesito broncearme un poco." ∎

Risas y Lágrimas

Janice García

Y SU MADRE,

Nelly Awilda García Sainz

Nacida en Santurce, Puerto Rico, Janice García se crió en las bases militares del sur y del suroeste de Estados Unidos. Como comediante, ella ha causado gran revuelo en su papel de anunciadora en *It's Showtime at the Apollo*, la popular serie de difusión nacional. Janice ha actuado además en el programa *The Chris Rock Show* de HBO, y tiene un show, del cual es la única protagonista, llamado *15 Minutes de Fem.* ■ La madre de Janice, Nelly Awilda García Sainz, es también una artista por derecho propio. Nelly, una ex bailarina exótica, le transmitió a su hija su amor por las luces de candilejas. Con una saludable dosis de humor, ambas mujeres han aprendido juntas a sobrellevar los momentos difíciles de sus tumultuosas vidas.

Cuando la comediante Janice García sube al escenario a presentar su acto de comedia, el personaje que más le gusta representar es su madre. Riéndose, Janice dice: "Yo imito a mi madre, con todos sus ademanes. Me sorprende que la gente se ría. A veces me pregunto de qué se ríen, pero como la comedia se trata de identificarse con la gente, si ellos se ríen, es porque se identifican."

Cuando Janice escribe el material para sus actos en vivo, la comedia se inspira en sucesos y personas que de alguna manera tienen un impacto importante en su vida. Por ello es tan significativo que su tema favorito sea su madre. "Uso las conversaciones reales que tengo con ella; actualmente, estoy trabajando en un acto en el que ella está obsesionada con perder peso por lo que prueba unas cintas de meditación. Yo le pregunto: '¿Cuánto pagaste por esto?' y ella me dice: 'No te voy a decir, por favor, no me molestes, son mis cintas. Yo pagué por ellas, ya sabes. Es mi dinero.'"

Uno de los primeros recuerdos que Janice tiene de su madre es el de un bizcocho de cumpleaños, en forma de piscina, que ella le hizo cuando cumplió cuatro años. Janice recuerda: "Para hacer la hierba, usó coco rallado teñido de color verde. En medio de la hierba había colocado una piscina con agua y peces dorados de verdad. Cuando ella estaba pasando los peces de la bolsa al bizcocho, uno de los peces cayó en el lavadero y yo lloré. Trató de consolarme, pero lo único que recuerdo es el pez cayendo en el lavadero."

Un recuerdo que Janice no puede quitarse de la mente es el que se remonta al día en que su abuela le dijo que había nacido sin que sus padres estuvieran casados. Janice dice al respecto: "Mi abuela me preguntó si yo nunca había pensado por qué mis padres no tenían fotos de casamiento. Yo era una niña, así que le dije que no sabía; entonces me contestó: 'Porque tus padres te tuvieron sin casarse y eso es un pecado.' Te juro, por muchos años tuve que oír esto."

Posteriormente, Janice oyó la historia de cómo sus padres se conocieron en la universidad en Puerto Rico. Faltándole dos años para graduarse, su madre, Nelly, descubrió que estaba embarazada y eso cambió a la familia para siempre. La madre de Nelly insistió en que su hija terminara los estudios y se ofreció a criar a su nieta durante esos dos años.

"Prácticamente me crió mi abuela," recuerda Janice. "Fue como que se apoderó de mí. Ella era muy posesiva porque no me dejaba ir con la madre de mi padre, quería que yo estuviera solamente con ella. Recuerdo que me dijo: 'Yo soy tu abuela, yo soy mami. Ésa es Mercedes.' Hasta el día de hoy a la madre de mi padre la llamo por su nombre, Mercedes. No la llamo mami ni abuela y eso es por la actitud de la madre de mi madre. A mi madre le decía mamá.

"Yo siento que uno absorbe cosas en su niñez, que ésos son los años en que somos impresionables. Sé que tengo muchas fobias y la culpabilidad católica. Eso está en mí y siento que fue mi abuela quien lo puso allí.

"Mi abuela es una mujer poderosa e intimidante. Creo que todo el mundo o le tenía miedo o sencillamente no querían lidiar con ella. Por eso ella ha hecho que todo el mundo se aleje de su lado. Mi abuelo murió y ella ahora está sola en Puerto Rico. Mi madre trata de hacerse de valor para llamarla, pero sólo de pensarlo le da urticaria."

La abuela de Janice, al igual que su nieta, nació de madre soltera. Dice Janice: "Mi abuela no habla de eso. Yo quiero hacer un árbol genealógico. Quiero ir hacia atrás, porque mi abuela no tuvo un padre, jamás lo conoció. Mi mamá dice que él era un marinero negro de tez muy oscura. Es una historia muy rara; tenemos una mezcla ahí, que no sé, no sé; y yo siempre quise saber, pero es muy frustrante porque a mi abuela le da vergüenza todo eso. Todavía está avergonzada porque se burlaban de ella cuando era una niña y la criaba su madre."

Con el tiempo, se casó, comenzó una carrera de maestra y tuvo cuatro hijos, incluyendo a Nelly. Cuando le pareció que su hija Nelly iba a cometer el mismo error que su madre había cometido, la abuela de Janice se impuso con todo el peso del catolicismo y la tradición puertorriqueña detrás de ella. Dice Janice: "Mi madre y su madre nunca se han reconciliado porque ella me tuvo antes de casarse. Era un pecado y mi abuela era como el temor de Dios, muy católica. Fue algo muy traumatizante y todavía, después de todos estos años, están tratando de llegar a una resolución."

Después de su nacimiento, sus padres se casaron bajo la mirada vigilante e intensa presión de la abuela

Nelly García y su hija, Janice García, en Los Ángeles, California.

de Janice. Al respecto, dice Janice: "Siento que no sé toda la historia, y entonces hago todas estas suposiciones de que los obligaron a casarse. Vas a traer un hijo al mundo y tienes que estar casado porque así lo hacen los católicos."

Cuando sus padres terminaron sus estudios en Puerto Rico, Nelly retiró a la niña del cuidado de su abuela y se marchó a Kentucky. "Mis padres estaban en el ROTC de la universidad. Así se conocieron." Recuerda Janice: "Cuando mi padre se graduó, él ingresó en el ejército en calidad de oficial y fue a la escuela para pilotos. Ésa era la primera vez que me tenían ellos solos. Me dijeron que estaban nerviosos porque yo siempre había estado con mi abuela."

La familia García viajó por el suroeste, desde Kentucky a Texas y a Alabama donde nació la hermana de Janice cuando ella tenía cuatro años. La familia siguió viajando, pasando tiempo en bases militares en North Carolina y en Puerto Rico. Cuando el padre de Janice fue enviado al extranjero, a bases en Corea y Alemania, Nelly decidió mantener a su familia en Estados Unidos.

Janice recuerda esos tiempos difíciles. "Para cuando mi padre fue asignado a Alemania, mis padres tenían problemas. Finalmente, mi madre se mudó a un complejo de apartamentos a cinco minutos de la casa y nosotros nos quedamos con mi padre. Yo todavía la veía, pero era muy raro. Ella no vivía con nosotros."

Janice tiene sentimientos conflictivos sobre la separación de sus padres y en particular sobre su madre. "Creo que extrañaba a mi madre. Siento que no he tenido una muy buena relación con mis padres en los años en que me estaba criando. Me sentía sola muy a menudo. Pero a la vez, cuando ella venía a la escuela, todos los niños me preguntaban: '¿Ésa es tu mama?' Mami era hermosa. Por lo general, a los niños les da vergüenza que sus padres los vayan a recoger a la escuela, pero cuando mi mamá venía a buscarme a mí yo decía: 'Sí, ésa es mi mamá.'

"Ella usaba esas faldas cruzadas de Diane Von Fustenberg y ahora que están de moda otra vez se disgusta porque ya no

las tiene. Mi mamá siempre se fijaba mucho en la ropa. Siempre lucía bien."

Para Nelly era importante lucir bien porque ella era más que una madre hermosa; era una bailarina profesional de bailes del Medio Oriente. Dice Janice: "Lo de ella no era como el basquétbol o el patinaje sobre hielo, donde uno puede convertirse en un profesional, de todos modos, era una profesional porque iba a seminarios a Atlanta y Boston y lo tomaba muy en serio. Bailaba en restaurantes griegos o turcos muy buenos. Yo no sé de dónde sacó eso. Siempre le gustó y le llamaba mucho la atención todo lo que tuviera que ver con la cultura del Medio Oriente. Me dijo que pagó mis estudios universitarios con el dinero que ganó bailando en Alemania."

Si bien le gustaba ver a su madre vestida con pañuelos y brazaletes, se daba cuenta de que ella no era como su madre. "Yo la observaba, pero lo que ella hacía no estaba en mí. La admiraba porque me causaba asombro su porte, pero yo no era así. Yo era lo que dicen un marimacho y muy tímida. A mí me gustaban más los deportes; jugaba voleibol, basquetbol y fútbol."

A pesar de las diferencias que Janice ve entre su madre y ella, recuerda que su madre la hacía vestirse bien para ir a los recitales en la escuela. "Yo gritaba y chillaba mientras ella me vestía, pero cuando ya estaba vestida pensaba, 'Sí me gusta.' Después iba a la escuela y todo el mundo decía: 'Ay Dios mío, miren a Janice. ¡Qué bien te ves!' Y yo actuaba con timidez, como si me sintiera incómoda."

Por otra parte, la hermana de Janice no podía haber sido más diferente de Janice. "Mi hermana salió igual a mi madre y siempre la imitaba, fue así que empezó a bailar ella también. Un día que la estaba imitando, mi mamá le dijo: 'Oye, ¡eres muy buena!' "

La hermana de Janice comenzó a bailar cuando tenía tres años y a los siete ya era una profesional. A los ocho años, hizo su debut en la popular serie de televisión *That's Incredible*. Nelly les había enviado a los productores del programa un vídeo de su hija menor volteando monedas sobre su estómago. La familia García viajó a Los Angeles para la filmación del show, pero no llevaron a Janice.

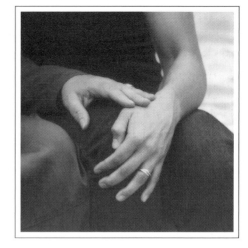

Aunque sentía que tenía muy poco en común con sus talentosas madre y hermana, Janice hacía relucir sus propios talentos lejos del centro de atención de la familia. "Yo había ganado un concurso por un poema navideño que escribí. Sabía que era creativa, pero como era tan tímida, mi creatividad no afloró hasta que estaba en mi último año de secundaria. Mi hermana era muy visible y extravertida, y yo no me sentía cómoda expresando mi creatividad. Por mucho tiempo me guardé mi talento. Dibujaba, tocaba la guitarra y el clarinete, también hacía deportes. Creo que yo hice de todo porque, en el fondo, alzaba un grito para que me prestaran atención."

En Alemania, en su último año de secundaria, Janice se anotó en una clase de teatro con un instructor famoso por su carácter difícil y muy estricto. Ella recuerda: "Todo el mundo se sentía intimidado por ese hombre pero yo asistí a su clase y le encanté. Él pensó que yo tenía talento y punto. Yo me di cuenta de que era diferente conmigo y me dije: 'Okay, tengo algo bueno.' Mis padres lo descartaban como que era otro pasatiempo porque yo siempre tenía un pasatiempo u otro.

Siento que no tuve el mismo apoyo que le dieron a mi hermana."

Con el tiempo, Janice no sólo tomó clases de actuación, sino que descubrió que su pasión era la comedia. "Gran parte de esta decisión mía de seguir esta carrera tiene que ver con mi necesidad de recibir la atención que no recibí de niña. Creo que es lo que busco cuando salgo al escenario. Siento que la comedia me da eso que yo necesito.

"Así fue como me convertí en un payaso con mi madre. Yo era la bromista; la que siempre intentaba hacerla reír. Su oficina quedaba a corta distancia de mi escuela y a la hora del almuerzo la iba a ver. Si ella no estaba, le dejaba notitas pegadas con mensajes graciosos para que las viera a su regreso. Hacerla reír era mi forma de llegarle.

"Al ir pasando los años, yo usaba el humor con mi madre porque sentía que, si la hacía reír, ella me encontraría agradable. Nunca me sentí cómoda haciéndolo para mi padre porque él no creía que yo era chistosa. Me decía: 'Déjate de jugar.' Él siempre era serio conmigo. Hasta el día de hoy, en mi acto, no hay bromas sobre mi padre porque él me hacía sentir que yo no era chistosa. Mis bromas son todas sobre mi madre."

Las bromas de Janice no son sólo sobre su madre sino que son para su madre. Saber que ella está en la audiencia le da a Janice la libertad para expresar lo que sería difícil expresar en otras circunstancias.

Dice Janice: "Estoy tratando de llegar más al fondo de la pena y de darle la vuelta a la pena y convertirla en algo chistoso, y eso es muy difícil sin terapia. Este nuevo acto, se trata del hecho de que mi madre, al igual que mi abuela, es una persona que vive para los perros. Mi abuela era así y mi mamá se ha vuelto igual. Ella tiene sus perros y yo a veces siento que los perros reciben mejor tratamiento que yo.

"Su mamá era así también. Mi abuela decía que se iba a suicidar y desaparecer de la faz de la Tierra. Decía que la única razón por la que no lo hacía era por los perros, que hasta que los perros se murieran no iba a ir a ninguna parte. Yo dije: 'Está bien, voy a seguir trayendo perros para que puedas seguir viviendo.' Una locura. La culpa que te hacen sentir es un disparate." ■

Con una Sola Voz

Carol Cárdenas

Y SU MADRE,

Minerva Cárdenas

C arol Cárdenas es más conocida como Carol C, la voz y la fuerza detrás de Si*Sé. El primer álbum, que lleva el nombre del grupo, fue descrito por *Billboard Magazine* como un 'sublime deleite.' Después de estudiar ópera, Carol C ha usado sus raíces dominicanas y árabes para crear su propio sonido. ■ A pesar de que Minerva Cárdenas, su madre, no pudo seguir la carrera musical que siempre había deseado, tanto ella como su hija han hallado satisfacción al ver los sueños de Carol C hacerse realidad.

CON UNA SOLA VOZ

CUANDO CAROL C ERA UNA NIÑA, ella y su madre, Minerva Cárdenas, tenían un ritual: todos los sábados de mañana limpiaban la casa a fondo, escuchaban música a todo volumen y cantaban a todo dar. "Mi mamá ponía sus discos de Julio Iglesias, Camilo Sesto y Sandro a todo volumen porque le encantaban las baladas en español," Carol dice riéndose. "¡Mi Dios! ¡Cómo le gustaban los giros de cadera de Sandro!" En ese entonces, Carol rechazaba las selecciones musicales de su madre porque prefería la música disco. Aunque le pedía: "Mamá, ¡cambia la música!" ahora admite que no le disgustaba del todo.

Ésos eran los primeros años, en que la madre de Carol le pertenecía sólo a ella y compartían un vínculo del que sus hermanos no participaban. Minerva se casó con el padre de Carol a los 24 años y tuvo tres hijos en la República Dominicana. Luego los esposos decidieron venir a Estados Unidos en busca de una vida mejor para sus hijos. "Cuando mis padres vinieron a Estados Unidos, llegaron solos. Dejaron a mis hermanos con parientes en la República Dominicana. Ellos habían decidido que no iban a tener más hijos, pero cuando se mudaron a New York, yo les caí de sorpresa."

Carol tenía unos cuatro años cuando sus hermanos finalmente se reunieron con el resto de la familia en New York.

"Antes de que mis hermanos vinieran, mi mamá viajaba a la República Dominicana a visitarlos," recuerda Carol. "Era sumamente difícil para ella porque los extrañaba muchísimo. Ella sentía que tenía que ser así para poder darles una vida mejor. Creo que puso mucha energía en criarme porque yo era la única hija que tenía en New York y por ello me apegué mucho a mi mamá. De todos los hijos, yo soy la más apegada, y mami era muy, muy cariñosa conmigo."

Minerva trabajó mucho en ese entonces y no tenía tiempo para cosas insignificantes. Dice Carol: "Si yo necesitaba ayuda con la tarea escolar, ella no podía ayudar. Mamá era modista y diseñaba ropa en casa, ella era una mujer bien motivada. Era tan buena modista que yo podía dibujar cualquier ropa que quisiera y me la confeccionaba exactamente como la quería. Dejó de coser hace unos años porque le hace mal a la vista. Pero si yo quisiera que me haga algo, sé que me lo haría."

Minerva es la menor de una familia de seis hermanos y hermanas. Su padre, quien nació en Jerusalén, viajó en barco a Santo Domingo en busca de una aventura en un lugar nuevo. Allí, se enamoró de la madre de Minerva y, aunque hablaba muy poco español, decidió quedarse en la República Dominicana. Minerva se crió en la

República Dominicana pero recibió una fuerte influencia de la cultura árabe de su padre. "Mi abuela aprendió a cocinar comida árabe y le enseñó a mi madre a hacerlo, así que ella se crió con comida árabe, con arroz y habichuelas y plátanos," cuenta Carol.

Al igual que Carol, a Minerva le fascinaba cantar desde que era una niña. "Mi madre solía cantar con sus amigas afuera de la escuela y hasta llegó a cantar en un coro. Ella quería seguir una carrera en música, pero no la dejaban. Como su padre murió tan joven y su mamá no podía criar a tantos niños sola, su hermana mayor se la llevó a vivir con ella y la crió. Pero su cuñado era muy estricto. A él no le parecía que la música era una buena carrera para una jovencita y no le permitió que la siguiera. Mi mamá pensó que a lo mejor más adelante iba a tener una oportunidad de ser cantante a nivel profesional. Después se casó con mi padre, otro hombre muy conservador, y él no quería ni oír hablar de eso."

Carol cree que ésa es la razón por la cual su madre se volcó tan de lleno cuando Carol demostró interés en una carrera como cantante desde pequeña. "Mi mamá siempre decía: 'Va a ser cantante, ya verán.' Yo oí eso desde que era chiquita y como me encantaba cantar, desde que tenía cuatro años, supe que iba a ser cantante. Canté en la secundaria y, gracias a mi madre, hasta el día de hoy canto."

Uno de los pasatiempos favoritos de Carol era hacer shows para su madre. "Mis hermanas y yo nos vestíamos bien, nos poníamos toallas en el cabello, para hacer de cuenta que teníamos cabelleras largas y lujosas, y cantábamos. Mi mamá era la única en la audiencia." No importaba lo que las niñas Cárdenas cantaran, Minerva aplaudía y les decía cuán maravillosas eran y cuánto talento tenían.

Aunque Carol era muy extrovertida en su casa, cuando tenía que cantar en público era muy tímida. "Pensaba: 'Si tan sólo pudiera cantar afuera de la misma manera que canto en casa, la gente sabría lo bien que puedo hacerlo.' Pero cuando cantaba fuera de la casa, sonaba como Minnie Mouse. Mi mamá me decía que no le gustaba que yo cantara como que era poquita cosa. Ella me criticaba mucho por mi timidez, y me decía: '¡Si sigues cantando así, nunca vas a estar en Sábado Gigante!' "

Cuando Carol iba a la escuela, todos los años hacían shows en los que siempre había una cantante solista. Ella recuerda: "La solista bailaba una danza muy mona con una sombrilla y vestida con un traje muy bonito. Yo siempre quise ser esa niña. Cuando estaba en tercer grado, mi maestra nos hizo cantar esa canción una vez para oír quién de nosotras era una buena cantante. Cuando llegó mi turno, ella permaneció de pie junto a mí por unos momentos. Yo estaba muy nerviosa pero la maestra me dijo: 'Tienes una muy buena voz.' Así que habló con mi madre y le dijo que yo tenía una voz estupenda y que quería que ese año fuera la solista en el show."

Carol y su madre no podrían haber estado más contentas. Desafortunadamente, ese año se canceló el espectáculo. "No hicieron el show, así que no tuve la oportunidad de hacer el bailecito con la sombrilla. Pero creo que fue entonces que mi mamá prestó atención a mis aspiraciones de cantante."

Gracias al constante apoyo y aliento de su madre, Carol estudió ópera en la altamente competitiva Escuela Secundaria de Música y Arte La Guardia. "Mi padre era tan

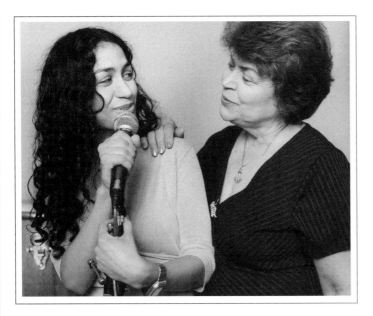

Minerva Cárdenas y su hija,
Carol Cárdenas, en el estudio.

"Mientras estaba en la escuela secundaria, mi mamá y yo teníamos un plan. Ella decía: 'Okay, vas a ser una cantante; ¿qué podemos a hacer ahora?' Hasta me puse un frenillo porque ella dijo que iba a estar mucho en público y debía tener los dientes arreglados. Yo empecé a trabajar en mi tercer año de la secundaria. Salía de la escuela y me iba corriendo a trabajar para poder ahorrar dinero para el frenillo."

Carol y su madre estaban unidas en una única visión y propósito. Minerva le enseñó a su hija que juntas podían lograr lo que se propusieran. "La lección más importante que aprendí de mi madre fue que cualquiera puede hacer lo que anhele si se concentra, pone energía y siente que lo puede hacer. No puedes ser flojo con respecto a las cosas que quieres porque el resultado será flojo. Tienes que pensar: 'Por supuesto que voy a ser eso.' No sólo mi madre decía que yo iba a ser una artista sino que tenía a toda mi familia diciendo: 'Sin duda ella va a ser alguien importante porque camina como si lo fuera.'

"Mi mamá siempre me dijo que la educación es muy importante, que aunque yo quisiera una carrera en música, debía tener algo a lo que

conservador con sus hijos como con su esposa y siempre estuvo en contra de que yo asistiera a la Escuela de Artes Interpretativas." De nada servía que ésta fuera una prestigiosa escuela que exigía que los futuros alumnos pasaran una rigurosa prueba antes de ser aceptados. El padre de Carol se mantenía inflexible en su posición y quería que Carol asistiera a la misma escuela que sus hermanas. "Cada vez que mi madre le decía que yo deseaba ir a La Guardia, él respondía: 'No. Va a ir a una escuela católica.' "

Minerva tomó cartas en el asunto. "Mi mamá le dijo que habíamos solicitado el ingreso a la escuela católica y que no había más cupos, porque a veces sucedía eso. Entonces le comunicó a mi padre: 'Este año no están aceptando más niños. El año que viene la ponemos en la escuela católica. Ella quiere ir a la escuela de artes interpretativas y ésa es la única que la aceptó.' Finalmente, su padre dio su consentimiento. Dijo: 'Okay. Puede ir, pero sólo por un año. Ésa no es una buena escuela. Ella tiene que ir a una escuela católica para aprender religión.' Después de ese año, mi mamá y yo nos quedamos muy calladitas. Nunca lo mencionamos. Mi padre trabajaba mucho y se olvidó del asunto.

recurrir por si acaso. Además, la universidad era mi único pase para dejar la casa. Mi padre no me dejaba mudar hasta que me casara. Era matrimonio o universidad. Mi hermana mayor eligió matrimonio. Ella se casó muy joven, a los 19 años. No quería ir a la universidad en ese momento así que se mudó con su esposo. Yo pensé: 'No, eso conmigo no va.' Así que marché a la universidad."

Cuando Carol terminó sus estudios universitarios, se unió a un grupo como cantante suplente y salió de gira con la cantante Amber Sunshower. Después de trabajar por su cuenta como cantante, DJ y productora, Carol decidió que era hora de dar un paso importante en su carrera. "Decidí que realmente quería un grupo y terminó siendo una de esas cosas que se dan solas. Desde el minuto que tuve una muestra, mi madre me llamaba con frecuencia y me preguntaba: '¿Registraste tus canciones? Sabes que tienes que registrarlas porque si alguien te las roba no puedes hacer nada a menos que estén registradas.' Yo le pregunta a ella: '¿De dónde sacaste esa información?' Definitivamente ella está en todo en lo que respecta al negocio.

"Ella siempre me enseñó a ser positiva y a no pensar demasiado en lo negativo. Cada vez que teníamos un problema financiero con el grupo, ella decía: 'Okay, éste es el problema. ¿Cómo lo solucionamos?' Ella no era de darle vueltas al asunto o hacer el papel de mártir. Si yo tenía un show y necesitaba una falda o alguna otra cosa, ella sacaba lo necesario del dinero del alquiler y decía: 'Voy a pagar el alquiler tarde, pero aquí tienes el dinero.' Siempre primero nosotras.

"Aunque soy una artista más bien marginal, para mi mamá soy una estrella. Quiere vernos a mi grupo y a mí cuando salimos de gira, pero es imposible porque viajamos en dos camionetas pequeñas. Ella dice que no le importa, que duerme en la camioneta, pero yo no quiero que pase por eso. Presenció mi actuación en el Apollo y le encantó verme en el gran escenario porque hasta ese entonces sólo me había visto en clubes y salones. Una noche, cuando yo corrí al frente del escenario a regalar camisetas, al final de mi presentación, ella fue la primera persona en acercarse. Le dije: 'Mamá, te puedo dar una después.' Entonces ella insistió: '¡Dame una!' Es una verdadera admiradora."

Pero mucho más que una admiradora, Minerva es una de las mejores amigas de su hija. Carol dice: "Creo que con el paso de los años nos unimos cada vez más. No hay duda de que me siento más unida a ella ahora que el año pasado." Carol dice que espera cantar a dúo con su madre en su próximo álbum. Con suerte, será como en los viejos tiempos: la música a todo volumen y madre e hija cantando a viva voz. ■

El Beat de Mi Corazón

Lisa Lisa

Y SU MADRE,

Monserrate Velez

L isa Marie Velez irrumpió por primera vez en el ambiente musical en 1985 con el clásico baile *I Wonder If I Take You Home.* Bautizada "Lisa Lisa," fue la presentadora del grupo Cult Jam y varios de sus éxitos llegaron al tope de la lista de éxitos musicales, incluyendo *Head to Toe, All Cried Out* y *Lost Emotion.* Además de cantar, Lisa ha comenzado a actuar y recientemente apareció en la serie de Nickelodeon *Taína;* en la actualidad, ella sigue saliendo de gira por todo el mundo. ■ Gran parte del éxito de Lisa deriva del sacrificio de su excepcional madre, Monserrate "Monse" Velez. Monse descubrió que tenía la fuerza y la motivación necesarias para hacer lo que parecía imposible: criar diez hijos ella sola.

LISA LISA SIEMPRE ha sido el tipo de persona que sigue el camino que le marca su corazón. Y esta vez, no sería diferente. Cuando su prometido le preguntó qué quería para el día de San Valentín el pasado febrero, ella no titubeó en contestar, "¡Quiero otro tatuaje!" Lisa cuenta la historia con el entusiasmo de una niña a quien le regalaron exactamente lo que quería para Navidad. "Cuando fui a hacerme el tatuaje, pensé mucho en lo que quería porque deseaba algo especial. Entonces, decidí que quería que me tatuaran el nombre de mi madre, 'Monse,' justo arriba de mi trasero. Cuando le mostré el tatuaje a mami, ella me preguntó por qué había hecho eso, y yo le dije: 'Mami, te dediqué mi cuerpo.' Ahora le parece gracioso y me hace mostrárselo a todos mis parientes cuando nos reunimos."

No todas las mujeres se tatuarían el nombre de su madre en el trasero, pero Lisa Lisa no es una mujer común, y Monse tampoco es una madre común.

Monserrate López nació en España pero sus padres inmigraron a Puerto Rico cuando ella tenía cuatro años. Monse era aún una niña, cuando sus padres murieron y fue criada por su abuela y una tía en la campiña de Puerto Rico. Años después, Monse se mudó a la gran ciudad de New York, con su primer marido y dos hijas pequeñas. La pareja tuvo tres hijos más antes de que él muriera. Recuerda Lisa, "Ella tuvo cinco hijos con su primer marido y luego conoció a mi padre y tuvo cinco hijos más. Se divorciaron poco antes de mi nacimiento. Ella me tuvo a los 36 años de edad."

Después de la muerte de su primer marido y de su divorcio del segundo, Monse se encontró criando a sus diez hijos sola. "Yo admiro su fortaleza porque cualquiera sabe que diez hijos te pueden dar un estrés increíble. Tener que ser el único sostén de diez niños, consiguiendo trabajos aquí y allá es muy duro. Pero vi a mi mamá arreglárselas para hacerlo."

Los once integrantes de la familia Velez vivían en un apartamento de tres dormitorios. El bebé de la familia, Lisa, vio a su madre ganarse el sustento cuidando niños y vendiendo ollas de arroz con habichuelas a sus vecinos en el barrio *Hell's Kitchen*. Al respecto, Lisa recuerda: "Ella hacía pasteles para las fiestas y se los vendía a todo el mundo en el edificio. Pero la mayoría de las veces regalaba las cosas. Con frecuencia, la gente tenía que obligarla a aceptar dinero por la comida. ¿Recuerdan el queso del gobierno? Bueno, éramos tantos que a veces nos poníamos en la cola dos veces y vendíamos el queso a los almacenes para ganar algún dinerito y dárselo a mamá. Le decíamos: 'Aquí tienes mami, hoy hicimos diez dólares para ti.' Y ella se quedaba muy feliz.

"Esa mujer me enseñó muy bien. Yo me crié viendo que si tenía un huevo lo cocinaba y lo repartía entre los diez. Siempre nos decía que compartiéramos lo que teníamos con nuestros seres queridos porque algún día íbamos a necesitar de ellos. A veces, la veía sentada, llorando por 20 minutos porque estaba tratando de ver cómo proveer para todos. Ésas eran las únicas veces que mami se escondía en su cuarto. Nunca nos ocultó nada excepto cuando tenía miedo de hacer algo mal. ¿Qué madre no va a tener miedo de cometer un error en la crianza de un hijo? El simple hecho de saber que ella tenía que pensar tanto, sólo para poder poner comida en la mesa, hace que cada mañana me levante y diga: 'Tengo que seguir.' Ésa es la fortaleza, el poder que me inculcó."

Ésa es la fortaleza en que Lisa se apoyó cuando tenía nueve años y tuvo la oportunidad de cantar el Ave María en su iglesia católica. "Me encantaba cantar," recuerda Lisa. "Cuando canté el Ave María, recuerdo haber mirado a mi madre y haberle cantado a ella. Pensé que me pondría nerviosa y que lo mejor sería mirar a mi madre y cantarle a ella. Mami lloraba, y yo le susurré, "Ma,' y ella dijo 'Shhh, canta.' Yo seguí cantando mientras ella lloraba. Fue difícil pero a ella le encantó. Después, pensé: 'Vaya, tuve un gran efecto sobre ella.' "

Lisa pronto descubrió que su voz tenía un gran efecto en todos los que la oían. A los 13 años, se escapaba de su casa y se iba a los clubes de la Calle 46 en Manhattan. "Un día me escapé y me fui a *Fun House,* un club cerca de mi casa, porque me dijeron que allí habían descubierto a Madonna. Pensé que si a ella la podían descubrir allí, a mí también. Y ahí conocí a Mike Hughes de Cult Jam."

Él le dijo a Lisa que estaba haciendo pruebas para formar un grupo de tres chicas y que el jueves siguiente habría una prueba. Pensando que ésa era la oportunidad de su vida, Lisa tomó el tren a Brooklyn y fue a la prueba después de clases. Había tantas chicas que tuvo que esperar hasta las once y media de la noche para que le llegara su turno. "Yo sabía que

mi madre me iba a matar porque fui sin permiso, y pensé: 'Si llamo a mi madre ahora, va a mandar a alguien a buscarme.' Así que me quedé quietita y no llamé."

Cuando le llegó el turno de cantar, los productores le dieron una nueva canción llamada: *I Wonder if I Take You Home,* para que la aprendiera. Por cierto, esa canción habría de transformarse en el primer éxito del futuro del supergrupo de la década de los 80: Lisa Lisa and the Cult Jam. Pero eso todavía no llegaba. En el presente inmediato estaba la furia de su madre. "Cuando llegué a casa creo que era cerca de la una de la mañana y mi madre había llamado a la policía. Los policías estaban parados en la cocina. Ni bien entré por la puerta, mi madre me dio una bofetada y me dijo: 'No te das cuenta de lo que me has hecho.' Yo dije: 'Mami, lo siento' y le conté toda la historia. Ella me dijo que nunca jamás lo volviera a hacer y yo repetía: 'Está bien, lo siento.' "

Pocos días después, Lisa grabó sus primeras dos canciones y, enseguida, firmó un contrato para una grabación. "No sabía que iba a firmar un contrato," confiesa Lisa. "Yo pensé, 'todavía estoy yendo a la escuela; mami no me va a dejar hacer esto.' Así es que tuve que pedirle permiso a mi madre y ella hizo un gran drama. Dijo que no sabía si me iba a dejar firmar el contrato ni salir de gira. Pero cuando me gradué y obtuve mi diploma, mi mamá me dejó ir, con la condición de que mi hermano mayor fuera conmigo."

Monse no debió haberse sorprendido por descubrir que su hija estaba interesada en cantar. Es más, cantar era una alegría que ambas compartían. Lisa recuerda que su madre le decía que ella solía cantar siempre que se le presentaba la oportunidad. "Ella cantaba en parrandas y todo eso. Cantaba cuando cocinaba, cuando lavaba la vajilla y cuando estaba cambiando pañales. Cantaba de todo, desde canciones españolas a canciones de Tom Jones. Yo recuerdo que ella miraba el show de Tom Jones en la Tele y tomaba fotos de la pantalla. Una vez le pregunté: '¿Qué diablos estás haciendo?' Me reía porque como ella no sabía inglés, no entendía lo que estaba diciendo cuando cantaba. Ella cantaba las canciones de Tom Jones y yo le preguntaba qué estaba cantando y me respondía: 'No sé, pero estoy cantando.'

"Mi mamá tiene una voz hermosa y yo creo que pudo haber sido cantante profesional. De verdad creo que pudo haber sido una artista porque tiene un don para la música."

Si bien Monse no le pudo dar a su hija una formación musical formal, ciertamente le dio consejos mucho más prácticos, que le fueron de gran utilidad en sus constantes viajes sin su madre.

Lisa llamaba a su madre de dondequiera que estuviera sólo para sentirse segura. "Puede ser que tuviera un mal sueño y me despertara a las tres de la mañana, entonces llamaba a mi madre y le preguntaba qué debía hacer. Ella me decía: 'Tranquilízate, escríbelo, y cuando te levantes por la mañana te darás cuenta de su significado.' Todo lo que me decía me acompañaba aun cuando ella no estaba cerca de mí. Hasta el día de hoy, esas palabras resuenan en mis oídos. Por eso es que al final del día, antes de cerrar los ojos para dormirme, tengo que llamarla. Tengo que oírla decir 'Te quiero,' porque entonces sé que todo está bien."

Monse siempre les ha dicho a sus hijos que acudan a ella cuando tengan problemas o preguntas. Y Lisa le tomó la palabra. "Ella nos dijo a todos y cada uno: 'Cuando vayan a

Lisa Lisa en su barrio, Times Square.

hacer lo que ya saben, me lo dicen. No teman.' Ella nunca nos impidió que miráramos ciertas cosas o leyéramos ciertos libros. Ella decía, 'Quiero que aprendan, pero cuando se les meta eso en la cabeza y sientan la comezón entre las piernas, vengan a mí y pregúntenme, porque yo les voy a decir exactamente lo que quieren saber.'

"Y finalmente llegó: mi momento de hacer lo que ya sabes. Yo ya tenía casi 19 años, estaba de gira y haciendo un millón de cosas. No sabía nada sobre sexo, pero cantaba sobre sexo. Le dije a mi mamá: 'Ma, voy a salir un rato.' Fui a la casa de un tipo conocido e hicimos el amor. Una hora más tarde, le dije a él muy apresurada que me tenía que ir. Él me contestó: 'Carajo, ¿no fui tan bueno como te prometí?' Yo me levanté, tomé el autobús y regresé a casa. Estaba llorando porque me sentía muy nerviosa. Cuando llegué a casa me di una ducha y al salir del baño mi madre vio que algo andaba mal. Le dije: 'No te enojes conmigo. Lo hice.' Y ella dice, '¡Carajo! ¿Qué hiciste? ¿Qué hiciste?' Ella pensaba que había pasado algo malo y que yo iba a ir a la cárcel. Le dije: 'Tuve relaciones sexuales.' Y ella soltó la risa. Yo le pregunté por qué se reía de mí y ella me dijo: 'Porque no creí que me lo fueras a decir. Lisa, te juro que eres la única de mis diez hijos que me lo ha dicho.'

"Yo fui la única imbécil que le dije que había perdido mi virginidad. Por un mes, esto fue el tema de conversación en mi familia porque mi madre llamó a todo el mundo, hasta en Puerto Rico, para contarles que 'Lisa perdió la virginidad.' Todos me felicitaban porque yo había esperado tanto tiempo. No era normal. Pensaban que en una familia latina, no era normal que esta belleza puertorriqueña, que salía a escenario todos los días, hubiera esperado tanto. A partir de entonces, todo lo que tenga que ver con el sexo, lo hablo con mi madre."

Por difíciles que hayan sido sus circunstancias en la vida, Monse no ha dejado que la conviertan en una resentida. Siempre que sus hijos la rodearan, no había razones para estar resentida. Explica Lisa: "Ella nunca parecía sentirse desdichada. Como cuando se deshizo de mi padre; ella se dedicó a criar a sus hijos y a ser feliz. Amaba a su primer marido de todo corazón, también amaba a su segundo marido, mi padre, pero sabía que tenía que deshacerse de él porque el amor nunca debe ser penoso. Mami dijo: 'Mis hijos primero.' Eso es algo que mi madre me inculcó: cuando decides tener hijos ya no vives para ti, primero están ellos. Eso es lo que me enseñó del amor.

"Yo vi a mi madre sentirse feliz haciendo cosas en familia, como preparar arroz con habichuelas y alimentarnos. A mi madre la hace feliz la familia. Le encanta. Mi madre se amaba a sí misma y a sus hijos lo suficiente para elegirnos a nosotros y quedarse a nuestro lado, por ello se divorció. Nunca tuvo novios después de su segundo marido. Jamás le pregunté por qué, pero ella no parecía sentirse infeliz por eso. Tenía diez hijos estupendos. Ésa es una historia triunfal porque ella lo hizo todo sola."

Recientemente, la madre de Lisa ha sido diagnosticada con Alzheimer y tanto madre como hija están pasando por malos momentos tratando de lidiar con la enfermedad. "Yo quiero a mi madre a muerte," dice Lisa, "La amo. Ella es mi orgullo y mi dicha y es por eso que yo quería un tatuaje de su nombre en mi cuerpo. Ella me hace sonreír. El sol, la sonrisa y la luna, están aquí." ■

La Tarea de Toda una Aldea

Nora Lago

Y SU MADRE,

Carmen Lago

Nora Lago tiene una carrera inusual y una historia inusual. Nora ha superado muchos obstáculos para llegar a ser una talentosa técnica en holografía. Si bien en la actualidad su relación con su madre es sólida y amorosa, en el pasado se vio complicada por el consumo de drogas de sus padres y de su posterior abandono en un programa de rehabilitación poco convencional. ■ Carmen Lago no sólo ha sobrevivido al cáncer de mamas y a una vida díficil, sino que se ha fortalecido al superarse, beneficio que comparten madre e hija.

"MI NACIMIENTO FUE UN ERROR," dice Nora cuando se le pregunta sobre su infancia. La mayor parte de su vida, Nora había creído que nació adicta. ¿Y por qué no? Tanto su padre como su madre eran adictos a la heroína. La madre de Nora consumía drogas durante su embarazo a tal ritmo que cerca de un mes antes del parto, tuvo graves complicaciones de salud. "Comenzó a tener palpitaciones," dice Nora, contando la historia que le contaron a ella. "Mi madre tuvo que permanecer internada en el hospital Bellevue hasta que yo nací."

No obstante, a menos de un año, las drogas se apoderaron de la vida de Carmen. Los padres de Nora ingresaron por voluntad propia en una institución para la desintoxicación en una prisión en Lexington, Kentucky. Como los abuelos de Nora no podían cuidar a la pequeña Nora, sus padres la pusieron en un convento en Long Island donde permaneció hasta los tres años. En ese interín, el padre de Nora ingresó en *Synanon Church*, un programa de rehabilitación radical y muy controversial en California.

Charles Dederich creó Synanon en 1958 como centro de rehabilitación para drogadictos. El programa, elaborado en Ocean Park, California, estaba basado en la premisa de que sólo ex adictos pueden ayudar a otros adictos a recuperarse exitosamente. Synanon (una derivación de *Sins Anonymous* —Pecados anónimos), es algo más que un programa de rehabilitación. Para la década de los 70, Synanon se declaró iglesia y se transformó en una sociedad utópica para gente en busca de dilucidación de la contracultura.

Para aquellos adictos que luchaban para recuperarse, esta dilucidación se alcanzaba mediante sesiones de abuso verbal, mental y físico. El padre de Nora descubrió que ese brutal método surtió efecto para él, y pensó que podría servirle a Carmen también. Por tal razón, él mandó a buscar a Carmen y a Nora. La niña permaneció en esa sociedad cuasi-religiosa durante 16 años.

"Al principio, yo vivía en una hermosa casa con mi madre y mi padre pero luego los administradores del programa decidieron separar a padres e hijos, ubicando a todos los niños en dormitorios."

Muchas de las ideas más comunes sobre la familia se fueron por la borda. Esta práctica rutinaria de Synanon de separar a padres e hijos era muy difícil de sobrellevar para Carmen, quien se vio obligada a alejarse de las ideas tradicionales latinas de lo que significa ser una madre. Con el paso del tiempo, sin embargo, Carmen había adoptado nuevas creencias.

Poco tiempo después de que Nora

se mudó al dormitorio, su madre se enamoró de un hombre que conoció en el programa.

"Varias cosas contribuyeron a eso. Mi padre no le prestaba atención a mamá porque estaba muy ocupado haciéndose el importante allí. Ella necesitaba afecto. Mi mamá y ese tipo puertorriqueño acabaron viviendo juntos. Se mudaron a un hotel cercano. Mi padre me envió a *Yosemite National Forest* por dos semanas porque se enteró de que mi mamá se iba a marchar y me iba a llevar con ella. Cuando volví, mi mamá ya no estaba.

"Yo no podía creer que no se había despedido. No podía creer que no me había llevado consigo. Recuerdo haberla esperado levantada por las noches. Me quedaba dormida junto a la puerta porque creía que ella iba a volver a buscarme. Esperé durante un año hasta que una mañana me di cuenta de que ya no regresaría. Todas las cartas y llamadas telefónicas de mi madre eran interceptadas. Eso era cosa de mi padre.

"Literalmente, había un guardia en mi dormitorio y yo no lo sabía. Si alguien llegaba a ver a mi madre, tenía que llamar a la policía. Más adelante me enteré de que tres residentes fueron al hotel en donde se estaba quedando y le dijeron a mi madre que si no se iban en dos días, le iban a quebrar las piernas. La atemorizaron tanto que se fue a New York sin mí.

"Descubrí lo que pasó cuando tenía 16 ó 17 años, escuchando unas cintas. Un día en la biblioteca, encontré una cinta de una sesión de grupo rotulada: 'Carmen Lago se va de Synanon.' Era común grabar las sesiones en Synanon. En la cinta, le decían a mi madre: 'Tú sabes que entendemos que te quieras ir con este tipo, Louie.' Oí a mi madre decir: 'Me voy a llevar a Nora.' Entonces se oye a mi padre gritando a todo dar: 'Carajo, no la vas a tocar. Tú haz lo que tengas que hacer, pero a ella no la tocas.' "

La madre de Nora y Louie regresaron a New York. "Ninguna de sus familias los quería recibir porque no podían creer que mi madre me había dejado. Así que mi madre y Louie no tenían adónde ir. Todo lo

Nora Lago y su madre, Carmen Lago.

que ella poseía cabía en dos maletas. Vivían en edificios abandonados y un día les robaron el equipaje. Todas mis fotos de cuando era bebé fueron robadas, y eso le partió el corazón a mi madre. Ella se vino tan abajo que empezó a consumir drogas nuevamente.

"Ahora me alegro de que mi padre hiciera lo que hizo por la manera en que ella acabó después de abandonar el programa. Él dijo que me iba a cuidar y lo hizo. No soy una persona religiosa, pero le agradezco a Dios, o al ser que sea, por eso. Si me hubiera ido con mi madre, quién sabe dónde andaría. Mi padre hizo lo correcto. Yo revertí el odio que sentía por él en mis entrañas y me dije: 'Él me estaba protegiendo.' Y si no lo hubiera hecho, yo no hubiera sido adoptada por Chuck y Betty Dederich."

Cuando Nora tenía 14 años, su padre también decidió abandonar el programa. Él quería que Nora se fuera con él, pero ella deseaba quedarse. En ese entonces ella vivía en un rancho de 3,500 acres en el norte de California, que era propiedad del programa. Había caballos y ganado y todas las personas que había conocido en su vida vivían allí. El padre de Nora le permitió que se quedara con la condición de que lo visitara. Nora se quedó, pero las visitas fueron esporádicas y sólo duraron un año.

"Más o menos una semana después de que mi padre se fue," recuerda Nora, "el fundador del programa, Chuck Dederich, y su esposa, Betty, me invitaron a cenar. Él era blanco y ella era negra. Yo tenía 14 años y estaba muy nerviosa. Me hicieron sentar y me dijeron: 'Te conocemos desde que tenías tres años. No tienes padres que vivan aquí, te vamos a adoptar. No tienes futuro con tus padres. Tu futuro está aquí.'

"Ser adoptada por ellos era un honor. Después de eso me trataron como a una reina. Intentaron adoptarme legalmente, para lo cual necesitaban el consentimiento de mis padres, ¡pero ellos dijeron que no! Entonces yo me cambié el apellido a Dederich, aunque no legalmente. Me trataban a cuerpo de reina porque una vez que te tocaba un Dederich,

eras de oro. Yo iba a la escuela en limusina y me daban cosas que los otros niños no recibían. Chuck y Betty tenían tanto dinero que yo tomaba clases de aviación. Teníamos nuestra propia flota de aviones y yo una motora. Teníamos medios de transporte de no creer.

"Betty realmente me tomó simpatía y hasta llegó a decirme: '¿Por qué no empiezas a llamarnos a Chuck y a mí, papá y mamá?' Eso se me hacía muy difícil. Lo intentaba, pero no sentía que fueran mi mamá y mi papá. Aún quería a mis verdaderos padres."

A pesar de que desde los 15 años hasta los 19, Nora no tuvo contacto con sus padres, ocasionalmente recibía una misiva de su madre. Con frecuencia, las cartas le llegaban meses después de haber sido escritas. "Yo lloraba y decía: 'Dios, ella todavía sabe dónde estoy.'

"Chuck y Betty me dijeron: 'Debes cortar la comunicación con tus padres. Debes escribirles una carta diciéndoles que no los necesitas más porque nosotros te estamos cuidando.' Y yo lo hice. Les escribí una carta de despedida diciendo: 'Les agradecería enormemente que no me hablen, no me llamen, no me escriban, nada.' No es que yo en realidad así lo hubiera querido pero es lo que me dijeron que hiciera. Más adelante me enteré de que esa carta le había partido el corazón a mi mamá."

En ese tiempo, Betty jugó un papel muy importante en la vida de Nora. "Cuando cumplí 18 años, ella me puso en un programa de ventas y yo viajaba. Betty daba fiestas y hacía que yo fuera la anfitriona y que luciera elegantes vestidos. Me envió a una escuela de etiqueta y me enseñó cómo comer con buenos modales, cómo dirigirme a las personas y cómo escribir una carta formal. Iba a muchos lugares y empecé a darme cuenta de que la gente en el mundo real no era tan mala como decían en Synanon. Yo creo que Betty sabía que ese lugar no iba a durar para siempre y quería ayudarme."

Betty también se ocupó de que Nora tuviera una buena formación. Un día en que la joven llegó a casa con malas calificaciones, Betty le dijo, "Nora, yo sé que te hemos adoptado, pero si quieres ser una Dederich, y formar parte de esta familia real, no te voy a criar como a una puertorriqueña tonta. "La conversación me estaba haciendo enojar mucho." "Porque," continuó Betty, "yo nunca quise ser una negra tonta. ¿Entiendes?" "No," dije yo. "Bueno, aquí tienes estos libros," dijo ella. "Tienes un mes para leerlos, y quiero que me cuentes todo lo que dice cada libro." "Después de eso yo me convertí en un ratón de biblioteca y mis calificaciones mejoraron. Aunque ella era muy estricta, yo creo que Betty ha sido una de las personas más maravillosas que he

conocido. Sencillamente, era un ángel. Ella me dio un ejemplo y lo hizo bien. También le tenía mucho miedo porque era como una sacerdotisa suprema."

Cuando Nora tenía 18 años, Betty falleció de cáncer en los pulmones. "Yo nunca había visto morir a alguien. Fue como si nuevamente me hubieran abandonado. Mi mamá me dejó, y ahora esta mujer también se marchaba. Ésa fue una de las razones por las cuales me fui de Synanon. Ya no tenía una razón para estar allí."

Nora llamó a su papá, quien había estado radicado en el sur de California, y él hizo los arreglos necesarios para que se reunieran. Una semana después de marcharse de Synanon, Nora compró un boleto a New York y fue a ver a su madre. "Yo quería muchísimo a mi madre, y aunque había pasado por aquello de odiarla y renegarla, en el fondo, la quería y anhelaba verla. Ella siempre mantuvo el contacto con mi papá. Así que él me dio su número de teléfono y yo la llamé para avisarle que iba a ir a verla. Ella me dijo: '¡Ven de inmediato! Me encantaría verte.'

"Yo no sabía cómo luciría ella, pero entre toda la gente en el aeropuerto La Guardia, la reconocí. La vi y nos abrazamos." Nora y su madre pasaron dos semanas conversando, volviéndose a conocer y descubriendo cuánto habían cambiado.

"Mi mamá se inscribió en un programa llamado *Project Return* en Manhattan. Con el tiempo, se hacía cargo de todos los aspectos del programa y se convirtió en directora del establecimiento. Se jubiló hace tres años, después de 25 años de servicio y le va de maravillas. Muchas de mis características, como mi sentido del humor, las heredé de ella; también soy muy real y me encanta la gente real y ella es así, con sus pies en la tierra. Yo creo que soy muy afectuosa gracias a ella. También reconozco que tengo una personalidad adictiva y eso no sólo me viene de mi mamá sino también de mi papá. Cuando vi que me estaban atrapando las drogas, pude decir: 'Ojo, esto no está bien,' y me alejé de ellas. Nadie me dijo lo que tenía que hacer, sencillamente lo hice.

"Mi mamá y yo nos volvimos muy unidas. Yo la llamaba y le contaba mis secretos más íntimos y eso era estupendo. Es la persona menos prejuiciada que conozco, delante de ella puedo decir cualquier cosa. Creo que le habría encantado que yo me hubiese ido a vivir con ella cuando se marchó de Synanon. Aún deseo que me hubiera llevado consigo, pero sé que no pudo. Soy consciente de que si lo hubiera hecho, yo no estaría donde estoy hoy. Siento cierto resentimiento porque ella crió a mi hermano Anthony y lo hizo muy bien. Pero no podía hacer eso conmigo pues estaba en una organización que le decía lo que debía hacer. Eso fue lo que llegué a comprender con el paso del tiempo. No era la culpa de mi madre, así que no le guardo rencor." ∎

Nora Lago y su madre, Carmen Lago. Nora tiene en la mano una fotografía de los niños de Synanon.

La Elegida

Christy Haubegger

Y SU MADRE,

Ann Haubegger

Christy Haubegger es la visionaria fundadora de *Latina*, la primera revista bilingüe dirigida exclusivamente a las mujeres hispanas en Estados Unidos. Recientemente, el programa NBC News con Tom Brokaw presentó un perfil de la oriunda de Houston, Texas, aclamándola como una de las mujeres más inspiradoras del año. Además, *Crain's New York Business* la seleccionó como una de las mujeres de negocios más exitosas en Estados Unidos y la fundación *Ms. Foundation for Women* la catalogó entre las *Top 10 Role Models of the Year.* ■ Ann Haubegger es una mujer excepcional que adoptó a Christy en su infancia y la crió con la idea de que estuviera orgullosa de sus orígenes mexicanos.

LA ELEGIDA

CHRISTY HAUBEGGER recuerda un tiempo en su niñez en que otros niños se jactaban de que sabían de dónde venían. Cuando decían que venían de la pancita de su mami, Christy sonreía y les salía con algo más dramático. "Qué bien, ¡pero yo soy adoptada!," les decía. Christy pensaba que ser adoptada era la mejor manera de venir al mundo. Su madre adoptiva, Ann Haubegger, insistió en que Christy supiera que era especial desde el principio. Sabía que su hija necesitaba armarse para enfrentar la adversidad de las batallas que se le presentarían.

"Cuando yo tenía cinco años, escribí una historia especial sobre mí. Recuerdo que decía: 'Mi nombre es Christy. Tengo cinco años y soy adaptada.' Mi maestra llamó a mamá y le dijo: 'Bueno, es muy lista y ciertamente se ha adaptado muy bien.'" Christy se ríe al mencionar el episodio y dice, "Yo estaba muy orgullosa de eso. Aún hoy día, cuando le digo a alguien que soy adoptada, me dicen, 'Oh, lo siento.' Es interesante que digan eso porque yo tengo una idea muy definida de lo que mi vida sería si no hubiera sido adoptada y creo que me fue muy bien."

Cuando Christy nació en Houston, Texas, su madre biológica llegó a un arreglo informal con su doctor mediante el cual renunciaba a su hija. El doctor sabía que Ann, otra de sus pacientes, quería adoptar un bebé. Cuando los Haubegger, una pareja de blancos, se enteraron de que Christy había sido entregada para adopción, quedaron extasiados. El hecho de que la bebé fuera mexicoamericana no era importante para Ann y su esposo, quien también había sido

adoptado. Ann no hubiera podido amar más a esa niña si hubiera nacido de su cuerpo.

Al poco tiempo, la pareja adoptó a un niño que se convirtió en el hermano de Christy. "Mi hermano fue adoptado un año después que yo, los dos tenemos casi la misma edad. Inicialmente, mis padres habían considerado adoptar tres o cuatro niños, pero después decidieron que los niños no debían tener superioridad numérica."

Ann nunca trató de ocultarle a Christy el que era adoptada. "Me dijeron que yo era especial porque me habían elegido. Por mucho tiempo creí una leyenda maravillosa de que me habían elegido porque yo era la bebé más hermosa que habían visto. Hasta no hace mucho, aún creía en eso en cierta medida."

Una de las cosas que Christy recuerda es la gran diferencia entre ella y su madre. "Me hace gracia mirar fotos de las dos," dice. "Veo un bebé con espeso cabello negro y a mi madre con su cabello rubio y muy diferente.

Creo que hubiera sido muy raro para mí haberme criado en Indianápolis, en un mundo totalmente rubio. Pero me crié en Houston, en un pueblo que es más de 30% hispano. No crecí creyendo que era de Marte. Me crié con un buen sentido de que había mucha gente como yo, lo cual es maravilloso."

Ann hizo todo lo posible para que Christy mantuviera una conexión con sus raíces latinas. "Era muy importante para mi madre que yo aprendiera a hablar español. Recuerdo que yo quería estudiar francés en la secundaria porque todos los jóvenes de onda estudiaban francés. Mi madre dijo, 'De ninguna manera.' Yo creo que ella no quería que me sintiera avergonzada si alguien me hacía una pregunta en español.

"Mi madre no quería que yo me sintiera mal a causa de mi identidad, porque, francamente, Texas en la década de los 70 no era el mejor lugar donde ser mexicoamericano. Ella no quería que yo sintiera que ser mexicoamericana era algo malo aunque el resto de la gente dijera que sí lo era. Guiada por su real conocimiento de que el mundo no siempre es un lugar acogedor, mi madre trató de compensar, pero, creo yo, en ciertos aspectos compensó en exceso. Siempre me decía que yo era hermosa y capaz y que podía hacer lo que me propusiera para que yo tuviera muchos elementos positivos en reserva."

Cuando Ann describe a su hija, señala que es muy lista y muy obstinada. Christy ríe al contar una de las historias favoritas de su madre. "Yo tendría tres años, y mi mamá me

Christy Haubegger y su madre,
Ann Haubegger.

dijo que recogiera los juguetes que había regado por todo el piso en la sala. Yo dije 'No. No los voy a recoger." 'Muy bien,' dijo ella, 'te vas a quedar sentada en esta silla hasta que los recojas.' Ella había colocado una silla en el medio de la sala y yo estuve sentada allí durante una hora, lo que es mucho para una niña de tres años. Después de un rato, ella dijo: 'Okay, se acabó. Te voy a dar una zurra y te vas a tu habitación.' Ella me dio unas palmadas en el trasero y me envió escaleras arriba a mi habitación. A medio camino por las escaleras me di vuelta y dije: 'No me dolió.' Mi madre subió esas escaleras de a cuatro escalones a la vez y me dio la zurra de mi vida. Yo siempre ponía a prueba sus límites, pero aprendí pronto que no es buena idea desafiar a la persona que te acaba de dar una zurra."

Christy tiene recuerdos muy tiernos de su infancia en Texas. Se crió en la casa que sus abuelos edificaron. Tanto ella como su hermano eran sumamente activos y Ann les daba mucha libertad para explorar su mundo. "Mi madre era una persona asombrosa que podía hacerle frente a cualquier crisis." Explica Christy, "Mi hermano y yo nos caíamos de encima de cualquier cosa y nos quebrábamos los huesos. Si pasaba algo horrible, como que nos partiéramos la cabeza, no podíamos acudir a mi papá porque él era capaz de desmayarse. Pero mi mamá podía aplicar presión a una herida mientras conducía hacia el hospital. En ese sentido era realmente asombrosa.

"Yo pensaba que mi madre era la persona más fuerte del mundo. Ella era la guía de mi grupo de Girl Scouts y hasta la vi matar a una serpiente cerca de nuestro campamento, la vi despedazar a esa serpiente con una azada. Cuando era chica yo pensaba: 'Más vale no meterse con esta señora.' "

Cuando los niños comenzaron a crecer, Ann se empeñó en transmitirles su firme ética laboral. Christy dice que su madre no se crió con tanta cosa como su hermano y ella. "No es que fuéramos ricos, éramos de clase media, pero mi madre siempre se preocupaba porque no quería que fuéra-

mos consentidos. Creo que para ella no había nada peor que un niño consentido.

"Mi madre limpiaba todo el tiempo y hasta el día de hoy, creo que la idea de mi madre de una casa limpia y la mía son muy distantes. Hace poco me vino a visitar y yo le pedí a la mujer que asea mi casa que la limpiara de arriba a abajo. Mi madre entró, echó un vistazo y dijo: 'Ya sé que no has tenido tiempo para limpiar.' Mi madre hacía de todo: trabajaba, limpiaba la casa, preparaba todas las comidas, y nos llevaba a donde tuviéramos que ir. Ella hacía todo y daba la impresión de que no le costaba ningún esfuerzo. Yo pienso ahora: '¿Cómo lo hacía?' "

Además de ser una supermujer ama de casa, Ann ha sido una exitosa reclutadora de personal para una agencia de colocaciones por más de treinta años. "Mi horario de trabajo es una locura y eso es todo lo que puedo hacer para mantenerme con ropa limpia y alimentarme," admite Christy, "me da vergüenza tener una persona que se encargue del aseo de la casa. ¿Qué pretexto tengo cuando mi madre pudo trabajar tiempo completo además de criar a dos hijos y atender a su marido?"

Ann trabaja en el área de personal médico y se ha establecido como una excelente reclutadora en uno de los ámbitos más exigentes del ramo. "Su carrera alcanzó su plenitud una vez

que mi hermano y yo nos fuimos de la casa. Es estupendo ver que ahora que mis padres tienen 60 y pico de años, viajan todo el tiempo. Hasta van a ir a Honduras. Pero cuando nosotros éramos chicos su idea de una vacación era treparse al carro y viajar a otros lugares en Texas. De niños nunca fuimos a Disneylandia, pero ellos fueron a Disneylandia de adultos."

Christy dice que gran parte de su éxito se lo debe a la forma en que su madre siempre le reafirmó su sentido de orgullo y autoestima de ser latina. Debido a estas continuas reafirmaciones positivas sobre su cultura y su herencia, Christy siempre ha estado plenamente consciente de lo que le falta. "Empecé una revista para latinas porque más que la mayoría de la gente, yo veía cuán absurdo era que las latinas no estuvieran representadas en los medios de comunicación. Creo que el resto de la gente lo acepta en cierta manera

porque si no te ves en revistas, periódicos o en televisión, al menos puedes ir a casa y encontrar gente que son como tú. Tal vez yo empecé la revista porque no tenía esa opción."

Christy recibió un título en Filosofía en la Universidad de Texas en Austin y luego obtuvo un doctorado en la Facultad de Derecho de Stanford, donde era presidenta de la clase. Su puesto de redactora senior en el *Stanford Law Review* la expuso al mundo editorial y del periodismo. En una de sus clases de mercadotecnia, creó un plan comercial para una publicación que luego habría de convertirse en la revista Latina. "Muchos especulan que como mis padres son blancos, ellos tenían expectativas de que yo iba a rendir más allá de lo esperado y eso no es cierto. Hace un par de años recibí una tarjeta de mi papá en la que me decía cuán orgullosos él y mi madre estaban de mí, no por lo que he logrado sino por quién soy. Creo que si les pides a mis padres su definición de haber criado a un hijo exitoso, dirían que es alguien decente, generoso y bondadoso, una persona con la que sea un gusto compartir. Lo que no figuraría en su ecuación serían los logros académicos ni los ingresos ni los reconocimientos públicos. Su idea de éxito es que yo sea decente, bondadosa y generosa."

La aceptación de su identidad latina no le llegó sino después de un profundo examen de conciencia. "Yo solía pensar que mi experiencia como latina no era del todo auténtica, que mi vida no es cien por ciento latina porque me criaron padres blancos. Pensaba: '¿Quién soy yo para empezar esta revista?' Pero la verdad es que tenía una perspectiva única para crear la revista debido a mi propia experiencia de haber sido criada en dos mundos: el mundo de mi madre y el de mi herencia mexicana. Tal vez en ciertos aspectos yo veía algo que otros no pueden ver. Tal vez esa posición estratégica me dio esta oportunidad.

"Todavía tengo una noción muy romántica del sueño americano. Sé que puedes hacer lo que te propongas. Pienso que mi madre creía en eso para mí. También creo que mi madre biológica lo creyó porque al darme en adopción, demostró que sentía que la mejor oportunidad para mí se hallaba en otra parte. Y en cierta forma, probablemente tenía razón."

Si bien el hecho de que Ann y su hija son de diferentes razas ha tenido un impacto definitivo, no ha definido la esencia de su relación madre-hija. "A pesar de que mi madre no pudo entregarme mi identidad latina, no cabe duda de que me entregó las herramientas para encontrar mi identidad como mujer. Me dio las herramientas para descubrir quién soy y me inculcó valores positivos. Yo creo que eso es lo que los padres deben hacer: darles a sus hijos las herramientas para que hagan sus propios descubrimientos. Los padres biológicos determinan ciertos aspectos genéticos de tu persona pero no determinan quién eres, tu carácter y tu espíritu. Los buenos padres te dan la oportunidad para que lo descubras, y eso fue lo que mi madre hizo."

A pesar de que estas dos mujeres tienen mucho en común, Ann siempre ha dejado en claro que ella ve a Christy más como una hija, que como una amiga. Hubo una época,

cuando Christy estaba en la secundaria, en que parecía que todas las madres querían ser la mejor amiga de su hija. Ann tuvo que ser muy clara con su hija. "Mi mamá me decía que yo no necesitaba más amigas" afirma Christy, " 'Ya tienes muchas amigas. Necesitas una madre.' De esa forma yo tenía una idea muy clara de la jerarquía."

Una pregunta a la que Christy se enfrenta es la de si algún día querrá comenzar a buscar a su madre biológica. Más que una simple pregunta es un proceso complicado y muy emotivo que obliga a una persona adoptada a examinar las razones tras su necesidad de saber. "Yo resolví la cuestión de encontrar a mi madre biológica hace mucho tiempo." Explica Christy: "Si yo sintiera que esa persona me puede dar algo que me falta, la buscaría. Pero no quisiera imponerle esas expectativas a nadie. Y, a decir verdad, ella no me ha buscado tampoco." Continúa Christy, "A veces, 'familia' se define

como el grupo de personas con quienes estás emparentado y a veces, son las personas que te aman. Con suerte son una y la misma cosa, pero no siempre es así. Creo que es muy duro, especialmente para las latinas, porque tenemos grandes expectativas sobre lo que la familia debe ser y cuando no se cumplen esas expectativas no sabemos qué hacer."

Ann le ha dicho a Christy que ella la apoyaría en la búsqueda de su madre biológica si se decidiera a hacerlo. Y Christy admite que ha habido momentos en que ha querido encontrar a su madre verdadera. "Creo que las veces en que quise hallar a mi madre fueron momentos de mi adolescencia en que estaba atravesando una crisis de identidad. Cuando estás en esa edad todo es un signo de interrogación. Pero gracias a Dios no lo hice. Tengo tres buenas amigas que han encontrado a sus madres verdaderas y todas han tenido experiencias decepcionantes. Encontraron a personas que no querían ser encontradas, personas con problemas que ni te imaginas. La verdad es que las personas que dan a sus hijos en adopción no lo hacen porque sus vidas sean estupendas. No es algo que uno haga si tiene otras alternativas. La mayoría de las mujeres que lo hacen, han llegado a un punto en que se dan cuenta de que están vencidas. Y es probable que la situación no haya cambiado. Claro, me gustaría tener información sobre antecedentes de salud. Hay aspectos prácticos como ése, pero no creo que encontrar a mi madre verdadera me vaya a ayudar a entender mejor mi vida o a mí misma.

"Aunque resulte extraño, muchas veces la gente me dice que me parezco a alguien, entonces yo pienso, 'Dios mío.' Una vez, mi papá se acercó a una mujer en un banco pensando que era yo. Se acercó y le dijo: '¿Qué haces aquí?' Yo siempre me pregunto: '¿Será que tengo cientos de primos por todas partes o es que soy una latina estándar, bajita y redondeada?'

"La gente habla sobre el tema de naturaleza versus crianza, y yo creo en el determinismo de la naturaleza. Creo que muchas facetas de mi carácter son probablemente de mi madre biológica. Pero lo que hice a partir de ahí, es totalmente mi experiencia, mi ambiente y yo. Tengo cierta inclinación a ser muy, muy obstinada, pero puedo decidir cómo canalizar mi obstinación. Puedo ser grosera o puedo ser una persona resuelta que logra lo que se propone. Esa misma cualidad se puede enfocar en dos direcciones opuestas. También puedo decidir encarar mi adopción de dos maneras diferentes: puedo decir que fui rechazada o puedo decir que fui amada profundamente. A decir verdad, prefiero pensar que fui amada profundamente. Y eso se lo debo a mi madre.

"Sólo espero poder hacer que mi madre sienta que adoptarme fue algo de lo que nunca se arrepentirá. Debe de haber sido intimidante tener un bebé del que no sabía nada y tomar esa decisión de amarme mucho tiempo antes de que yo fuera capaz de inspirar el amor que ella siente por mí. Por eso, la admiro enormemente." ■

Una Mujer Independiente

Cristina Saralegui

Y SU MADRE,

Cristy S. Saralegui

Cristina Saralegui es el impulso y eje de un imperio de los medios de difusión que incluye su programa para televisión *El show de Cristina*, ganador del premio Emmy, transmitido por Univisión a una audiencia semanal de más de cien millones de televidentes, *Cristina La Revista* y su programa radial, *Cristina opina*. Además, la Sra. Saralegui estableció la *Fundación Arriba la Vida*, dedicada a la educación sobre el SIDA en la comunidad latina. ■ Aunque pertenecen a mundos diferentes, Cristina reconoce que su madre fue quien le dio uno de los regalos más valiosos: la capacidad de ser una mujer independiente.

UNA MUJER INDEPENDIENTE

Para Cristina Saralegui, la década de los cincuenta en Cuba fue una época elegante y emocionante. Nació en Miramar, un somnoliento e idílico barrio residencial de La Habana, "donde la preocupación principal de todos era que durante la temporada de huracanes, su yate estuviera bien amarrado en el country club del que eran socios." Su abuelo era millonario, copropietario de las revistas en español más importantes de la isla: Bohemia, Carteles y Vanidades, y Cristina se crió entre estrellas de cine, cantantes y colosos de la literatura como Ernest Hemingway, que visitaban las oficinas revestidas con paneles de madera de su abuelo. Y en medio de todo el espectáculo, destacaba su madre, Cristy Saralegui.

"Recuerdo que mi madre era muy elegante en esos años," cuenta Cristina. "Era una mujer con mucho estilo que siempre lucía espectacular." Tenía una colección de sortijas que se ponía en el dedo meñique y usaba el cuello vuelto hacia arriba. Nadie hacía eso en aquel entonces. Nunca siguió las tendencias de la moda de su época, y me enseñó a ser elegante a mi manera, a marcar mi propio estilo. Es por eso que tengo mi propio estilo, mi propio *look*. No tengo que preocuparme por leer 40 revistas de modas para saber qué ponerme, porque sé lo que me queda bien y lo que no. Mi madre me enseñó a definir mi propio estilo como mujer."

Afortunadamente para Cristina, el estilo de su madre tenía que ver tanto con la actitud como con el aspecto. "Mi madre me enseñó a no callarme y a decir siempre lo que pienso," explica. "Eso se debe a que mi padre nunca le dijo:

'cállate' a la hora de la cena. Ella siempre fue su socia e igual en todo: en los negocios, en la cama, en todas partes. Mi madre me enseñó que en lo que se refiere a relaciones, yo no podía conformarme con menos."

Cristy nació en el seno de una familia de clase trabajadora en Pinar del Río, una ciudad cubana donde se cultivaba tabaco. "Cuando mi madre y mi padre se enamoraron," cuenta Cristina, "fue un problema porque ella era de una clase social diferente, y la familia de él pensaba que era una campesina." La familia del padre de Cristina no sólo se opuso al matrimonio simplemente por la diferencia de clases, sino porque ella era una mujer demasiado inusual para su época. "Cuando mi madre era joven," explica Cristina, "las mujeres cubanas no trabajaban ni conducían automóviles. Ella, no obstante, tenía un Fiat Topolino, un auto pequeño que parecía un huevo y que conducía desde los dieciséis años." Cristy tenía además un trabajo de azafata en Pan American: se ocupaba de dar la bienvenida a los VIP que viajaban a Cuba por esa aerolínea. "Mi madre llegó a rebelarse contra los convencionalismos que dominaban la vida de las chicas en Cuba, y decidió ir a Miami con mi padre y con un grupo de amigos, ¡sin acompañante! Mi padre decidió casarse con ella de todas maneras. Él sencillamente envió una invitación a su familia, y punto." Una vez que la familia se sobrepuso al golpe, no le quedó otra alternativa que organizar una boda para la pareja en la Iglesia de Santa Rita, en Miramar.

"A mi madre siempre se la trató como a uno de los muchachos," dice Cristina, "por ello yo fui criada para ser uno de los muchachos y soy uno de los muchachos. Cuando los hombres iban de pesca, mi mamá era la única mujer que llevaban con ellos; lo más asombroso era que ella pescaba mejor. Mi madre se enorgullecía de que no sólo iba de pesca con los hombres, sino que también hacía pis en el bosque como ellos." A diferencia de sus contemporáneas, Cristy sabía ser fuerte y femenina a la vez. "Cuando los hombres jugaban al póquer, quien los vencía a todos era mi mamá. Era uno de los muchachos en lo relacionado con los derechos, el dinero y las ambiciones. Pero a la vez, aprendí de mi mamá a ser femenina y elegante. Me enseñó a usar el poder de la inteligencia."

En 1960, el mundo dio un giro de 180 grados para la familia Saralegui. El ejército guerrillero de Fidel Castro derrocó al gobierno; las fuerzas castristas hicieron su victoriosa entrada en La Habana. Pronto, el nuevo gobierno cubano entabló relaciones amistosas con la URSS, confiscó casi todas las propiedades estadounidenses en Cuba y pactó acuerdos con otros gobiernos comunistas. A consecuencia de la revolución comunista de Castro, miles de cubanos huyeron de la isla incluyendo la familia Saralegui.

Sin advertir a sus hijos, el padre de Cristina ideó un plan para que ellos y su esposa pudieran abandonar la isla sin peligro y sin despertar las sospechas de las autoridades. Cristina tenía once años, y sus padres no le dijeron nada sobre la partida hasta la noche anterior a la salida de Cuba. "Salí de la casa y extendí mis brazos en la brisa, esa maravillosa brisa tropical de mi isla, y miré el mar y vi la luna reflejada. No me dejaron llamar a mis amigos. No pude despedirme de nadie porque los teléfonos estaban intervenidos. Recuerdo que me concentré en lo que captaban mis ojos. Fue como beber un trago muy sabroso lentamente para disfrutarlo. Capté esa visión y la bebí del todo, porque sabía que nunca más la volvería a ver."

La última imagen que Cristina tiene de Cuba es la de la sala de espera del aeropuerto de La Habana, donde su padre dejó a la familia. "Parte del complejo plan de mis padres para salir de la isla era que, primero, mi madre se fuera 'de vacaciones' con sus cuatro hijos a Trinidad, donde más tarde se reuniría con mi padre. Lo recuerdo a él, de pie en el aeropuerto, con lágrimas en los ojos porque no sabía si lograría salir. Creíamos que nunca nos volveríamos a ver. Dejábamos todo aquello que significaba algo para nosotros. Sabíamos que no debíamos llorar, porque si lo hacíamos, las autoridades sospecharían lo que estaba sucediendo."

Al partir hacia un futuro incierto en Trinidad, la madre de Cristina se dio cuenta de que por primera vez en su vida estaba verdaderamente sola. "Mi padre le escribió a mi madre durante esos ocho meses," recuerda

Cristina. "Mi mamá le correspondió continuamente. Un día rompí una gaveta y leí las cartas. No te imaginas las cartas desesperadas que ese hombre le escribió a esa mujer. ¡Así que sé lo que hicieron en su luna de miel!"

Una vez en el exilio, la familia Saralegui tuvo que adaptarse a una nueva realidad. "Como mi padre la tenía muy mimada y consentida, mi madre no sabía cocinar. Nunca había sido ama de casa, así que no sabía limpiar ni hacer nada en la casa (y yo tampoco). Solíamos decir que intentaba envenenarnos, porque no sabía cocinar. Todo se le quemaba y a todo le ponía demasiada sal. Pero al final, tuvo que aprender por necesidad, y ahora es buena cocinera."

Ocho meses después de despedirse de su esposa, el padre de Cristina logró reunirse con su familia en Key Biscayne, Florida. "Key Biscayne no era lo que es hoy en día," recuerda Cristina. No era un pueblo de millonarios, sino una barriada de viviendas públicas. Cada vez que llovía y había huracanes,

Cristina Saralegui y su madre,
Cristy S. Saralegui.

las calles se inundaban, allí podías pescar a puño limpio." A pesar de que su nueva vida en EE.UU. era drásticamente diferente, Cristina estaba feliz porque la familia había logrado reunirse.

Aunque Cristy sabía que su exilio era permanente, nunca dejó que los niños lo supieran. "Lo que más recuerdo de esos tiempos es cuánto nos divertíamos. Desde que llegamos a Estados Unidos, mis padres hicieron todo lo posible para que creyéramos que estábamos de vacaciones. Nunca nos transmitieron la ansiedad propia del exilio. Decían: 'Vamos a estar aquí un año. Vamos a ir a una nueva escuela y a hablar inglés.' Se empeñaron en ayudarnos a que nos adaptáramos."

A pesar de que, poco a poco, Cristina se fue adaptando a la vida en Estados Unidos, Cristy hizo lo posible para asegurarse de que su hija no perdiera completamente los valores cubanos con los que se había criado. Hasta que cumplió 18 años, Cristina asistió a todas las fiestas de la escuela con acompañante. "Mi mamá nos vino a buscar a una fiesta y vio a todos los jóvenes americanos besándose y notó que no había ningún padre de familia. Me dijo: 'Ésta es la última fiesta de la escuela a la que vienes sola.' Y de ahí en adelante tuve que empezar a salir con abuelo Pelusa, su padre."

Otro miembro de la familia que la acompañaba a las alocadas fiestas juveniles americanas era su tía Tita. "Mi tía Tita solía venir conmigo a los bailes de la Inmaculada Concepción y cuando yo bailaba con un muchacho, se acercaba a nosotros, con su bolsa y su suéter blanco, y nos advertía: 'Sepárense, o se lo voy a tener que contar a tu padre. Y si sigues portándote así, no te voy a acompañar más.' Llegó un momento en que ser mi acompañante era una tarea tan monumental que ya nadie quería hacerlo. Mamá nos dijo: 'Sin acompañante no pueden salir. Yo no los voy a acompañar, así que más vale que encuentren a otra persona.' " Cuando la búsqueda amenazaba con ser un fracaso, Cristina decidió decir "¡Basta!" Imitando el verdadero espíritu de su madre, se atrevió a decirle que iba a salir con su novio sin acompañante. "Y a partir de ese día, nunca tuve acompañante. Punto final."

La familia Saralegui, que en Cuba había sido muy adinerada, se encontró repentinamente enfrentada a la dura realidad económica de la vida en el exilio. El padre de Cristina la sacó de la universidad cuando le faltaban apenas nueve créditos para recibirse. "Lo hizo porque necesitaba pagar los estudios de mi hermano, que eran muy caros. En ese entonces yo me alegré, porque nunca necesité estudiar.

Mi hermano, en cambio, sí necesitaba obtener un título, porque sin título de ingeniero no habría llegado a nada en la vida. Dios mueve las piezas según su voluntad."

Así que Cristina empezó a trabajar para Vanidades, la revista que su familia había fundado y acababa de vender a una editorial venezolana. Como tuvo mucho éxito en el mundo editorial, la noticia de que se iba a trabajar en televisión dejó atónitos a sus padres. "Mi madre exclamó: '¿Estás loca? ¿No sabes cuánto dinero ganas? ¿No sabes lo bien que te va? ¿Vas a arriesgar todo esto? No estás bien de la cabeza.' Y me dijo que no lo hiciera. Y pensé: 'Coño, ésta es la mujer que me ha impulsado toda mi vida. Ha sido el viento en mis velas.' " Nuevamente, Cristina se encontró adoptando una postura y siguiendo el dictamen de su corazón en contra de las objeciones de su madre.

Pero Cristina había descubierto que escuchar a su corazón era lo más gratificante, tanto en las decisiones de negocios como en las relaciones personales. Era exactamente lo que su madre había hecho toda su vida.

"Cuando conocí a mi esposo, Marcos, yo era una mujer profesional muy cínica que no creía en el amor. Entonces sucedió algo extraño: me enamoré. Era la primera vez en mi vida que me enamoraba, y fui muy afortunada al encontrar a mi esposo.

Fuimos hechos el uno para el otro. Nos encontramos y nuestra vida cambió radicalmente. Él me dijo: 'Tienes que dejar esa revista, tienes que pasar a la televisión.' Vio algo en mí que mis padres no habían visto, especialmente mi madre. Así que mis padres se sintieron amenazados, porque Marcos veía en mí muchas cosas, y sigue siendo así. Me dijeron: 'No lo hagas, no te cases,' que fue el peor consejo que mi madre me dio jamás."

Marcos y Cristina se casaron y, como sus padres, decidieron ser socios a partes iguales. "Cuando Marcos llegó a mi vida, me preguntó: '¿Qué quieres lograr?' Contesté: 'Quiero lograr esto y lo otro y lo de más allá.' Y Marcos tuvo la inteligencia necesaria para hacerme triunfar. ¿Te imaginas? Él era un muchacho de veinticuatro años y yo, una mujer de treinta

y cinco. Y sin embargo me enseñó a entenderme a mí misma."

Cristina reconoce que su esposo le enseñó a ser más cariñosa. "Yo soy afectuosa físicamente con mis hijos porque mi esposo me enseñó. Él se crió con tres mujeres, cubanas las tres, que lo abrazaban de lo lindo. Pero mi madre nunca me abrazó, porque tampoco su madre la había abrazado a ella. Yo sabía que me quería y sé que me quiere ahora, pero no era algo físico.

"Cuando salí de casa por primera vez, mi madre me llamaba y me decía todo tipo de cosas y yo me quedaba escuchándola. Al principio era muy difícil porque mi madre era muy mandona. Mandona e insoportable. Pero un día Marcos entró y dijo: '¿Por qué no le cuelgas?' Yo pensé: 'Coño, tengo la opción de colgar.' Dije: 'Chau, mami.' Y colgué. Entonces ella se dio cuenta de que ya no podría cambiar nuestra relación. Tuve que colgar muchas veces.

"Aprendí a dominar a mi madre para liberarme. Decía: 'Adiós mamá, nos vemos luego,' y pum, la desconectaba, porque no había nada que ella pudiera hacer ya. Es algo psicológico. Poco a poco comencé a cortar esa dependencia que no me

Cristina Saralegui y su madre,
Cristy S. Saralegui.

gustaba. Cuando te crías con una madre muy fuerte, es muy difícil establecer tu propia personalidad si ella no cree en el noventa por ciento de las cosas en que tú crees. No les gusta ver a sus hijos crecer."

En cuanto a la crianza de sus propios hijos, Cristina se enorgullece de haber sabido adoptar todas las cosas buenas y no repetir lo que considera errores de su madre. "La verdad es que no me interesa intervenir en la vida de mis hijos de la forma en que mi madre intervino en la mía. No los llamo continuamente ni les digo lo que tienen que hacer. Les hago sugerencias, eso sí. Les hablo. Vienen a mi cama y me preguntan: '¿Qué me aconsejas que haga en esta situación?' Mi vida es muy intensa, así que no necesito vivirla a través de mis hijos. La relación que tengo con ellos es muy diferente a la relación que tuve con mis padres después de que me independicé y pude decidir lo que quería para mí. Mis padres proceden de otro mundo, de otra época."

Una de las lecciones más importantes que Cristina aprendió de su madre es hacer que todos la respeten. "Eso es algo que vi en ella desde que yo era chiquita," explica Cristina. "Sus padres la respetaban, su esposo la respetaba, pero ésa es su forma de ser. Es una mujer fuerte."

La capacidad de exigir respeto le ha sido muy útil a Cristina en el mundo de los negocios. "Fue muy difícil que los hombres de mi círculo profesional me aceptaran, especialmente los hombres latinos. A veces yo le preguntaba a mi padre cosas sobre la industria de las revistas, y preguntara lo que preguntara o dijera lo que dijera, siempre me decía que él había hecho algo más importante o algo mejor. Sus consejos servían solamente para su época. Él era de otro mundo. Puedo escuchar a mis padres y decirles lo que pienso, pero no darles consejos, porque soy de otro mundo. La diferencia entre mis padres y yo es que soy consciente de eso."

Si bien en varios aspectos Cristina no querría vivir en el mundo de su madre, en muchos otros la admira. "Mi mamá me ayudó a entender que una mujer tiene que alcanzar sus propias aspiraciones. Nunca le confesé cuánto admiraba su estilo cuando me sentaba a mirarla vestirse. Nunca le dije que soñaba con ir a pescar con los hombres, como ella. Nunca le agradecí que hiciera de mí una persona que usa el cerebro y no el cuerpo para conseguir lo que quiere. Ella me enseñó a ser independiente y lo que significa ser una mujer de verdad: algo que no tiene nada que ver con las apariencias; todo lo llevamos dentro. Tiene que ver con la energía femenina para procrear y la creatividad para hacer lo que deseas. Eso es lo que mi madre me enseñó." ∎

Preguntas Sin Responder

Aída Rodriguez

Y SU MADRE,

Ana Lucía Rodriguez

Aída Rodriguez siempre se ha interesado por concretar una carrera al servicio de la ley. Después de servir como oficial de policía durante varios años, Aída está a cargo de los programas sociales para la comunidad en el Departamento de Policía Metropolitano en Washington, D.C., donde trabaja como enlace entre la institución policial y la comunidad. ■ Aunque Ana Lucía Rodriguez no es la madre biológica de Aída, sin duda lo es en espíritu. Ana administra su propio servicio de limpieza de casas donde emplea a varias mujeres. Pero, la labor más importante que ha realizado Ana es haber aceptado como propia hija a una niña que no conocía.

PREGUNTAS SIN RESPONDER

CUANDO AÍDA RODRIGUEZ salió de Nicaragua, tenía apenas cinco años y estaba aterrorizada. Su madre la puso en un avión rumbo a Maryland, donde se dirigía a vivir con un hombre que no conocía: su padre. "Recuerdo ese viaje. Recuerdo que llevaba puesto un vestidito corto y que casi no tenía cabello. Yo no quería partir pero mamá nos embarcó a mi hermano y a mí en el avión, en medio de gente desconocida, para el viaje de ida desde Nicaragua. Mi hermano tenía cuatro años y yo cinco. Nos peleamos durante todo el trayecto porque los dos queríamos el asiento de la ventanilla."

Aunque pasó sus primeros años en Nicaragua, Aída nació en Hyattsville, Maryland. Fue allí que su padre conoció a Mariana, su madre biológica. Después de descubrir que Mariana estaba embarazada, la pareja se casó, tuvieron a Aída y poco tiempo después a su hermano. Cuando el matrimonio se disolvió, Mariana regresó a Nicaragua y se llevó consigo a los dos niños, junto a su madre y su familia. A Aída se le hace difícil recordar a su madre. "Me acuerdo de mi abuela en Nicaragua. Todo lo que recuerdo es a mi abuela porque mi madre casi nunca estaba. Nos quedamos allí hasta que ella decidió fletarnos de regreso a Maryland, para que viviéramos con nuestro padre."

Si bien Aída no se daba cuenta de lo que sucedía en la época de esa memorable pelea a bordo del avión, sus padres habían estado sosteniendo una feroz batalla por la tenencia de los dos niños. Dice Aída: "Mi padre quería que volviéramos. Cuando fui un poco mayor, me contó un montón de cosas que él hacía como enviarnos dinero. Me dijo que

quería vernos pero que mi madre no nos permitía hablar con él. Creo que cuando dejó de enviarnos dinero fue cuando ella decidió deshacerse de nosotros y por eso vinimos. Al menos ésa es la historia que me contaron.

"Cuando llegamos al aeropuerto nos estaban esperando mi padre y mi madrastra. Yo no reconocí a mi padre. Estaba muy asustada."

Nacida y criada en Costa Rica, Ana Lucía Rodriguez, la nueva esposa del padre de Aída, estaba ansiosa por conocer a los niños de quienes tanto había oído hablar. "Cuando recién llegué, ella me recibió con los brazos abiertos," recuerda Aída. "Pero era un tanto extraño porque ella no era mi madre. Creo que ella no estaba segura de cómo comportarse."

Con lo difícil que fue venir a un país diferente a esa edad, hacer el viaje sin su madre para conocer a un padre que no recordaba, era una experiencia que resultaba absolutamente aterradora. "Como mi hermano y yo sólo hablábamos español, tuvimos que aprender inglés. Tuve que empezar a ir a la escuela y asistir a clases de inglés como segundo idioma."

La madrastra de Aída, Ana, tenía una hija de un matrimonio previo quien también vivía en la casa. A pesar de que al principio Aída no se fiaba de la otra niña, ésta resultó ser una valiosa hermana mayor para ella y su hermano que les ayudó durante esta difícil época de transición. Y Ana resultó ser más madre que madrastra.

"Mi madrastra nos trató como una verdadera madre desde el principio," explica Aída. "Nos daba el mismo trato que a su propia hija. Más adelante mi papá y Ana tuvieron una hija juntos, así que también tenía una hermana menor. Cuando Ana preparaba una comida nos daba a todos lo mismo. Ella siempre nos trató con igualdad como si nosotros fuéramos sus propios hijos. Es más, creo que en ocasiones nos prestó especial atención porque quería hallar la manera de hacernos sentir a gusto."

A pesar del empeño de Ana, su hijastra no se sintió cómoda sino hasta después de un tiempo. Cuando los niños se burlaban de su acento nicaragüense y de su timidez, ella acudía a su madre. "Yo llegaba a casa diciendo: 'Los chavalos no quieren jugar conmigo' y me ponía a llorar," recuerda Aída.

A la vez que Aída iba aprendiendo a aceptar a su nueva madre y su nuevo mundo, seguía aferrada a la esperanza de que algún día su madre biológica regresaría por ella. Aída dice: "Yo siempre pensaba que ella vendría, pero cuando yo estaba en Nicaragua, recuerdo que pasaba más tiempo con mi abuela y con mis hermanos mayores que con mi madre. Creo que en realidad no pensaba que mi mamá iba a venir, sino que más bien creía que yo iba a regresar a casa, a Nicaragua a ver al resto de la familia."

Aída tiene información sobre su madre, pero Mariana aún es un misterio. Aunque su madre biológica y su familia viven en Nicaragua, ella le dijo a su hija que era dominicana. Más adelante, Aída encontró el acta de

Anna Rodríguez y su hijastra, Aída Rodríguez, en Washington, D.C.

nacimiento de Mariana donde constaba que había nacido en Puerto Rico. También descubrió que su madre tenía otros cuatro hijos que ella nunca supo que existían.

Los niños de padres divorciados suelen tener más preguntas que respuestas. Quieren saber por qué. En el caso de Aída, no es que esté interesada en juzgar a su madre por haberse deshecho de ella, sino que está desesperada por conocer el por qué. "Yo no creo que lo haya hecho por razones económicas," especula Aída. "Mi papá me mostró los giros postales que le enviaba a mamá a Nicaragua cuando estábamos allí. Ella hasta tenía sirvienta, y abuela vivía en casa; aun así se deshizo de nosotros. Descubrí que cuando mi madre volvió a Nicaragua se había vuelto a casar y mi papá no lo sabía. Hasta tuvo otro hijo. Había muchas mentiras y me dolía por mi papá.

"Aún me duele porque no entiendo cómo mi madre pudo

haberse deshecho de mí así no más. Y para peor, mi relación con mi padre no es muy buena. Sólo sirvió para empeorar las cosas."

Lo sorprendente es que Aída halló consuelo y apoyo en su relación con Ana. Si bien las dos mujeres no comparten carne y sangre, Ana es la persona a quien Aída llama madre. Explica: "Mariana es mi madre biológica pero Ana es mi madre. Para mí, ella es mi madre. Cuando hablo sobre Mariana, me refiero a ella como mi madre biológica y Ana es mi madre.

"Ana siempre ha estado de mi lado. Yo podía acudir a ella con más facilidad que a mi padre. Creo que le tengo un poquito de miedo a él. Mi mamá era a quien yo acudía si tenía problemas, como cuando me llegó la menstruación."

Aída también trabajaba con su madre limpiando casas. Ahora, Ana tiene su propia compañía de servicio de limpieza en el área de Washington, D.C. "Trabajaba con ella cuando no tenía que ir a la escuela. Estaba con ella para poder conversar y compartir."

A pesar de su estupenda relación, Ana y Aída tuvieron los mismos problemas que tienen todas las madres e hijas. Uno de esos problemas surgió cuando Aída descubrió que estaba embarazada en el último año de la secundaria. Recuerda: "Casi abandoné la escuela, pero seguí adelante y me gradué con el resto de mi clase. Me gradué el 6 de junio y mi hijo nació el 27 de junio."

Aída se encontró enfrentada al período más difícil de su vida. Ella y su hijo iban de un lugar a otro, hasta que decidió inscribirse como cadete en la Academia de policía. "Ana era la única que me ayudaba en esa época porque papá no quería ni hablarme, pero yo siempre contaba con mi mamá. Me ayudaba cuando más la necesitaba. Como me mudaba mucho de un lugar a otro, tuve que renunciar a la academia. Cuando conseguí mi primer apartamento empecé a ir al Montgomery College."

Allí, Aída estudió justicia criminal mientras intentaba volver a ingresar en el departamento de policía. En esos tiempos de ajetreo, Aída iba a la escuela mientras Ana cuidaba a su hijo. "Al poco tiempo mi papá y yo nos reencontramos y él me empezó a ayudar." Dice Aída: "Mi madre me ayudó a comprar mi primer carro porque mi papá no quería ser parte en el préstamo. Entonces, el departamento de policía me volvió a contratar. No quería que yo fuera una oficial de policía porque le daba miedo. Pero me dijo que me apoyaría de todas maneras porque eso era lo que siempre quise hacer."

Ahora Aída tiene un segundo niño y le encanta oír a sus hijos llamar abuela a Ana. Dice Aída: "Mi hijos son sus nietos. Yo le he contado a mi hijo David todo lo que mi madre ha hecho por mí y él me entiende. David quiere mucho a mi mamá; cada vez que va a su casa, le pide plátanos y ella le cocina lo que sea. Como yo tengo dos trabajos, mis padres cuidan a mis hijos. Siempre puedo contar con ellos."

Aunque Aída está contenta con su vida, en ocasiones, se encuentra frente a su pasado y tiene que encarar muchas preguntas para las que no tiene respuestas. Hace unos años, vio a su madre biológica, Mariana. Aída se enteró de que Mariana estaba en la ciudad y se dio cuenta de que no podía perder la oportunidad de verla. "Ella tiene otro hijo de una relación anterior que se graduaba de la secundaria, entonces fui a verla. Sólo quería preguntarle: '¿Por qué? ¿Cómo pu-diste hacer esto?' No es que la odiara, pero quería saber por qué, saber cómo pudo dejarnos.

"Alcancé a verla y ella me dio un abrazo frío. No tenía nada que decir y eso me hirió. Temía enfrentarme a ella por lo que me podría llegar a decir, así que no le hice ninguna pregunta."

A pesar de que no pudo establecer una conexión con su madre biológica, sí ha logrado establecer una relación con su hermana, una de las hijas de Mariana.

Dice Aída: "Me mantengo en contacto con su hija, que vendría a ser mi hermana, por e-mail. En los dos últimos años empecé a comunicarme con sus dos hijos mayores también. Es difícil porque les tengo que escribir en español. Si bien hablo español y puedo leerlo, me resulta difícil escribirlo. Por eso no les puedo escribir con claridad, la comunicación se dificulta y no me pueden contestar las preguntas que les hago.

"Ahora que soy madre sé que nunca podría hacerles a mis hijos lo que mi madre me hizo a mí. Ni me imagino lo que sería deshacerme de ellos y todo lo que perderían. Mi madre se perdió de vernos crecer a mí y a mi hermano, y ahora se está perdiendo a sus nietos."

Aun con todos los interrogantes que a menudo se plantea, Aída se siente muy satisfecha porque sabe que tiene a Ana, con la que puede contar. Con una sonrisa, Aída recuerda aquel enorme gesto de bondad que la recibió cuando bajó del avión que la trajo de Nicaragua. "Le agradezco infinitamente que nos cuidara a mí y a mi hermano y que nos haya aceptado como si nosotros fuéramos sus propios hijos." ■

Las Narradoras de Historias

Nina Tassler

Y SU MADRE,

Norma Grau Tassler

D esde siempre, Nina Tassler ha estado vinculada a la labor narrativa. Su carrera comenzó en el *Roundabout Theater Company* en la ciudad de New York y, actualmente, Nina es vicepresidenta sénior del departamento de desarrollo de series dramáticas en CBS Entertainment. Ella supervisa el desarrollo de las series dramáticas principales, incluyendo *Judging Amy* y *CSI: Crime Scene Investigation*. ■ La madre de Nina, Norma Grau Tassler, una mujer fuerte y admirable, asumió en su juventud la responsabilidad de ayudar y dar sustento a su familia, recién inmigrada a este país. De los valiosos legados que Norma concedió a su hija, uno de los más útiles ha sido el don de narrar historias.

LAS NARRADORAS DE HISTORIAS

Mientras que muchas mujeres les dejan a sus hijas alhajas antiguas o reliquias polvorientas, las mujeres de la familia Grau dejan algo que es mucho más valioso: les dejan relatos y el amor por la narración de historias.

Nina recuerda una historia en particular. "Mi madre estaba haciendo vigilia junto al lecho de mi abuela en sus últimos momentos y, justo antes de morir, ella le dijo con un aire dramático, tan caracterísco de una Grau: 'Tú eres mi única hija verdadera.' " Esta confesión a la hora de la muerte resultó muy significativa porque desde hacía años circulaba en el seno de la familia Grau el rumor de que la tía de Nina, Tía Millie, no era hija legítima. "Mi abuela crió a la Tía Millie, pero había mucha especulación sobre si era su hija o su sobrina. Al ir creciendo mi tía, todos los miembros de la familia trataban de determinar a quién se parecía.

"Así que durante años yo pensé que mi abuela había adoptado a Tía Millie. Cuando mi Tía Millie falleció, hace unos tres años, yo le dije a mi madre: '¡Qué doloroso debe de haber sido para ella no haber sabido nunca la verdad sobre su identidad o no haber podido saber nunca que su tía era su madre.' Y mi madre se volvió y me preguntó: '¿De qué estás hablando?' Yo le repetí la historia de que su tía había tenido a la Tía Millie de soltera y que había hecho que su hermana casada la adoptara. Mi madre me miró sin inmutarse y dijo: 'Oh, eso es invento mío.' " Nina se ríe al recordar. "¡Yo creí esa historia toda mi vida! "

En cierto sentido, para las latinas, narrar una historia es más importante que la historia misma. Más importante que los detalles o los hechos, es la manera tradicional en que estas historias pasan de generación en generación. Al igual que la antigua tradición de las historias orales, más que la transmisión de una historia, para las mujeres, esto significa una oportunidad de establecer lazos afectivos.

Dice Nina: "Cuando yo oigo las historias de mi familia, no estoy muy segura de qué partes son verídicas y cuánto se les ha ido añadiendo con el correr del tiempo para adornarlas. Pero lo cierto es que, como toda buena narración, la historia de mi tía me obsesionaba. Yo fantaseaba al respecto y nunca la olvidé porque es como una telenovela: su tema central es la familia, las relaciones sexuales prematrimoniales y los niños nacidos de madres solteras. Siento que me ha dado licencia para creer que todo es posible en esta alocada vida de fantasía."

Y en el caso de Nina, está demostrado que todo puede ser posible. En su función de VP sénior de desarrollo en CBS, Nina ha tenido la oportunidad de dar vida a varias "fantasías alocadas." Al respecto dice Nina, "Cuando recién empecé a trabajar en la emisora, hace tres años, *Judging Amy* fue el primer programa que reflejaba mi actitud ante la vida y mi relación con mi madre. La gente que mira *Judging Amy* se relaciona con el hecho de que la madre y la hija comparten un vínculo especial, tienen cierto lenguaje secreto en común y una forma de comunicarse que en ocasiones nadie más entiende. Hay veces en que, al relatar algo, mi madre y yo hablamos con indirectas o incongruencias que sólo madre e hija comprenden. En *Judging Amy* fue la primera vez que sentí que una relación televisiva reflejaba, en muchos aspectos, la relación con mi madre. El programa deriva de la vida de Amy Brenneman y su relación con su madre; es muy complicado y tiene varias facetas diferentes. Cuando lo estábamos desarrollando, tuvimos la oportunidad de proyectar en la relación de los personajes lo que aprendimos en nuestras relaciones madre—hija reales.

"Esa característica de indirectas e incongruencias, propia de la narración de historias, es parte de la cultura en que me crié. Es parte de la forma en que observo al mundo. Creo que es una particularidad de las mujeres latinas."

Nina se crió en una familia de mujeres latinas, fuertes de espíritu, que estaban orgullosas de su cultura. La abuela de Nina nació en España y posteriormente fue a vivir a Puerto Rico donde conoció y se casó con el abuelo de Nina. "Hay una interesante combinación de influencias latinas en mi familia: española y puertorriqueña. Los lazos matrimoniales en mi familia son como las Naciones Unidas. Tenemos mexicanos, cubanos y sudamericanos. Casi todo tipo de país latinoamericano está representado en mi familia."

Norma Grau Tassler y su hija,
Nina Tassler.

La madre de Nina, Norma Carol Grau, era la mayor de una numerosa familia. Para cuando llegó a Estados Unidos, ya era la jefa de familia extraoficial. Ella cuidó a sus hermanos menores y ganaba dinero haciendo ropa en esas fábricas de New York de triste fama, donde se explotaba a los trabajadores.

Norma le contó a su hija que sus ancestros españoles eran judíos y que se habían convertido al cristianismo durante la Inquisición. "Esas historias juegan un papel muy importante, muy significativo en nuestra identidad y nuestro origen," dice Nina. "Las historias me dieron un tremendo sentido de orgullo y siempre me crié en la tradición judía." Cuando Norma se casó con el padre de Nina aprovechó la oportunidad para convertirse al judaísmo.

Dice Nina: "Yo nací en Washington Heights, un vecindario de la ciudad de New York, y toda mi familia vivía en el mismo edificio. Mi abuelo y mi abuela tenían una casa cerca del parque. Había una carnicería común al lado de la tienda de un carnicero judío." Cuando sus abuelos se mudaron a la zona norte de New York, la familia de Nina se mudó con ellos.

"Allí teníamos a muchos familiares que vivían tan sólo a dos millas de los

Norma Grau Tassler y su hija,
Nina Tassler.

demás, por eso me crié con mis tíos y primos. Estábamos vinculados con todos los miembros de la familia. Yo albergo formidables emociones en mi corazón y, hasta el día de hoy, tengo intensos vínculos con mi familia, la familia de mi esposo y mis hijos. Les presto mucha atención y respeto esas relaciones.

"Tengo dos hijos: un varón de 14 años que lleva el nombre de mi padre, y una niña de 3 años que lleva el nombre de la abuela de mi marido y de mi abuela, Risa. A pesar de que todos estamos cada vez más asimilados, con estas historias trato de alguna manera de recordarles quiénes somos a mis hijos. Mi hijo tuvo que hacer un árbol genealógico en la escuela, así que entrevistó a mi madre y ella le contó las historias de sus vivencias. Al escuchar los relatos acerca de mis abuelos, él llegó a tener una idea de las tradiciones. Conoce la historia de nuestro origen, de quiénes eran sus bisabuelos y las historias de mi madre cuando era niña.

"Con el correr del tiempo, buscamos una cierta conexión con nuestro pasado y nuestro origen. Mi abuela y mi abuelo se lo transmitieron a mi madre, quien me crió con esas historias."

Como Norma vive en Florida y Nina y su familia viven en California, no pueden pasar tanto tiempo juntas como le gustaría a Nina. Pero esto no disminuye de ninguna manera la intensa relación que Nina ve entre su madre y su hija de tres años.

"Mi madre es una cocinera increíble y siempre que está con mi hija, cocinan, hornean galletas o hacen roscas. Y a las dos les encanta cantar. Cuando viajo entre la casa y el trabajo, pongo un CD en el auto y le doy el teléfono celular a mi hija para que pueda cantarle a todo volumen a su abuela que está en Florida. Le doy gracias a Dios por la tecnología, porque nos da la oportunidad de que una le cante a la otra, a través de la distancia. Es aquello de hacer algo juntas y transmitírselo a tu nieta; eso es importante."

Más que los cuentos de hadas y mitos, lo que importa son estas historias familiares de amor y vínculos. Dice Nina: "Las cosas que mi madre me pasó con más intensidad fueron el énfasis en la familia y la necesidad de contar nuestras historias." En última instancia, las narraciones que Norma le pasó a Nina son importantes porque son su historia compartida y la historia de sus vidas. ■

Almas Gemelas

Rosario Dawson

Y SU MADRE,

Isabel Dawson

A los quince años y sin ninguna experiencia en actuación, Rosario Dawson logró su primer papel como actriz de reparto en una película, el polémico filme *Kids.* A partir de entonces, la joven de origen puertorriqueño, cubano, irlandés e indoamericano, ha actuado en más de 15 películas en Hollywood y en filmes independientes, incluyendo *Josie and the Pussycats, Men in Black 2* y el filme de Spike Lee, *The 25th Hour.* ■ Isabel Dawson, la madre de Rosario, abrió el camino para su hija demostrándole que las únicas expectativas que tenía que satisfacer eran las suyas. Madre e hija se han probado a sí mismas y recíprocamente que necesitan muy poco, más allá de contar la una con la otra.

ALMAS GEMELAS

CUANDO ROSARIO DAWSON era una niña siempre tenía que saber dónde estaba su madre. "Yo estaba jugando en una habitación," dice Rosario contándonos el truco que su madre le hacía, "y mi madre estaba en la cocina, en el otro extremo del apartamento. De pronto yo decía: '¿Mami?' porque quería determinar dónde estaba, y empezaba a caminar muy despacio hacia donde creía que ella se encontraba, y si no la veía al llegar al otro extremo del apartamento gritaba: '¡Mami!,' desesperada por verla. Yo trataba de descubrir dónde la había perdido; entonces ella aparecía y preguntaba: '¿Qué?' Siempre se escondía de mí a propósito. Pero cuando mi hermanito se escondía en el parque, ella se desesperaba. Él se escondía detrás de un árbol y desde allí la miraba. Yo le decía que se lo merecía; ella me torturaba a mí y ahora él la torturaba a ella."

No es extraño que Rosario siempre quisiera saber dónde estaba su madre, Isabel Dawson siempre tuvo una relación muy estrecha con su hija, en ocasiones semejándose más a la de hermanas unidas que a la de madre e hija. "Creo que se trata sencillamente de que ambas somos personas alegres y por naturaleza mantenemos una relación agradable. La dinámica madre-hija está presente pero ella no siempre es la madre y yo no siempre soy la hija. De vez en cuando se da una inversión. Creo que ambas sabemos exactamente qué esperar de la otra y eso hace que la nuestra sea una relación muy amena.

"Cuando yo era pequeñita, antes de que naciera mi hermano, íbamos a la Playa Manhattan a pasear y a mirar a mi papá jugar básquetbol. Simplemente pasábamos el rato juntas, ella siempre ha sido muy buena y alegre; me daba algo que acababa de leer y lo leíamos juntas, sin hablar. Acostumbrábamos a pasar largos ratos juntas."

A diferencia del hogar que creó para ella y para su hija, Isabel fue criada con las expectativas más tradicionales de cómo debe ser y conducirse una latina. Hija de padre cubano y madre puertorriqueña, Isabel se crió en los ambientes urbanos de Brooklyn y el Bronx. "A mi mamá la criaron de manera totalmente opuesta a la forma en que ella me crió a mí," dice Rosario. "Cuando mi mamá estaba más grandecita, tenía que cocinar, limpiar y cuidar a sus hermanos. Tenía muchas responsabilidades. A la salida de la escuela debía ir derecho a su casa y ni así le tenían confianza. Ella ansiaba romper con esa situación y una de las maneras en que podía lograrlo era quedando embarazada.

"Cuando quedó embarazada de mí tenía 16 años. Hubo muchas cosas que a mi mamá no le enseñaron y por consiguiente ella las tuvo que averiguar sola, cosas sobre las cuales no le podía pedir consejos a su madre. No se trataba de que su madre fuera mala, es que era así. Si eras estúpida, tenías que sufrir las consecuencias."

Rosario y su madre han hablado sobre el impacto que su nacimiento ha tenido en la madre y en sus ambiciones. "Yo sé que hay muchas cosas que a mi mamá le hubiera gustado hacer," dice Rosario, "pero no creo que eso significa que se arrepiente de haberme tenido. Sé que no es así porque lo hemos hablado. Como todo ser humano en este planeta, uno tiene ideas y sueños que aspira a alcanzar, y de pronto la vida asesta un golpe y uno se adapta. A veces es posible incorporar esas ideas y a veces tomas otro camino. Mi mamá todavía es muy joven; tiene 40 años. Podría hacer lo que quiera, pero no es el momento oportuno. Ha tenido que adaptarse."

Isabel no sólo se ha adaptado sino que se ha empeñado en que su hija no cometa los mismos errores que ella. "Mi madre no quería lo mismo para mí," dice Rosario. "Ella quería que yo tuviera opciones. Si me decía que hiciera algo y yo hacía otra cosa, siempre me daba a entender que aún contaba con su apoyo. Nunca me acosó ni me advirtió: 'Te lo dije,' por haber ido en contra de sus consejos. Ella me dijo: 'Yo tomé muchas decisiones en mi vida y he tenido que lidiar con las consecuencias. Te puedo pasar esa información y ahorrarte tiempo si quieres preguntarme al respecto. Si no me haces preguntas y actúas de manera opuesta a lo que te digo, igual vas a tener que aprender

Isabel Dawson y su hija,
Rosario Dawson.

la lección. Es tu vida, pero yo te quiero y puedes contar conmigo.' "

Isabel, una madre soltera criando a su hija en el mismo edificio de apartamentos en que vivía el papá de la niña, siempre ha sido fiel a su palabra.. "Sí, vivían en el mismo edificio," explica Rosario. "Yo pasé la mayor parte del tiempo con mi mamá, pero viví con los dos casi por partes iguales.

"Yo era la niña de papá hasta que tuve unos cinco años de edad. Hasta ese momento, yo era muy parecida a mi papá, quería ser como él y vestirme como él. Después, mi personalidad comenzó a parecerse a la de mi madre; y a partir de entonces, mi mamá y yo estábamos siempre juntas. Éramos inseparables. Creo que hay algo entre nosotras que hace que seamos como una sola persona."

Como quien pasa una antorcha, Isabel le ha pasado a su hija su espíritu insaciable. "Muchos de los rasgos de mi identidad los he aprendido en su compañía, por ejemplo, puedo llegar a ser muy ruidosa, afectuosa y sociable, rasgos que mi padre no tiene. Mi mamá es más extrovertida y comunicativa que mi papá. Todo el drama, el gusto de sociabilizar, todas las ideas, las fiestas, tener muchos amigos, ser directa, fuerte y afable, todo eso es de mi mamá, de estar en su compañía. Yo no era su sombra, era más bien como su calcetín. Yo estaba sobre ella, era parte de ella. Cuando era pequeña siempre estaba allí, a su lado. Lo mejor de todo es que ella siempre me trató como a una persona mayor."

Rosario recuerda las veces que tenía que tratar de seguirle el paso a su madre mientras caminaban por las calles de New York. Para Isabel, era

Isabel Dawson y su hija,
Rosario Dawson.

responsabilidad de su hija seguirle el ritmo en el andar. Rosario recuerda con una sonrisa que su madre nunca aminoraba la marcha para esperarla. "Yo caminaba más despacio que ella porque era cinco pies más baja. Me llevaba de la mano y recuerdo que tenía que correr a su lado y, de todas maneras, yo me sentía como una persona pequeña a quien ella respetaba. Siempre recordaré eso."

En lo que ha llegado a ser una repetida y famosa historia, la llegada de Rosario al mundo del cine se dio en una ocasión en que ella estaba sentada en el banquito del apartamento de su madre en el East Village, en 1995. El cineasta Larry Clark vio a Rosario, entonces de 15 años, y la reclutó para el reparto de su película de reducido presupuesto *Kids*, una historia brutal de jovencitos, sexo y abuso de drogas.

Al recordar cómo la "descubrieron," Rosario se ríe y dice: "Sí, fue muy extraño, yo estaba ahí sentada no más y sucedió. A mi madre le pareció bien. Me dijo que desde que yo era muy pequeña había recibido ofertas para que modelara o hiciera comerciales, pues era una niña muy precoz. Yo siempre fui muy segura de mí misma y muy feliz, sonreía mucho y me llevaba muy bien con la gente. Mi papá dice que cuando tenía poco más de un año y me habían llevado a tomarme unas fotografías, yo empecé a posar para el fotógrafo. El tipo dijo: 'Dios mío, a esta niña no la voy a perder de vista.' "

Cuando me asignaron un papel en *Kids*, mis padres no tuvieron ningún problema. Pensaron que a esa edad no era muy chica. Ya me habían hecho ofertas antes, pero como no creían que tenía la edad suficiente habían dicho que no. No querían exponerme a todo eso, pero con el tiempo podía examinar el material y decidir yo misma si era algo que quería hacer. Y dio la casualidad de que quise hacer esa película."

Darle a una hija la autoridad para tomar sus propias decisiones puede parecer inusual para una típica madre latina, pero Isabel no es típica para nada. Recientemente, Isabel hizo algo que era totalmente atípico para una madre que celebra su cumpleaños número 40; se hizo cortar el cabello al estilo mohawk, y se perforó la lengua.

Rosario explica que a ella no la sorprendió. "No me extraña en lo más mínimo que mi madre haga algo así, pues ella es una persona muy impulsiva. Ha querido hacerse ese corte de cabello desde que era muy joven. Su madre le advirtió que no se lo podía hacer hasta que tuviera 40 años. Mi abuela le dijo: 'Si de verdad quieres hacerlo y si es tan importante para ti, todavía lo querrás hacer aun dentro de veinte años. Si después de pensarlo todo ese tiempo todavía lo quieres hacer, entonces te lo puedes hacer.' Así que cuando cumplió 40 años lo hizo. Y ¿sabes qué? El cabello le va a volver a crecer."

Es muy elocuente que Isabel tenga ese espíritu independiente y se rasure la cabeza y a la vez honre a su madre esperando hasta los cuarenta años. Isabel es un puente entre una generación de latinas que se criaron bajo normas tradicionales estrictas y una generación que sienten la libertad de hacer lo que quieren. Rosario recuerda el momento en que su abuela vio el nuevo corte de cabello de su madre: "Mi abuela estaba pasmada, pero dijo: 'No quiero decir nada negativo porque con este corte de cabello te vemos más la cara y eres hermosa.' Mi abuela pensó que lucía hermosa porque lo es."

Lo más hermoso de Isabel y Rosario, sin embargo, es cómo se quieren. Rosario dice que algunos de sus recuerdos más preciados son de cuando podía acurrucarse en el regazo de Isabel, en su abrazo protector. Dice: "Siento cierta tristeza por el hecho de que ella no puede acurrucarme como solía hacerlo, pero de vez en cuando, aún lo hace. Mi mamá me agarra y me sostiene en su regazo, sólo que ahora le empiezan a fallar las piernas." ∎

Nunca Te Detengas

Sandra García

Y SU MADRE,

María García

Desde que fue editora del anuario de su escuela secundaria, Sandra García siempre ha estado interesada en combinar las palabras y las imágenes. Como contadora ejecutiva de una de las agencias publicitarias hispanas más importantes del país, Sandra continúa desarrollando su interés en los medios de comunicación y su amor a la cultura hispana. ■ Sandra heredó de María García, su madre, la gran afición por la cultura. Criada en México como una jovencita recatada, María descubrió que tenía que depender de su propia fortaleza y energía para superar los muchos obstáculos que la vida colocó en su camino. Es esa fortaleza y esa energía lo que la ha llevado a convertirse en ciudadana estadounidense a los 61 años de edad y que además constituyen el legado que María García concede a su hija.

Cuando María García se enteró de que había pasado el examen de la ciudadanía, inmediatamente llamó a su hija Sandra al trabajo y ambas gritaron de alegría. Aunque la ciudadanía es algo que muchas personas dan por sentado, para Sandra y su madre, no podía ser más extraordinario. Sandra cuenta que en los días siguientes al examen, su madre estaba un poco nerviosa. "Yo me preguntaba qué pasaría si no lo aprobaba." No debió haberse preocupado porque su madre tiene un don para conquistar situaciones que parecen imposibles y dar la impresión de que fue fácil.

Sandra recuerda a su madre como un torbellino de actividad constante. "Aunque estuviera en casa, siempre andaba de un lado para el otro. Ella siempre ha sido muy enérgica, muy activa, capaz de idear cosas nuevas para hacer. Mi madre participa en muchas cosas y siempre está haciendo algo. Cuando nos ve a mi hermana y a mí descansando y mirando la tele porque hemos tenido una semana pesada en el trabajo, ella nos dice: 'Son muy jóvenes para estar sentadas mirando la tele. ¡Levántense y vivan la vida!' Es tan enérgica que yo siempre le digo que el momento en que la oiga decir que está cansada, va a ser el momento en que me empiece a preocupar, porque ella no es así."

Ya fuera que anduviera por la ciudad vendiendo *Avon* de puerta en puerta o haciendo de anfitriona de una fiesta *Tupperware* en su casa, Sandra siempre estaba a su lado. "Como yo era la más chica de la familia, era obligatorio que fuera con ella: con el tiempo ese trajín llegó a gustarme. Yo recuerdo que ella también tenía un vínculo muy especial con su mamá."

María venía de una familia numerosa y, como su hija, era la que estaba más unida a su madre. La madre de Sandra nació en Parmas, México, pero se crió en la ciudad de Monterrey, donde aún viven todos sus hermanos y hermanas. "Mi abuela nos dijo que nuestra madre era la más reservada de todos," dice Sandra. "Era la más obediente, la más fácil de tratar y la que siempre quería estar con sus padres. No ocasionaba ningún problema."

De jovencita, María a menudo viajaba al norte, desde su hogar en Monterrey, México, a visitar el pueblo de Laredo, en Texas. "Cuando ella era joven, estaba de onda ahorrar el dinero e ir de compras a Texas. Era una gran cosa comprar la ropa en Estados Unidos y ella podía hacerlo porque su hermana mayor vivía en San Antonio." En una de esas visitas a EE. UU., su hermana sugirió que saliera en una cita a ciegas con su cuñado Rogelio. María aceptó sin mucha convicción.

Pocos días después del primer encuentro, el muchacho invitó a María a la casa de su hermana a cenar. Como si tal cosa, mientras pasaba un bol con comida al otro lado de la mesa, Rogelio le dijo a su padre que María era la mujer con quien se iba a casar. "Por supuesto, mi mamá se sonrojó y dijo: '¿Dios mío, qué dijo él?' Pero mi padre supo en ese instante que se iba a casar con ella."

El noviazgo duró tres años porque la madre de María era muy estricta y no quería dar su consentimiento para la boda. "Era muy duro para mi abuela dejar ir a su hija y a mi mamá se le hacía difícil lograrlo. En ese entonces, si tus padres no te daban permiso, no lo podías hacer." Pero Rogelio fue muy insistente. "Él iba a México con su tío, con su primo, con cualquiera que le viniera a la mente para convencerlos de que lo dejaran casarse con su hija. Mi abuelo finalmente le dijo a ella: 'Ya vas a tener 27 años. Eres una mujer. Es tu vida y debes hacer lo que consideres necesario.' Pero mi mamá todavía no se sentía cómoda casándose sin la aprobación de su madre. Tres años más tarde, mi mamá decidió que ya estaba harta y se fue de su hogar para casarse con Rogelio que en ese entonces estaba en el ejército en California."

Desafortunadamente, cuando al final tuvo la ceremonia religiosa en la iglesia, como siempre había querido, sus padres no estaban presentes. "Aunque ella estaba segura de que había procedido bien, siempre anheló que su mamá y su papá hubieran estado en la boda. Lo curioso es que no podía casarse sin la ayuda de sus padres porque necesitaba su acta de nacimiento y ellos la tenían en México. Pero su mamá se negó a darle los papeles; los tenía en una gaveta y no se los daba a nadie. Un día, mi abuelo le sacó la llave a escondidas y obtuvo el acta de mi mamá y otros documentos y se los mandó a California. Así fue que ella pudo tener todo en regla, porque su papá acabó ayudándola."

Afortunadamente para María, después de la boda, su madre aceptó el matrimonio y a su nuevo yerno. "Yo creo que mi abuela estaba herida y no podía creer que mi mamá se hubiera casado sin ella. Pero su relación era tan especial que no creo que mi abuela hubiera podido permanecer enojada por mucho tiempo."

Los recién casados vivían en el área de San Diego y pronto tuvieron su primer hijo. No obstante, María no se sentía cómoda en un mundo donde todo estaba solamente en inglés. "En esa época no había cadenas de televisión en español como hay ahora. Sólo podía escuchar música en español una vez a la semana, los domingos. Se sentía alienada y nostálgica porque su hogar estaba muy lejos."

La familia García se mudó a Texas. Aunque iban de un lado a otro siguiendo los trabajos de Rogelio, la atención de María permanecía centrada en un punto: su familia. "Siempre pudimos contar con ella en la primaria y la escuela intermedia porque ésos eran años cruciales. Ella estaba esperando el momento en que todos nosotros estuviéramos viviendo por las nuestras para poder reevaluar lo que quería hacer con su vida."

María siempre ha sido una mujer muy centrada y muy resuelta logrando lo que se propone. "Siempre ha sido muy emprendedora, pero en cuanto a seguir un camino que la llevara a tener una carrera próspera, nunca lo hizo. Siempre mencionaba el canto, y ella canta muy bien. Solía cantar ópera y su hermano estaba en un conjunto mariachi. A menudo me pregunto si podría haber llegado a algo con el canto; tal vez eso hubiera sido posible si en lugar de dedicarle todo

Sandra García y su madre,
María García.

parse por nosotros. Aunque él había muerto cuando estaba sola en la casa, ella estaba preocupada por nosotros."

Una semana después de la muerte de su padre, el día de Navidad, María y su familia hicieron todo lo que estaba en sus manos para que el día festivo fuera lo más normal posible, pero no había caso. Entonces, su madre comenzó a sentirse enferma. "Pensamos que estaba triste porque todos estábamos tristes. Pero ella llamó a una de sus hermanas para que la llevara al hospital porque le había subido la presión a un nivel muy elevado.

"La ingresaron al hospital y, por supuesto, mi hermano, mi hermana y yo pensábamos: '¡Por Dios, ahora es mamá!' Yo no podía creer lo que estaba pasando. Estuvo en el hospital casi una semana, necesitaba descansar y dejar que su cuerpo aceptara el hecho de que su mente era un torbellino de emociones. Recuerdo haberle dicho que a ella no le podía pasar nada porque aún la necesitábamos. Por cierto eso fue muy egoísta de mi parte, pero ella me aseguró que eso era lo que la mantenía allí. Sabía que no podía dejarnos sin padre y sin madre. Ésa fue otra etapa de nuestras vidas muy,

el tiempo a su familia se hubiera concentrado más en lo que le gustaba."

Cuando Sandra tenía 15 años su papá falleció inesperadamente. La tragedia que cambió a la familia para siempre sucedió una semana antes de la Navidad, durante una reunión familiar. El hermano y la hermana de Sandra, que ya estaban en la universidad, habían ido de visita. "Era el 16 de diciembre de 1989, nunca lo olvidaré. Fue el sábado siguiente al comienzo de las vacaciones de Navidad. Estábamos limpiando la casa y haciendo lo que normalmente hacíamos. La familia de mi madre llegó de Monterrey y en un momento dado fuimos al centro comercial, pero mi mamá y mi papá se quedaron en casa. Veinte minutos después de que nosotros nos fuimos, mi papá comenzó a toser. Se levantó, bebió su café, fue al baño y se desplomó. Y mamá tuvo que vérselas sola con esa situación porque ninguno de nosotros estaba en casa.

"Recuerdo que cuando regresamos ya estaba oscuro y había muchos carros afuera, y yo pensé: 'Oh, a lo mejor invitaron a otros familiares y vamos a tener una gran comida.' Entonces, uno de mis tíos se dirigió a mí y me dijo que mi papá había muerto. La impresión que uno se lleva es enorme. No lo esperas; ni siquiera estás preparada para eso. En ese momento lo único que a mi madre se le ocurrió fue preocu-

muy emotiva. Acabábamos de pasar por la muerte de mi padre y una semana después, el día de Navidad, mi madre ingresaba al hospital. Pero aún entonces, cuando estaba en el hospital, ella fue fuerte. Nos dijo todo lo que debíamos hacer y cómo debíamos comportarnos y yo le respondía: 'Sí mamá, está bueno. Intenta relajarte y aprovechar el tiempo para recuperarte lo más pronto que puedas.' Y así lo hizo."

Repentinamente, a los 15 años, yo me preocupaba por hacer lo debido y por apoyar a mi madre. Ella nos pedía que no nos preocupásemos, que no tuviéramos miedo, que viviéramos la vida y no pensáramos demasiado en las cosas. Ella decía: 'No deberías preocuparte por lo que no puedes controlar.' Ésa es una de las cosas que siempre trato de recordar. Pero a veces, del dicho al hecho hay un gran trecho. Desde la muerte de mi padre, mi mamá ha sido nuestro pilar de fortaleza. Después de haber pasado por todo eso, siempre nos infundíamos ánimos entre todos. Le dijimos: 'No vayas a seguir las costumbres de México y andar vestida de negro durante cuatro años.' Eso es típico de nuestra cultura. Que no te vistas de negro no significa que no quisiste a tu padre y que no lo recuerdes.

"Ella vistió de negro para el funeral, pero no recuerdo hasta cuántos meses después continuó vistiendo de luto. Por un tiempo estuvo triste, pero no daba la impresión de que pensara demasiado en eso. Estábamos tristes pero lo manteníamos en la intimidad. Ella siempre decía: 'La vida continúa; hay que hacer lo que hay que hacer.' Dos semanas después de la muerte de mi padre, yo volví a la escuela, mis hermanos regresaron también y mamá encontró en qué ocuparse."

María predicaba con el ejemplo al no dejar que nada la detuviera. Al igual que sus hijos, ella siguió adelante, participando activamente en su iglesia y en tres coros. "A mi mamá le gusta salir con sus amigos. Por cierto, su idea de salir es diferente de la mía. Ella y sus amigos se reúnen para rezar el rosario."

Poco después de la muerte de su padre, Sandra y su familia se mudaron a la casa de la hermana de su madre. "Recuerdo que eso fue una de las cosas que más le costó a mi madre porque ella era muy independiente y nunca quiso importunar a la gente. Creo que tenía mucho que ver con su orgullo. Ella quería hacer las cosas sola; no quería sentir que necesitaba la ayuda de otros. Mudarnos a vivir con mi tía significó mucho para nosotros. Pero en cuanto se terminaron los trámites de los beneficios de mi padre, mi mamá decidió mudarse. Fue una decisión muy prudente porque quería asegurar su futuro también. Nos dijo que se iba a comprar una casa y aunque sólo pudiera comprar una casa pequeña, quería pagarla por completo para saber que tenía su propia vivienda y que no debería depender de nadie otra vez. Se compró una casita, y hasta el día de hoy vive allí. Está totalmente paga. Ella compró un carro, mi hermano aprendió a conducir y usamos ese vehículo por muchos años. Ella proprocionó seguridad para sí y para su familia."

Al mismo tiempo que María aseguraba su futuro, le enseñó a su hija a preocuparse por la seguridad de los demás. "Yo tengo muchos recuerdos de lo amable y generosa que era con gente necesitada. Recuerdo que en un viaje en autobús de Monterrey a San Antonio, mi madre comenzó a platicar con una pareja de México. Tenían un bebé y le dijeron a mi mamá que se les había averiado el carro y por eso viajaban en autobús. Mamá tiene mucha facilidad para iniciar conversaciones con la gente. Vio al bebé y comenzó a platicar con la señora; enseguida descubrió que estas personas necesitaban ayuda. No tenían mucho dinero, su carro estaba averiado y no conocían a nadie en San Antonio. Ella les ofreció la casa y entonces le pregunté: '¿Qué estás haciendo? A poco, ni sabemos quienes son.' Ella respondió: 'Tengo una buena sensación y uno nunca sabe. ¿Qué tal si se tratara de ti y tu hermano y les pasara algo? A mí me gustaría que alguien les ofreciera la casa a ustedes también.' Esas personas estaban desesperadas y tenían pensado quedarse en la terminal de la *Greyhound*. Mamá les dijo: 'No, no pueden hacer eso, tienen un bebé. Vengan a nuestra casa, son muy bienvenidos.' Ni ellos podían creer lo que mi mamá estaba haciendo, pero lo cierto es que se quedaron en nuestra casa una noche y estaban muy, muy, muy agradecidos. No dejaban de decirle a mi mamá: 'Esto ha sido padrísimo. Nunca olvidaremos su ayuda. Si alguna vez va a la ciudad de México, por favor, llámenos. Usted fue como un ángel para nosotros. Ni siquiera sabe quiénes somos.' Estaban réquete agradecidos.

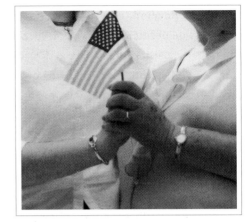

"Y eso me impactó mucho, es que uno se cría oyendo 'No hables con desconocidos.' Dicen que no se debe hacer lo que mi madre hizo, invitar a personas desconocidas a la casa, dejarlos dormir y comer ahí y permitir que vean todo lo que uno tiene. Híjole, no es que tuviéramos mucho, pero mi mamá era una viuda, así que no tenía a su esposo allí en caso de que lo necesitara para que la protegiera. Éramos ella, mi hermana y yo. Nosotras no podíamos creer que lo hizo, pero al final estábamos muy orgullosas. Creo que hasta les prestó dinero para regresar. En una ocasión, mi mamá fue a la ciudad de México, se encontró con ellos y le dijeron: 'Pos oiga usté, señora. ¡Toda mi familia la conoce! ¡Siempre les platicamos sobre la señora que conocimos en San Antonio!' Mi mamá acostumbraba hacer cosas por el estilo. Yo le decía: 'Mamá, no te lo van a devolver, no sabes ni quiénes son.' Pero ella igual lo hacía."

El valor que María tuvo para ofrecer su ayuda a desconocidos está arraigado en una inquebrantable confianza en sí misma. Ella sabía quién era como latina y le recalcaba a sus hijos la importancia de ese entendimiento. "Mi mamá siempre me enseñó a estar muy orgullosa del hecho de que yo podía hablar tanto español como inglés. Por supuesto, ella siempre hablaba en español, haciendo hincapié en que habláramos inglés también. Mamá decía: 'Vas a ver, te va a servir de mucho, vas a poder conseguir muy buenos trabajos porque hablas los dos idiomas y lo haces muy bien.' Siempre insistía en que miráramos tele en español y que apreciáramos la música hispana en todas sus variedades. De ahí que desde pequeña yo supe que quería hacer algo que tratara sobre la cultura latina, algo que me rodeara con la cultura. Dio la casualidad de que entré en publicidad porque estudiaba comunicaciones, con orientación hacia la producción. Una de mis clases fue un recorrido por la agencia de publicidad local, que resultó ser la agencia publicitaria hispana número uno del país. Me enamoré de la agencia y de la publicidad. Hice una práctica y hace ya cuatro años que estoy aquí. Como siempre me ha gustado, continuamente pienso en otras cosas que puedo hacer para mantenerme conectada con la comunidad."

Mientras su hija deja su marca en el mundo de la publicidad, María ha decidido hacer sus propias marcas. A los 61 años de edad, la madre de Sandra finalmente se decidió a solicitar la ciudadanía estadounidense. "¡Menuda falta de decisión! Al fin se dio cuenta de que hace tanto que está aquí que ya es hora de obtenerla, de seguro que no puede creer que no lo hizo antes. A veces decía que no lo hacía porque no tenía dinero, pero sabemos que el trámite no es caro. No es que se trate de millones de dólares, ni de miles siquiera. Al darse cuenta de que había vivido más en Estados Unidos que en México, probablemente sintió que le correspondía y por ello decidió ser parte del proceso. En realidad no hablamos de votar ni cosas así, pero vi con cuánto esfuerzo estudió los cuestionarios, lo que me dice que esto es importante para ella. La vi estudiar las preguntas y realmente pienso que es gracioso ver a tu madre a los 61 años tratando de estudiar la Declaración de Derechos o intentando recordar los nombres de las 13 colonias. Me pidió que le hiciera una prueba y como logró contestar todas las preguntas bien me dijo: 'Viste, soy lista. Te dije que soy lista.' Finalmente tomó el examen y,

después de la entrevista, el entrevistador le dijo que su examen estaba 'sobresaliente' y pasaba la prueba.

"Toda esta experiencia es graciosa en cierta forma porque no puedo creer que sucedió. Pero también sirve de inspiración porque ella aún no domina el idioma inglés, aunque sabe mucho más que cuando recién llegó. Nunca ha dicho: 'Ah, m'hijita, yo soy muy vieja para aprender. Estoy muy vieja para estudiar estas preguntas. Nunca las voy a contestar bien.' No, ella dijo: 'Oye, ¿puedes entrar ahorita al Internet e imprimir las preguntas así las puedo estudiar?' "

Sandra piensa reunir a toda la familia para una celebración cuando María asista a la ceremonia de ciudadanía. Su hermano va a viajar en avión a Texas desde California y los tres hijos García brindarán por su madre y su último logro. Dice Sandra: "Es algo magnífico. Su convicción de que nunca se es demasiado viejo para aprender es realmente inspiradora." ■